O_g^2
10

O 1632
 F.1

Ⓒ

à conserver

VOYAGE
DE
M. NIEBUHR
EN
ARABIE
ET EN D'AUTRES
PAYS DE L'ORIENT.

Avec l'extrait de sa description de l'ARABIE & des observations de Mr. FORSKAL.

TOME I.

Avec des figures en taille-douce & des cartes géographiques.

EN SUISSE,
CHEZ LES LIBRAIRES ASSOCIÉS.
1780.

PRÉFACE.

La description de l'Arabie par M. Niebuhr, & le voyage de cet auteur dans le même pays, ont été trop bien accueillis du public éclairé, pour qu'il soit nécessaire d'en exposer ici le mérite.

Ces deux ouvrages d'un prix considérable & remplis d'une vaste érudition, ne sont pas cependant assez répandus, & paroissent, dans leur état actuel, intéresser plus les savans que les lecteurs ordinaires. Par ces considérations, on a cru rendre service aux personnes qui aiment une lecture également instructive & amusante, en séparant dans un abrégé ce que ces deux ouvrages contiennent de connoissances généralement utiles & agréables. A cet effet on a choisi tout ce qui est propre à peindre une nation si peu connue & si digne de l'être par l'ancienneté & la stabilité de ses institutions : tout ce qui regarde ses mœurs, son gouvernement, sa langue, ses sciences, ses arts & son commerce. On a conservé tout ce qui sert à faire connoître le pays singulier qu'elle habite : ses provinces, ses villes remarquables, son climat &

PRÉFACE.

ſes productions naturelles. Pour rendre ce dernier article plus complet, on a profité des obſervations de M. FORSKAL, *publiées après ſa mort. Parmi le grand nombre de cartes & d'eſtampes, dont* M. NIEBUHR *a trop embelli ſes ouvrages, on s'eſt contenté de donner celles qui ſont néceſſaires pour l'intelligence du texte, ou qui repréſentent quelques objets piquants par leur nouveauté.*

VOYAGE

VOYAGE EN ARABIE.

SECTION I.
VOYAGE DE COPENHAGUE A ALEXANDRIE.

CHAPITRE I.
Départ de COPENHAGUE.

LA compagnie destinée à faire le voyage en Arabie, s'étant rassemblée, nous eumes ordre du roi de nous rendre à *Smyrne*, à bord d'un vaisseau de guerre, commandé par Mr. *Fischer*, actuellement contre-amiral au service de Danemarc. Nous nous embarquâmes en conséquence le 4

Janvier 1761, &, ayant attendu un vent favorable, nous partimes de la rade de Copenhague le 7 du même mois.

Le commencement de notre voyage, eſt une preuve frappante des dangers, & des déſagrémens de la navigation dans les mers du Nord, où les vents de l'oueſt ſoufflent pendant neuf mois de l'année. Partis le 7 Janvier, nous fûmes tellement ballotés par les tempêtes & les vents contraires, que, déſeſpérant de pouvoir atteindre quelque port de la Norvege, nous prîmes le parti de retourner à Helſingœr le 17.

Le 26 Janvier nous quittâmes Helſingœr pour la ſeconde fois, avec un vent favorable, qui continua à ſouffler juſqu'à la fin du mois ; de ſorte que nous paſſâmes le *Categat* & avançâmes aſſez dans la mer du Nord. Mais il devint contraire & orageux au commencement de Février. Ayant été tourmentés pluſieurs jours de ſuite, & n'eſpérant aucun changement, nous réſolûmes le 9 de ce mois de retourner de nouveau à Helſingœr, où nous arrivâmes le 10. La violence du vent nous fit faire en 30 heures le même trajet qui nous avoit coûté quinze jours de tems.

Ces contre-tems nous firent beaucoup ſouffrir ſur-tout Mr. *de Haven*, qui ne pouvant s'accoutu-

SECTION I.

mer à la mer, obtint la permiſſion de faire par terre le trajet de Copenhague à Marſeille, où notre vaiſſeau devoit relâcher.

Le 19 Février nous quittâmes pour la troiſième fois la rade de Helſingœr, dans l'eſpérance de trouver les vents plus conſtants. Mais à peine eûmes nous paſſé le *Skagen*, qu'un vent d'oueſt très-violent nous força à revenir ſur nos pas, & de jetter de nouveau l'ancre près de Helſingœr. Nous étions très-mécontents d'avoir fait déja, en errant ſur ces mers, un chemin de 850 milles d'Allemagne, ſans être avancés plus de 4 milles vers le but de notre voyage. Cependant nous eûmes lieu de nous applaudir d'être heureuſement de retour à Helſingœr. Immédiament après notre arrivée, il s'éleva une tempête ſi furieuſe, que, quoique un peu garantis par les côtes, nous fûmes obligés de prendre toutes les précautions poſſibles pour conſerver notre vaiſſeau, comme ſi nous euſſions été en pleine mer. Cette tempête vint de l'oueſt, & dura juſqu'au 5 Mars.

Le calme ſe rétablit peu à peu, nous quittâmes Helſingœr pour la derniere fois le 10 Mars. Le vent fut d'abord ſi favorable, que nous faiſions, deux lieues & demie d'Allemagne par heure. Il tourna le 12, & depuis le 19 juſqu'à la fin de Mars, les vents contraires & les tempêtes nous jetterent à la hauteur de 63 degrés de latitude, assez près des côtes d'Irlande. J'ai remarqué dans cette occasion que le mouvement du vaisseau se fait sentir plus rudement après la tempête. Dans le fort de l'orage les vents, en faisant pencher le vaisseau d'un côté, le tiennent ferme; mais dès que le calme est rétabli, le vaisseau suit nécessairement les impulsions des vagues.

Mr. *Forskal* fit, dans ces parages, des observations sur la lumiere phosphorique de la mer. Il en découvrit la cause dans une grande quantité d'animalcules marins, principalement d'une espece de *Méduse*, dont ces eaux sont remplies. Ces insectes conservent long-tems la faculté de briller dans l'obscurité. Nous versames de nuit un sceau d'au de mer, qui avoit servi à ces observations, & nous vimes couverts d'étincelles les objets que cette eau avoit touchés.

Le printems se fit sentir à la fin de Mars, & nous eûmes au commencement d'Avril le plus beau tems du monde. Mais le calme parfait, qui succéda à tant d'orages, nous retint jusqu'au 8 Avril, dans ces régions septentrionales; alors le vent, devenu favorable, nous poussa si bien, que le 21 de ce mois, nous apperçumes le cap *St.*

Section I.

Vincent : coup-d'œil d'autant plus agréable pour nous, que depuis long-tems nous n'avions eu la vue d'aucune terre.

Après avoir lutté contre la mer du Nord, pendant un hiver orageux, nous atteignîmes la méditerranée dans la plus belle faifon de l'année. Au lieu des montagnes agreftes des pays feptentrionaux qui infpirent la triftefle, nous admirions, fur les côtes d'Europe & fur celles d'Afrique, le payfage le plus riant. Notre navigation dans la méditerranée auroit été délicieufe, fi les calmes fréquens ne nous euffent pas ennuyés, comme les tempêtes du Nord nous avoient fatigués.

Enfin, après tant de traverfes, nous arrivâmes le 14 Mai à la rade de Marfeille, & nous jettâmes l'ancre près de St. Euftache.

CHAPITRE II.

Trajet de MARSEILLE *à* MALTE, *& à* CONSTANTINOPLE.

LA ville de Marfeille eft fi connue, on en a donné tant de difcriptions, qu'il feroit inutile de parler de la beauté de fa fituation, & du nombre infini des maifons de campagne qui l'environnent.

Nous trouvâmes fon port rempli de vaiffeaux de différentes nations, que la crainte de rencontrer la flotte Angloife, commandée par l'amiral *Saunders*, empêchoit de fortir. Plufieurs de ces vaiffeaux faifoient le commerce du Levant pour le compte des François, & auroient été regardés par les Anglois comme de bonnes prifes.

Mr. de *Haven*, après avoir traverfé l'Allemagne & la France, réjoignit ici notre compagnie. Nous y trouvâmes auffi trois vaiffeaux marchands Danois, qui devoient aller à Smyrne fous la protection de notre vaiffeau de guerre.

Après avoir vu tout ce que Marfeille renferme de curieux, nous en partimes le 3 Juin, avec les trois vaiffeaux de notre nation. Quoique nous fuffions en paix avec les Anglois, nous ne nous crûmes pas à l'abri des infultes de cette nation, qui prétend être en droit de vifiter les vaiffeaux neutres. Notre capitaine, ne voulant pas fouffrir une telle infraction du droit des gens, fit tout préparer pour le combat, en cas qu'il fut obligé de fe défendre. Nous rencontrâmes, en effet, à trois différentes reprifes des vaiffeaux Anglois, qui tenterent de nous vifiter; mais qui, fur notre refus à nous prêter à cette indignité, nous quitterent de mauvaife grace, nous laiffant continuer notre route, fans nous molefter.

Section I.

Le 14 de Juin nous arrivâmes à *Malte*, & nous jettâmes l'ancre dans la grand port, presque au milieu de la ville, ou plutôt des différentes villes dont la *Valette* est composée. En regardant cette ville du port, d'où elle se présente admirablement bien, on croit déja se trouver dans une place de l'orient, à cause des maisons dont le toit est en tetrasse & qui sont adossées contre des hauteurs escarpées.

Toutes ces maisons, aussi bien que les bâtimens publics, sont de pierre de taille; ce qui n'est pas surprenant; vu la facilité de trouver ces matériaux. L'isle n'est qu'un rocher immense, couvert d'une couche très-mince de terre végétale: ce rocher est d'une pierre calcaire si tendre, qu'elle se coupe en sortant de la carriere, presque comme du bois. Par cette raison, on a taillé dans le roc une partie des fortifications étendues, dont cette isle est comme hérissée.

Parmi les bâtimens publics se distingue la superbe église de St. Jean, qui jouit de revenus considérables, & d'une part du butin que font les galeres de l'Ordre. Par ce moyen on y a entassé une infinité de choses précieuses; entr'autres un candelabre, avec sa chaîne d'or pur, de la valeur de 500,000 écus. On prétend que les richesses de cette églife furpaffent celles de la *Kaaba* à la *Meque*, ou du tombeau de Mahomet à *Medine*.

On nous montra un vaiffeau de guerre Turc de 83 canons, dont les efclaves chrétiens s'étoient emparés, & qu'ils avoient amené à Malte. Peu de tems après, le roi de France acheta ce vaiffeau, & le rendit au fultan. L'Ordre fe prêta d'autant plus aifément à cet arrangement, que, depuis les conventions des rois de France & de Naples avec la Porte, les vaiffeaux Maltois vont rarement en courfe contre les Turcs. Ce font des armateurs particuliers, qui font ces courfes, & qui amenent leurs prifes à Malte. Ces corfaires chrétiens, font pourvus à l'ordinaire de lettres de marque, du prince de Monaco, ou de quelque prince d'Italie, dont les Turcs ignorent même l'exiftence. Ainfi les orientaux continuent de regarder Malte, comme nous regardons Alger ou Tripoli.

Je parcourus avec Mr. *Forskal* l'intérieur de l'isle, qui n'a que 5 lieues d'Allemagne de longueur, fur deux & demie de largeur. Les habitans, vivant fous un gouvernement doux, cultivent avec beaucoup de foin ce rocher aride, & font porter à cette terre légere les fruits les plus exquis. L'ancienne capitale *Civita Vecchia* fe dépeuple de plus en plus.

Section I.

Près de cette ville se trouvent des catacombes, ou plutôt des demeures souterreines, très-remarquables, taillées dans le roc. Elles sont si étendues, qu'on a été obligé de murer les entrées de plusieurs allées, pour empêcher les curieux de s'y égarer. Des especes de salles d'assemblée, & des traces d'un moulin qu'on y découvre, font présumer que ces souterreins ont servi d'habitation, au moins dans quelques circonstances extraordinaires.

Nous quittâmes Malte le 20 Juin, & nous ne vîmes aucune terre jusqu'au 26 du même mois, que nous entrâmes dans l'Archipel. Le 3 Juillet, nous entrâmes dans la rade de Smyrne, où nous séjournâmes jusqu'au 10. Une dyssenterie très-violente, dont je fus attaqué en route, ne me permit de voir cette ville que de loin.

Parvenus le 13 à l'isle de *Tenedos*, nous y trouvâmes l'Interprete de Mr. de *Gæhler*, alors notre ambassadeur à la Porte, qui nous porta l'ordre de quitter le vaisseau, & de nous rendre sur un petit bâtiment à Constantinople. C'est dans cette isle que nous vîmes pour la premiere fois des Turcs, dont les mœurs, le langage, & les manieres nous parurent si extraordinaires, que nous perdimes presque toute espérance de jouir de quelque agrément dans le commerce des orientaux. Un homme de diſtinction du continent, oubliant les préceptes de l'Alcoran, ne ſembloit être venu à bord que pour boire le vin de notre capitaine.

Après avoir quitté le vaiſſeau le 19 Juillet, nous ne pûmes débarquer à Conſtantinople que le 30. Nous nous rendîmes à *Péra*, où Mr. de *Gæhler* nous logea tous dans ſa maiſon; attention qui contribua beaucoup au ſoulagement de ma maladie.

CHAPITRE III.

De CONSTANTINOPLE.

Pressés de nous rendre en Egypte, nous ſongeâmes à partir immédiatement après mon rétabliſſement. Je ne pus donc pas voir la capitale de l'empire Ottoman. Mais ayant fait un plus long ſéjour dans cette ville en revenant de l'Arabie, je crois convenable de placer ici quelques obſervations peu communes, ou négligées par d'autres voyageurs, que j'ai faites dans mon ſecond voyage.

Conſtantinople eſt, ſans doute, d'une étendue

très-confidérable. Il ne faudroit pas cependant regarder *Kara - Agadſch*, *Galata*, *Péra*, *Dolma-Bagdſche* &c. comme des fauxbourgs, ce font des villes particulieres feparées de la capitale par un golfe. *Ejub* eſt fon unique faubourg. Prenant alors l'enceinte de la ville & du faubourg, fa grandeur ne fera comparable ni à celle de Londres ni à celle de Paris. N'ofant pas la mefurer géométriquement, je l'ai fait cependant avec affez d'exactitude, en comptant mes pas, & en dirigeant ma marche fur une petite bouffole. Je l'ai trouvée de 13000 pas doubles.

Conſtantinople paroit plus grand qu'il ne l'eſt en effet, parce que les maifons adoffées contre les collines, fe préfentent en amphithéatre, & font paroître un efpace très-étendu. Cette ville s'agrandit néanmoins continuellement du côté de la mer, où il s'eſt formé de nouvelles rues. Depuis peu même, on a comblé des parties du port près des côtes, pour gagner du terrein où l'on bâtit des maifons.

Il eſt difficile de juger du nombre de fes habitans, qu'on fuppofera toujours trop grand, par une méprife ordinaire quand il s'agit d'apprécier la population des villes de l'orient. Les voyageurs fe trompent, en croyant ces villes habitées fuivant leur étendue, dans la même proportion que celles de l'Europe. Mais les maisons des orientaux sont fort basses : les gens un peu aisés aiment à laisser un grand espace libre derriere leurs habitations : les palais des grands occupent un terrein considérable, à cause des jardins & des serrails.

On ne se trompe pas moins, en jugeant de la population de ces villes, par la grande quantité de monde, qu'on rencontre dans les rues. La jalousie des orientaux, maladie dont les gens du commun ne sont pas exemts, fait qu'ils n'aiment pas à recevoir dans leurs maisons ceux avec lesquels ils ont des affaires à traiter. Par cette raison, les artisans vont travailler en public, & passent hors de chez eux la journée entière. On voit des rues remplies de menuisiers, de maréchaux ferrans, d'orfevres, de jouailliers, &c. qui y exercent leurs métiers. Des milliers d'ouvriers vont le matin s'occuper, pendant le jour, dans les rues de Constantinople, & retournent le soir à leurs domiciles dans la campagne. Si les mêmes mœurs régnoient en Europe, si le plus grand nombre des habitans séjournoit dans les rues, nos villes paroîtroient infiniment plus peuplées, qu'elles ne le paroissent actuellement.

Quoiqu'il en soit de sa population, Constantinople offre un coup-d'œil raviffant. Son port, un des plus beaux du monde, eft toujours couvert de bâtimens. Le mèlange de mofquées fuperbes & de palais, de jardins & d'arbres de toute efpece, frappe finguliérement un étranger. Mais l'intérieur ne répond pas à ces belles apparences. Prefque toutes les rues font étroites, fales, & irrégulieres : les maifons de bois, légeres, mal bâties, femblent plutôt faites pour enfermer des oifeaux que pour loger des hommes. L'orfqu'on rencontre des palais conftruits en pierre, on n'apperçoit que les hautes murailles, qui les entourent. Il eft également dangereux, dans cette ville, d'habiter des bâtimens de pierre ou de bois : on rifque d'être enterré dans les premiers par les tremblemens de terre, & d'être brûlés dans les derniers par les incendies ; événemens également fréquents à Conftantinople.

Le *Serrail*, ou plutôt le *Seroy* du fultan eft un vafte édifice très-irrégulier. Il ne m'a pas été permis d'y pénétrer plus avant que dans la cour extérieure : mais, ce que j'en ai vu, ne donne pas une haute idée du refte. Je n'ai rien appris touchant cette porte du ferrail qui doit avoir été l'occafion de la dénomination très-impropre de *Porte Ottomane* par laquelle on défigne en Europe la cour du sultan. Dans la langue turque *Kapu* signifie également une porte & un palais : mais quand on parle à Constantinople d'aller à la *Porte*, on entend toujours le palais du grand-visir, où se traitent toutes les affaires, tant celles qui regardent l'intérieur de l'empire, que celles qui se négocient avec les ministres étrangers.

La ville est abondamment pourvue d'eau, qui lui vient de trois *Bents* ou réservoirs, éloignés de trois lieues d'Allemagne. Un *Bent* est un réservoir construit dans une vallée, où les eaux se rassemblent des hauteurs voisines, & où on les retient par une forte muraille. L'eau rassemblée de cette maniere, est conduite dans la ville par le moyen d'aqueducs élevés à grands frais, à cause de l'inégalité du terrain. Ce n'est pas aux empereurs Grecs, que les Turcs sont redevables de ces beaux ouvrages. Un de ces réservoirs est du sultan *Mahmoud* ; & le troisieme, du coté du Nord, avec les canaux qui en dépendent, a été construit depuis peu par le sultan Mustapha qui occupoit le trône pendant mon séjour à Constantinople. Comme cette eau ne peut pas se distribuer également par la ville, à cause des hauteurs, on a établi des maisons où on en donne gratis à tout le monde. Vis-à-vis de la porte extérieure du serrail, on voit une maison magnifiquement décorée, où des gens, gagés par le public, offrent aux paſſans de l'eau fraîche dans des vaſes de cuivre doré.

Cette capitale d'un grand empire eſt preſque ſans défenſe : un double mur & un foſſé qui ſe comble peu à peu, compoſent toutes ſes fortifications. Les Turcs ſe repoſent, pour la ſureté de cette ville, ſur quatre châteaux, bâtis ſur les deux canaux qui aboutiſſent à la mer de Marmora, & dont l'un vient de l'Archipel & l'autre de la mer Noire. Ces châteaux, connus ſous le nom de *Dardanelles*, ſont peu de choſe : mais les deux canaux ſont ſi étroits, & ſi tortueux, qu'une flotte ne pourroit les paſſer pas les vents les plus favorables ſans riſquer d'etre coulée à fond par des batteries placées dans les ſinuoſités. L'unique moyen d'attaquer Conſtantinople par mer, ſeroit de bloquer l'entrée du canal & de couper à cette ville les vivres, qui lui viennent néceſſairement par l'Archipel.

La ville de *Galata*, entourée d'une forte muraille, & adoſſée contre une hauteur eſcarpée vis-à-vis de Conſtantinople, eſt extrêmement peuplée. Tous les négociants européens, & une grande quantité de chrétiens orientaux, y font leur ſéjour ordinaire. *Péra* n'eſt qu'un faubourg de

Galata. Ce fauxbourg eſt la réſidence de tous les ambaſſadeurs des puiſſances chrétiennes, qui ſont dans l'uſage d'envoyer des miniſtres publics à la Porte. Les députés d'Alger, de Tunis, de Tripoli & de Raguſe, qui viennent par intervalles, logent à Conſtantinople: mais les Turcs ne regardent pas ces députés comme des ambaſſadeurs, auſſi peu que les *Kapu - Kiajas*, ou chargés d'affaires des princes de la Valachie & de la Moldavie.

Le ſultan a beaucoup de maiſons de plaiſance, tant aux environs de la capitale, que ſur les bords du canal de la mer noire. Mais le ſultan régnant ne va gueres qu'à celle de *Kara-Agadſch*, dont la ſituation triſte & ſolitaire convient à ſon humeur mélancolique. Il laiſſe dépérir les autres : il en à fait même abattre quelques-unes, & s'eſt ſervi des matériaux pour bâtir des bains publics & des moſquées.

Les Grecs ont encore vingt-trois égliſes à Conſtantinople, & les Arméniens trois ; ſans compter celles que ces deux nations ont dans les fauxbourgs. A Péra réſide un eccléſiaſtique auquel le pape donne le titre pompeux d'archevêque, & le met à la tête de pluſieurs évêques imaginaires. Suivant les loix, aucune ſecte étrangere ne devroit bâtir dans la capitale, des maiſons de priere : mais
pluſieurs

plusieurs y tiennent leurs assemblées, sans que le gouvernement s'en embarrasse.

CHAPITRE IV.

Voyage de Constantinople à Alexandrie.

Aussi-tot que je fus assez bien rétabli pour pouvoir continuer notre route, nous fimes les préparatifs de notre départ. Nous aurions osé paroître encore habillés à l'européenne à Alexandrie, où l'on est accoutumé à voir beaucoup de Francs. Mais dans le reste de l'Egypte & en Arabie, notre habillement, singulierement composé de petites pieces, & fort éloigné de la belle simplicité de celui des Orientaux, nous auroit exposé à des inconvéniens. Nous prîmes donc le parti de nous habiller à la turque, & ayant obtenu, par le moyen de Mr. de *Gæhler*, un passeport du sultan & des lettres de recommandation, nous nous embarquâmes sur un vaisseau de *Dolcigno*.

Nous mîmes à la voile le 11 Septembre, & nous arrivâmes aux Dardanelles le 15. Tous les vaisseaux venant de Constantinople sont visités par les commis de la douane, pour prévenir la fuite des esclaves, & la fraude des droits.

Pendant le séjour forcé que nous fimes près d'un de ces châteaux, appellé *Kum Kalla*, j'eus occasion de me confirmer dans l'opinion que j'avois du peu d'importance de ces *Eoghas Hissar*, ou *Dardanelles*. Tout y est négligé : les canons énormes chargés de pierres, sont couchés par terre & hors d'état de servir. Mais j'ai découvert un autre obstacle, qui s'opposeroit encore à une flotte qui voudroit attaquer la capitale des Turcs : c'est la quantité de bas-fonds, dont la mer est parsemée entre Constantinople & les Dardanelles.

Le 17 Septembre nous remîmes à la voile, &, après avoir passé par les isles de l'Archipel, nous jettâmes l'ancre le 21 dans la rade de *Rhodes*. Nous y rencontrâmes le *Caputan-Pacha* avec quelques vaisseaux de guerre. On n'aime pas à recevoir la visite de la flotte du sultan; tant à cause des présens qu'il faut offrir au grand-amiral, qu'à cause de l'insolence de ses matelots, appellés *Levantis*.

Nous vîmes un exemple de la crainte, que cette milice indisciplinée inspire à tout le monde. Descendus à terre, nous voulûmes voir le consul françois ; mais nous trouvâmes sa maison fermée, afin d'en écarter les matelots. On ne voulut pas nous recevoir, à cause de notre habillement turc. Heureusement, nous rencontrâmes un capucin, qui nous reconnoissant pour Européens, nous ramena & nous fit ouvrir la maison. Le consul nous donna son interprete, pour nous accompagner dans quelques petites courses, que la curiosité nous fit entreprendre.

La ville de Rhodes se ressent encore de la résidence des chevaliers de l'ordre de St. Jean, qui après en avoir été chassés par les Turcs s'est établi à Malte. On y voit beaucoup de maisons bien baties, dont quelques-unes sont décorées des armoiries de plusieurs familles de l'ancienne noblesse de l'Europe. Mais on laisse tomber en ruine le palais, habité autrefois par le grand-maitre. Les Turcs négligent les fortifications, quoique le long siege qu'elles leur ont coûté, eut dû leur en apprendre l'importance. Malgré cela, Rhodes est encore une des principales forteresses de l'empire Ottoman, & les Turcs la croyent imprenable.

Dans cette ville, nous eûmes la curiosité, pour la premiere fois, d'aller diner dans une auberge turque. On nous fit prendre notre repas en pleine rue sur un large siege de pierre, maçonné dans le mur de la cuisine, & nous mangeâmes sans couteau & sans fourchette, ce qu'on nous servit dans un mauvais plat de terre. Ce dîner étoit bon & à grand marché. Nous allâmes de-là boire du vin chez un juif, qui se piquoit d'en fournir à tous les étrangers. Il avoit chez lui deux jolies filles, qui parloient bien italien, & qu'il donnoit pour les siennes. Ce petit régal juif nous coûta beaucoup plus que le repas turc.

Il y a encore beaucoup de Grecs établis dans l'isle de Rhodes ; mais il ne leur est pas permis d'habiter la ville. Mrs. de *Haven* & *Cramer* furent témoins, à quel point cette nation est maltraitée par ses vainqueurs. Mes compagnons de voyage, étant allés avec quelques Grecs, qui voulurent voir leur évêque dans un village près de la ville, virent arriver des musiciens turcs ; qui prétendoient régaler ce bon prélat d'une musique, qu'il n'avoit aucune envie d'entendre. Malgré son refus d'accepter leur concert, les musiciens demandoient le payement, & ne quitterent la partie, qu'après avoir insulté l'évêque & sa compagnie.

Nous remîmes à la voile le 22 Septembre, de grand matin. Jusqu'ici, nous avions toujours navigué près des côtes, & au milieu des isles ; par conséquent il auroit été inutile de faire des observations sur la route du vaisseau. Mais parvenus en pleine mer, nous nous apperçûmes bientôt de l'ignorance des Turcs dans tout ce qui regarde la navigation. Notre patron avoit des cartes, & plusieurs inftrumens; mais il ne favoit pas en faire ufage. Cet attirail lui venoit probablement du pillage de quelque vaiffeau chrétien : car les *Dolcignotes* fe donnant pour Algériens, prennent fouvent, fous ce mafque, des vaiffeaux des nations européennes, avec lefquelles la Porte eft en paix. Pendant notre traverfée, le Dolcignote craignit d'être pris lui-même, parce qu'il s'étoit répandu un bruit que des Maltois, ou plutôt quelques particuliers obfcurs pourvus de patentes d'un prince italien, couroient ces mers. Notre défenfe n'eut pas été brillante: nous avions un vaiffeau lourd & furchargé, monté de quelques mauvais canons, fans affûts, ou attachés avec des cordes.

Cet habile marin dirigeoit au hafard fa route vers Alexandrie. Heureufement pour nous, un vent très-favorable nous y porta en droiture, & fi à propos, que nous arrivâmes de jour : fans quoi je ne comprends pas comment nous euffions pu éviter de grands dangers. Les côtes d'Egypte font fi baffes, qu'on ne peut pas les appercevoir de loin, & un vaiffeau qui n'eft pas fûr de fa route, n'en approche pas de nuit fans rifquer d'échouer.

Notre patron, fon fecrétaire, & les deux pilotes, parloient paffablement l'italien. Le fecrétaire avoit voyagé à Venife, dans plufieurs villes d'Italie, & même jufqu'à Vienne, où il s'étoit inftruit comme on va voir. Lui ayant demandé s'il y avoit des payens dans l'empire du fultan, il me répondit: „Non; mais il y en a beaucoup en „Allemagne & en Hongrie; on les y appelle lu-„thériens, & ils n'ont aucune idée ni de Dieu, „ni de fes prophetes". Une autre fois, quand il fut queftion de la vérité de la religion chrétienne, il fe leva en fureur, & dit: „ceux qui croyent à „d'autres divinités qu'au feul Dieu, font des „bœufs & des ânes". Après avoir fi puiffamment raifonné, il fortit fans attendre une replique.

Ce zélé fecrétaire rempliffoit en même tems la place d'*Imam*, ou d'aumônier du vaiffeau. Les fonctions de l'Imam font de diriger l'équipage dans les prieres du foir, que les mahométans font reguliérement, après s'être lavés. Alors l'Imam étend fon tapis, fe met à genoux le vifage tourné vers la *Meque*, marmotte fes prieres, fe profterne de tems en tems, & crie par intervalles à haute voix; *Allah Akbar*, Dieu eft grand. L'affemblée suit ses paroles, & imite fidelement ses mouvemens & ses gestes, dont il y en a un essentiel, c'est de mettre les pouces derriere les oreilles, en signe du parfait détachement de toute pensée terrestre, & de l'élévation de l'esprit vers le ciel.

Outre cette priere du soir, qui se fait toujours en commun, les mahométans s'acquittent des autres prieres, ordonnées par la loi, dans les endroits où ils se trouvent, & dans les momens où ils se croyent le mieux disposés au recueillement. Ils ne rougissent pas, d'avoir des spectateurs de leur humilité & de leur dévotion. Au commencement, craignant de les gêner, je voulus me retirer à l'approche de l'heure de leurs prieres; la plupart me presserent d'y assister. Ce n'est que la populace, qui ne peut pas souffrir la présence des chrétiens, pendant les actes du culte ou dans les mosquées.

Dans notre vaisseau trop rempli, ces passagers occupoient sur le pont la place que chacun avoit arrêtée. Pour nous, nous avions loué la chambre du capitaine, avec une longue chambre attenante, afin de nous séparer des Turcs. Dans la chambre au-dessus de la nôtre, on avoit logé des esclaves de marque, c'est-à-dire, des filles bien élevées à la maniere des Turcs, & destinées au *Harem* de quelque grand. Un jour que nous étions dans notre chambre, Mr. *Forskal* & moi, nous entendîmes des voix de femmes, & nous mîmes la tête à la fenêtre, pour voir d'où venoient ces voix. Ces esclaves, en nous reconnoissant étrangers, firent des cris & nous dirent des injures. L'une d'entr'elles parvint cependant à appaiser les autres. Nous leur montrâmes des fruits & du sucre, & elles descendirent leurs mouchoirs, pour recevoir ce qui leur convenoit. N'entendant pas réciproquement nos langues, nous nous parlions par signes. La plus jeune me dit quelques mots à plusieurs reprises. Pour en savoir le sens, nous demandâmes à l'écrivain du vaisseau la signification d'un grand nombre de mots turcs, & nous comprîmes que cette fille nous avertissoit d'être sur nos gardes, & de ne nous montrer à la fenêtre qu'à l'heure de la priere, où tout l'équipage étoit occupé. A la fin ces esclaves s'apprivoiserent si bien, qu'elles nous avertissoient, en frapant à leur fenêtre, quand elles étoient seules. Ce badinage imprudent nous amusa pour quelques momens : mais il auroit pu nous causer des chagrins réels, & nous reconnûmes dans la suite, que c'est une véritable folie de vouloir faire la plus légere connoissance avec des femmes turques.

Section I.

Le 26 Septembre vers le soir nous arrivâmes à Alexandrie, & notre patron mouilla dans le grand port; ce qui n'est point permis aux vaisseaux chrétiens; ils sont obligés de mouiller dans le petit port, qui est fort dangereux. Les Passagers descendirent tout de suite à terre: mais on vint chercher les esclaves pendant la nuit, & avec le plus grand secret.

Pendant la traversée huit personnes de l'équipage moururent assez subitement; ce qui nous fit craindre que la peste ne se fût mise parmi nous. Heureusement nos craintes se trouverent vaines, notre médecin qui visita plusieurs de ces malades, ne leur trouva aucun symptome de contagion.

SECTION II.
DE L'ÉGYPTE EN GÉNÉRAL.

CHAPITRE I.
De la Ville d'ALEXANDRIE.

ALEXANDRIE, ou *Scanderie* comme l'appellent les Turcs & les Arabes, est située sur une langue de térre entre une presqu'isle & les murs de l'ancienne ville, au milieu des deux ports. Le terrein, sur lequel cette ville est bâtie, paroît être sorti des eaux. Quoiqu'infiniment déchue de son ancienne splendeur, les restes d'anciens bâtimens magnifiques, quelques palais, des temples, des mosquées, & le tout mêlé d'un grand nombre de palmiers, lui donnent un aspect imposant, quand on la regarde depuis le Port.

Les antiquités de cette ville, & les vestiges de sa splendeur passée, ont été décrits par tant de voyageurs, qu'il suffira d'ajouter quelques remarques, qui paroissent avoir échappé à ces auteurs.

SECTION II.

Suivant les defcriptions, que les écrivains grecs & latins nous donnent de l'ancienne Alexandrie, cette ville doit avoir été d'une étendue extraordinaire. L'etat de deftruction où elle eft réduite empêche qu'on ne connoiffe fon enceinte. Les mahométans en général, & les Alexandrins en particulier brifent les plus beaux monumens pour les employer aux conftructions les plus abjectes; quand ils manquent de matériaux ils déterrent même les pierres des fondemens des murs & des palais. Si quelqu'un trouve la plus belle colonne dans fon jardin, il aime mieux en faire des meules, que de la conferver.

Il fubfifte dans la ville un fuperbe morceau, parce qu'on n'a pu ni le brifer ni le tranfporter. C'eft l'*Obélifque de Cléopatre*, fait d'une feule piece de granit rouge. Quoiqu'une partie de fa bafe foit enterrée, il eft encore élevé de foixante-deux pieds au-deffus du fol, la bafe a fept pieds & demi de largeur. Il eft chargé de caracteres, profonds d'un pouce, d'écriture *Pharaonique*, indéchiffrable pour les Egyptiens d'aujourd'hui.

Un autre monument, la fameufe *Colonne de Pompée*, s'eft auffi confervée par fa maffe. Autrefois placée dans l'ancienne Alexandrie, elle fe trouve aujourd'hui à un quart de lieue de

28 VOYAGE EN ARABIE.

diſtance de la nouvelle. Puiſque les voyageurs ne ſont pas d'accord ſur ſa hauteur, j'ai cru devoir la meſurer avec ſoin : ſans la baſe qui a environ cinq pieds de haut, la colonne a quatre-vingt-neuf pieds. Elle eſt de granit rouge, & compoſée de trois blocs différens. *Norden* avoit vu ſa baſe endommagée : mais depuis le tems où ce voyageur a été en Egypte, un certain *Mohammed Pſchurbatſchi* a fait réparer cette colonne. Ainſi il y a auſſi parmi les Turcs des gens, qui ne ſont pas ſaiſis de cet eſprit deſtructeur, ſi ordinaire à leur nation.

Aux environs de cette ville, on voit pluſieurs catacombes, ou appartemens ſouterreins taillés dans le roc. J'ai examiné ces excavations : la plus grande partie étoit ſans doute deſtinée à ſervir de tombeaux. Il y en a cependant, que je crois avoir été plutôt des magaſins à bled. Ce qu'on appelle les *bains de Pompée*, ſont auſſi des grottes creuſées dans le même roc ; qui eſt comme à Malte, une pierre calcaire très-facile à travailler.

La nouvelle Alexandrie doit ſon état actuel aux Arabes, qui l'ont entouré d'un mur très-épais, haut de près de cinquante pieds. Ce mur qu'on laiſſe ſe dégrader, & un petit fort ſur la presqu'isle, avec une garnison de cinquante Janissaires, font toute la défense de la ville. Son gouverneur dépend cependant du pacha de Kahira; par conséquent du sultan, & non de l'aristocratie des Beys.

Le plus beau bâtiment de la ville, est une mosquée qui du tems des grecs étoit une église dédiée à St. Athanase. Elle est très-vaste, & ornée de magnifiques colonnes. On dit qu'il s'y conserve encore une grande quantité de manuscrits grecs : mais un chrétien n'osant rien examiner dans une mosquée, je n'en ai vu que l'extérieur.

Les *Coptes* ont une église dédiée à St. Marc, où ils montrent le tombeau de cet Evangeliste, qu'on n'ouvre plus depuis la tentative faite par des prêtres de la communion Romaine, d'enlever la tête du saint. On ne sait comment concilier cette tradition avec celle des Vénitiens qui prétendent posséder en entier cette précieuse relique. Les prêtres catholiques se vantent, il est vrai, d'avoir usé de finesse, en découpant le corps du saint, en l'empaquetant bien, & en le faisant passer pour du porc salé, afin d'éviter la visite des mahométans à la douane. Les Turcs ont défendu, en effet, de transporter des cadavres & des momies, en forte qu'il eft difficile actuellement de fortir d'Egypte les corps de fes anciens habitans. Cependant, comme la douane d'Alexandrie eft aujourd'hui entre les mains des Juifs, nous étions parvenus à y faire paffer une momie, & à l'embarquer fur un vaiffeau Italien. Mais nous fûmes obligés de la faire revenir, fans pouvoir l'envoyer en Europe, parce que tous ces matelots Italiens menacerent de quitter le vaiffeau, fi le patron ne les débarraffoit pas de ce cadavre payen, qui ne manqueroit pas de leur attirer quelque malheur.

Alexandrie a perdu peu à peu fa grandeur, fa population & fes richeffes. Ce qui a fait décheoir cette ville, c'eft le changement arrivé dans le bras du Nil qui l'arrofe, & qui depuis longtems n'eft plus navigable. On tâche néanmoins de nettoyer de tems en tems ce canal, parce qu'il fournit la ville d'eau douce, dont elle manqueroit entiérement fans cette reffource. Les magnifiques réfervoirs de l'ancienne Alexandrie fubfiftent encore, dans lefquels on fait entrer, dans le tems de la crûe du Nil, l'eau néceffaire pour la provifion de toute l'année.

Sans des obftacles de toute éfpece, cette ville feroit plus floriffante. Ses habitans paroiſsent avoir pour le commerce une disposition, que le mauvais gouvernement étouffe. Je n'ai rencontré dans aucun endroit, tant de personnes qui parlassent correctement les langues Européennes, même celles du Nord. Les Alexandrins ont la coutume de se mettre matelots sur quelque vaisseau chrétien; lorsqu'ils se sont formés & qu'ils ont appris la langue, ils reviennent dans leur patrie, où ils se font courtiers ou interprêtes des nations qu'ils avoient servies. Les mahométans ont pour l'ordinaire un grand éloignement de vivre parmi les chrétiens, parce qu'ils ne peuvent pas s'acquitter des cérémonies de leur culte. Les Egyptiens modernes moins attachés à leur religion & à leurs mœurs, que les autres musulmans, sont plus propres à commercer avec les Européens.

Malgré cela, le commerce d'Alexandrie est peu de chose, quoique presque toutes les nations de l'Europe y tiennent des consuls. Cependant comme la plus grande partie des marchandises, qui viennent en Egypte, passent dans cette ville, la douane rapporte au sultan des sommes considérables.

L'arabe est la langue des habitans, comme de ceux de toute l'Egypte. Les négociants Européens, qui n'entendent pas cette langue, parlent l'italien, qui est encore assez usité dans ces contrées.

Plusieurs tribus d'Arabes errans rôdent continuellement dans la basse Egypte, & s'approchent souvent d'Alexandrie. Le peuple paye quelques contributions : mais quelquefois il pille la province, & force le gouvernement d'envoyer des troupes pour réduire les mutins, ou pour les chasser dans des provinces plus éloignées. Pendant notre séjour à Alexandrie, quelques centaines de ces brigands camperent à un quart de lieue de la ville : cette horde tourmentoit les cultivateurs, & détroussoit les voyageurs de toutes les nations.

Un jour ces Arabes nous donnerent une scene que nous pouvions voir depuis la terrasse de notre maison. Suivant leur coutume, un grand nombre s'étoient glissés, un à un dans la ville, afin de ne pas effaroucher les habitans. Un de leur schechs, voulant éprouver la bonté de la poudre & des balles, qu'il avoit achetées dans une boutique, tira sans façon son coup contre la maison vis-à-vis. Le propriétaire s'en étant plaint, le schech le traita, comme il eût traité un de ses sujets du désert. Des bourgeois survenus,

vouloient

SECTION II.

vouloient venger l'infulte faite à leur compatriote & commencerent à maltraiter le Schech. Des Arabes accoururent pour défendre leur chef, & les habitans s'attrouperent de leur côté. Cette querelle donna lieu à un combat, qui commença par des coups de pierre, & finit par des coups de fufil. Les Arabes parvinrent à fortir de la ville, en laiffant quelques morts, & plufieurs prifonniers. Le lendemain leur camp affiégea la ville, & enleva les beftiaux des habitans, qui fe trouvoient fur les pâturages. Mais deux jours après la paix fut rétablie, & on rendit réciproquement le butin & les prifonniers.

Les courfes de ces Arabes ne font pas les feules caufes qui m'obligerent à mettre des bornes à ma curiofité : la bêtife & l'ignorance des habitans, auxquels mes inftrumens d'arpentage infpiroient de la défiance & de la crainte, m'empêcherent auffi de multiplier mes obfervations. Un marchand turc, ayant remarqué que je dirigeois mon inftrument vers la ville, eut la curiofité de regarder par la lunette du cadran; & il fut extrêmement allarmé d'appercevoir une tour renverfée. Il fe répandit tout de fuite un bruit, que j'étois venu bouleverfer toute la ville : on en parla chez le gouverneur, & mon janiffaire ne voulut plus m'accompagner, quand j'avois deſſein de prendre mes inſtrumens avec moi. Près d'un village du Delta, un honnête payſan prêta beaucoup d'attention à l'opération que je faiſois pour prendre des angles. Pour lui montrer quelque choſe de curieux, je le fis regarder par la même lunette. Sa frayeur fut extrême, en voyant ſon village renverſé. Mon domeſtique lui dit, que le gouvernement, mécontent de ce village, m'avoit envoyé pour le détruire; il me pria alors inſtámment, d'attendre quelques inſtans, pour lui donner le tems de ſauver ſa femme & ſa vache: il courut en grande hâte vers ſa maiſon, & moi je me rembarquai.

CHAPITRE II.

Voyage d'ALEXANDRIE à Roſette.

LES voyageurs européens, qui ont viſité l'Egypte, ayant fait le trajet d'Alexandrie à Kahira par Raſchid & ſur le Nil, nous étions tentés de préférer la route par terre. Les Arabes vagabonds, répandus dans toute cette contrée comme je l'ai déjà dit, rendirent ce deſſein impraticable. *Mr. Forskal*, traverſant ce pays dans

Section II.

une autre occasion, éprouva que nos appréhensions n'avoient pas été vaines : il fut entiérement dépouillé par ces Arabes, qui, par une générosité peu commune, lui laisserent ses caleçons.

En hyver, la traversée d'Alexandrie à Raschid est si dengereuse, que beaucoup de vaisseaux périssent dans le *Boghas*, ou l'embouchure du Nil. Quoique la crûe de ce fleuve n'eût pas baissé beaucoup encore, notre bâtiment plat toucha à plusieurs reprises. Le patron s'excusa en nos assurant que le lit du fleuve changeoit souvent dans ces endroits. Cette quantité de bas-fonds sur les côtes, fait que les Egyptiens ne craignent plus l'approche d'une flotte ennemie, & qu'ils laissent dépérir les anciens forts, dont les bords du Nil étoient garnis.

Après avoir essuyé des vents contraires, nous arrivâmes le 2 de Novembre à *Rosette*, comme l'appellent les Européens, & en langue du pays *Raschid*. Cette ville qui est assez grande, est située sur une hauteur, d'où l'on a une vue charmante sur le cours du Nil & une partie du *Delta*. Elle sert d'entrepôt pour le commerce entre Alexandrie & le Caire. Les bateaux de cette derniere ville ne vont pas plus loin qu'à

Rofette, où ils chargent les marchandifes apportées par des vaiffeaux d'Alexandrie, qui ne remontent jamais le Nil. Par cette raifon on trouve à Rofette, des confuls de France & de Venife, & plufieurs négocians européens, qui foignent le tranfport des effets de leurs amis.

Près de cette ville on croit reconnoître les ruines de l'ancienne *Canopus*. On y a déterré, l'année paffée, vingt belles colonnes de marbre, qui fe trouvent actuellement au Caire ; ce qui eft plus fûr, c'eft qu'il y a eu autrefois, & encore probablement dans le feizieme fiecle, un autre bras du Nil, qui s'étendoit depuis ces ruines jufqu'à *Abukir*, où il fe jettoit dans la mer ; mais qui eft comblé à préfent par le fable que le vent tranfporte en grande quantité, dans ces contrées fablonneufes.

Les Européens fe louent beaucoup de la politeffe des habitans de Rofette. Le féjour de cette ville nous eût été, par conféquent, plus agréable que celui des autres villes de l'Egypte, où les Francs font regardés de mauvais œil, & expofés à beaucoup d'avanies ; mais nous n'avions point de tems à perdre & nous étions preffés de nous rendre au Caire.

CHAPITRE III.

Voyage de Rosette au CAIRE.

Nous partîmes de Rosette dès le 6 Novembre, & deux jours après nous passâmes devant *Fue*, ville autrefois considérable, quand elle étoit encore l'entrepôt du commerce d'Alexandrie avec le Caire. Aujourd'hui elle est entiérement déchue : le canal qui va de cette ville à Alexandrie, n'est plus navigable. Le Nil charrie tant de terres, qu'il bouche ces canaux, quoiqu'on les nettoye de tems en tems, d'une maniere, il est vrai, assez superficielle. La terre qu'on retire des canaux, forme cependant ces élévations qu'on rencontre dans le Delta, & qu'on est surpris de voir dans un pays aussi plat que la basse Egypte.

Dans cette saison, où la campagne est tapissée de verdure, on voyage très-agréablement sur le Nil ; l'un & l'autre rivage du fleuve, sont parsemés de villages. Quoique les maisons en soient plates ; & mal bâties en briques non cuites, ces maisons entremèlées de palmiers & de colombiers d'une forme singuliere, ne laissent pas d'offrir à un étranger un-coup d'œil également riant & extraordinaire. Près de plufieurs de ces villages, on voit de grands monceaux de ruines d'anciennes villes.

Sans les Pirates qui infeftent le Nil, cette navigation feroit plus agréable encore : cependant quand on eft beaucoup de monde fur un bateau, on fe tient fur fes gardes, on tire de tems en tems pour faire voir qu'on eft pourvu d'armes à feu; cela contient les brigands & la traverfée eft moins dangereufe. On rifque bien davantage en fe confiant à un *Reis*, ou patron de vaiffeau, inconnu, qui favorife fouvent les voleurs, & qui partage avec eux le butin. Des villages entiers ont la réputation de faire ce métier, & par cette raifon les bateaux ne s'arrêtent pas dans leur voifinage. Les habitans des bords du Nil très-habiles dans l'art de nager, font tentés d'exercer ce talent pour voler plus facilement les bateaux ; fi ce n'eft pas à force ouverte, au moins avec une hardieffe digne des plus grands filoux.

Quelques Turcs me raconterent un exemple, d'affez fraîche date, de l'adreffe & de l'effronterie de ces voleurs. Les gens d'un pacha nouvellement arrivé, attraperent un voleur fur le fait & l'arrêterent : conduit devant le pacha, & menacé d'une mort inévitable, il demanda

Section II.

de faire voir un de ses tours, en lui disant qu'il espéroit d'obtenir sa grace en faveur de son habileté. On le lui permit, il fit un paquet de plusieurs effets qu'il ramassa tranquillement dans la tente, comme les Egyptiens plient leurs propres habits quand ils veulent passer une riviere. Après avoir joué pendant quelque tems avec ce paquet, il le mit sur sa tête, se jetta dans le Nil, & gagna l'autre bord avant que les Turcs revinssent de leur étonnement, & eussent pensé de prendre leurs fusils pour l'arrêter.

Dans toute la basse Egypte, dans les deux grands bras du Nil que j'ai parcourus, je n'ai pas apperçu un seul crocodile. Les Egyptiens s'imaginent que dans le *Mikkias* près du Caire, on a placé un talisman, qui ne permet pas à ces amphibies de descendre plus bas.

Le 10 Novembre, nous atteignîmes *Bulak* qui peut être regardé comme le port du Caire, puisque tous les bateaux, venant par le Nil, déchargent dans ce bourg les passagers & les marchandises.

CHAPITRE IV.

Route du Caire à DAMIETTE.

APRÈS avoir examiné, en venant, un des grands bras du Nil, j'avois envie de voir auffi l'autre qui va du Caire à *Damiette*. Les cartes de cette partie de l'Egypte, appellée *Delta* par les anciens & par les Européens modernes, font fort défectueufes. Je me flattois, par des obfervations faites dans un voyage de cette nature, de pouvoir les rectifier. Ma carte du cours du Nil donnera un échantillon de mes foins, & fervira en même tems à guider le lecteur qui veut fuivre des yeux mes courfes.

Les tems couverts, & les pluyes fréquentes, m'empêcherent d'exécuter mon deffein avant le mois de Mai de l'année fuivante ; ce délai tourna à mon avantage. J'appris un peu la langue, & je me familiarifai avec les mœurs des orientaux. *Mr. Baurenfeind*, qui n'étoit gueres forti de chez lui au Caire, voulut m'accompagner.

Nous partîmes donc de *Bulak*, le 1 Mai 1762, & notre navigation fut au commencement fort tranquille : depuis le Caire au Delta, le Nil eft trèslarge & rempli d'isles, que l'impétuofité du courant, pendant les crûes du fleuve, tranfporte fouvent ailleurs ; ce qui caufe de fréquentes querelles entre les villages riverains ; mais actuellement les eaux étoient fi baffes, que notre bateau toucha plufieurs fois. Le calme ordinaire durant la nuit, nous eut permis de profiter du courant pour avancer, fi la crainte des pirates ne nous eût pas retenus. Pendant le jour le vent du Nord regne communément, & retarde la navigation : il s'éleve quelquefois des ouragans violents, qui, en foulevant le fable & la pouffiere, obfcurciffent l'air, & mettent les bateaux, à l'ordinaire mauvais voiliers, en danger de périr.

Tous les villages, il eft vrai, ont des gardes, deftinés à veiller pour avertir les paffans de l'approche des pirates. Mais ces gardes s'affocient fouvent avec les habitans des villages pour équiper des barques, & pour aller eux-mêmes piller les bateaux marchands.

Sifte, où nous arrivâmes le 3 Mai, eft une ville médiocre, fituée entre le Caire & Damiette ; elle appartient en propre à un ancien *Kislar-Aga* de Conftantinople, retiré au Caire, qui tient ici un *Kaimacan*, ou une efpece de Baillif. Cette ville a trois mofquées, & une églife appartenante aux Coptes, dont la communauté est composée de trois cents familles. Ces bonnes gens m'inviterent à voir leur église, qui est mal bâtie, sale, & tapissée de nattes. Pendant leur culte ils se tiennent debout, appuyés sur des bequilles, dont le plancher de l'église est jonché; ils ornent leurs églises de mauvais tableaux: j'en ai vu un où J. C., la Vierge, & plusieurs saints étoient représentés fierement à cheval.

Pendant cette traversée, nous vîmes bien quelques barques suspectes, qui parurent appartenir à des pirates: mais aucune n'osa nous attaquer. Nous rencontrâmes aussi plusieurs radeaux, chargés de pots & de cruches, qu'on amenoit de la haute Egypte pour les vendre: on attache ces pots sous des planches de palmier fort légeres; on joint ces planches en forme de radeau, que six ou huit hommes gouvernent, en ramant avec des branches d'arbre. Quand ils ont vendu leur charge à Damiette, ils s'en retournent à pied dans leur patrie; avec des frondes, ils savent très-bien se défendre contre les brigands.

Nous passâmes près de *Manfura*, où *St. Louis* fut fait prisonnier; elle me parut de la grandeur de Damiette. On a élevé un mur dans le bras du Nil près de cette ville, pour empêcher l'eau d'entrer dans le canal du lac de *Baheire*, en plus grande quantité qu'il n'eſt requis pour arroſer les champs de riz, très-nombreux dans cette contrée.

Au-deſſous de Manſura, nous rencontrâmes vingt bateaux chargés de ruches d'abeilles, qu'on menoit paître ſur les bords du fleuve.

Chaque bateau contenoit deux cents ruches; il y en avoit ainſi quatre mille en tout. Le *Sandsjak* de Manſura, campoit dans les environs, avec une ſuite de quarante eſclaves & domeſtiques, pour lever l'impôt mis ſur les abeilles.

Le 5 Mai nous arrivâmes à Damiette. Cette ville eſt, au moins, auſſi avantageuſement ſituée que Roſette. Les marchandiſes venant de Syrie, doivent paſſer par ſon port, où il ſe fait d'ailleurs un grand commerce de riz, qu'on cultive très-abondamment dans les environs: malgré cela, il ne réſide dans cette ville aucun négociant chrétien, ni aucun moine européen, quoiqu'elle ſoit habitée par un nombre conſidérable de Maronites & d'Arméniens, réunis à l'égliſe Romaine.

Autrefois il y avoit à Damiette un conſul & des marchands François: mais les habitans, croyant remarquer que ces étrangers se familiarisoient trop avec les femmes du pays, les massacrerent tous. Depuis cette époque, un ordre du roi de France défend à tout homme de cette nation, non-seulement de s'établir dans cette ville, mais encore de la fréquenter. Les habitans de Damiette ont généralement la réputation de haïr les chrétiens plus que ne font les autres Egyptiens : le souvenir des Croisades leur inspire peut-être cette aversion. Habillés à la turque, & parlant un peu la langue du pays, nous n'avions rien à craindre.

Dans les environs de cette ville, il y a beaucoup de rizieres : mais le terroir vers les bords de la mer, est rempli de sable fin, & par conséquent stérile. Le trajet de Damiette à Rosette par terre n'est que d'une journée & demie : on ne se sert pas de cette route, à cause des voleurs, qui depuis quelque tems la rendent périlleuse.

Etant si près de la mer, j'allai voir le *Boghas*, éloigné de Damiette de deux lieues d'Allemagne. Cette embouchure du Nil n'est pas aussi dangereuse aux vaisseaux, que celle de Rosette : elle étoit défendue autrefois par un fort, qui n'est plus habité parce qu'on le croit occupé par des spectres. Je le visitai en compagnie de quelques mahométans, qui, en approchant de cette demeure des esprits, firent dévotement leurs prieres. C'est la seule fois, que j'aie remarqué cette espece de superstition parmi les musulmans: on ne connoît pas les spectres en Arabie, & on n'en parle pas.

Le lac de *Baheire* s'étend à l'est depuis Damiette jusqu'à *Ghassa*. J'eusse bien desiré de voir ce lac, si fameux chez les anciens, & dont les environs sont remplis des superbes ruines de plusieurs villes considérables. En même tems j'aurois pu examiner quelques villes modernes dignes de l'attention d'un curieux ; comme *Démischli*, où l'on fabrique de belles toiles ; *Bilbays* & *Tasnul*, qui conservent de beaux monumens : mais les habitans du district de *Baheire*, pauvres, & presque indépendans à cause de leur position isolée, sont également à craindre sur le lac & sur terre: ils pillent tous les voyageurs sans aucune distinction. Il me sembla donc plus prudent de sacrifier ma curiosité à ma sureté.

Plusieurs des villages, situés sur les bords du Nil, appartiennent en propriété à des *Begs* qui demeurent au Caire. Les Coptes, qui font les fonctions de secrétaires de ces grands, auroient pu me fournir des lumieres sur cet article, si j'avois été à portée de les consulter. Dans ma carte du cours de Nil, j'ai tâché de donner les noms de tous les endroits que j'ai vus de près & de loin. Mais j'ai trouvé beaucoup de difficultés en voulant écrire ces noms ; tant à cause de la différence des dialectes, qu'à cause de la mauvaise prononciation des gens du peuple, à qui j'ai été souvent obligé de m'adresser pour apprendre les noms sur la route.

Nous quittâmes Damiette le 12 Mai, & le vent nous favorisa si bien, que le 15 nous fûmes déja de retour à Bulak.

CHAPITRE V.

Des villes anciennes de la BASSE - ÉGYPTE.

LES anciens historiens & géographes, qui parlent de l'Egypte, nomment un si grand nombre de villes, que ce pays, en comparaison de son ancien état, doit paroitre aujourd'hui presque désert. On y trouve, il est vrai, une dixaine de villes nouvelles ; mais qui sont peu de chose quand on les compare à la quantité & à la grandeur des anciennes. Tous les ouvrages des Egyptiens, qui fubfiftent depuis les fiecles les plus reculés, annoncent un peuple riche & nombreux, mais qui a difparu prefqu'entiérement.

Quand on réfléchit fur les révolutions fucceffives que cette contrée a effuyées, & fur le malheur qu'elle a eu d'être dominée depuis fi longtems par des étrangers, on ne fera plus furpris de fa dépopulation & de la perte de fes richeffes. Subjuguée par les Perfes, les Grecs, les Romains, les Arabes & les Turcs, fans jouir d'aucun intervalle de repos pour fe remettre, elle fut toujours gouvernée par des lieutenants d'un conquérant éloigné. Ces ufurpateurs & leurs officiers ne penfant qu'à tirer le plus poffible d'une province opulente, foulerent le peuple jufqu'à lui enlever fa fubfiftance. La culture dégradée par la mifere des cultivateurs, entraîna la ruine des villes. Aujourd'hui encore le peuple diminue, & le payfan, quoiqu'il habite une contrée fertile, eft miférable ; parce que les exactions du gouvernement & des miniftres le mettent hors d'état de faire les avances néceffaires à la culture ; & les villes tombent en ruine, parce que ces mêmes exactions rendent toute entreprife lucrative impoffible aux citadins.

Il fera difficile de déterminer la pofition de ces anciennes villes. Les endroits où il y a eu d'anciennes villes font marqués par ces digues élevées pour les garantir des inondations. On voit au milieu des plaines des élévations qui couvrent toujours des ruines, enterrées peu à peu par les dépôts du fleuve, & par les vents impétueux qui y apportent le fable. Il y a un nombre étonnant d'endroits qui recelent, ou qui montrent au jour des veftiges de villes détruites.

La quantité de ces ruines feroit plus grande encore, fi les habitans ne les faifoient difparoître peu à peu, en les employant, à l'exemple des autres mahométans, à la maçonnerie des bâtimens de toute efpece qu'ils font conftruire. Dans la vue de trouver des matériaux pour bâtir, on fouille continuellement ces débris : on ne fe contente pas de creufer la terre; on la crible dans l'efpérance d'y trouver de l'or ou des pierres gravées. Un de mes amis, feigneur d'un village voifin d'une ville ruinée, me fit préfent d'un fcarabée des anciens Egyptiens, que les payfans avoient déterré en exploitant de cette maniere le terrein. Ce fcarabée eft de terre cuite, enduite d'une couche très-épaiffe de vernis : il prouve que ce peuple a poffédé l'art de faire des

moules

moules gravés, avec lesquels on faisoit des empreintes sur la terre molle avant sa cuisson.

La partie orientale du Delta, peu fréquentée jusqu'ici par les voyageurs européens, n'est pas moins riche en antiquités que celle qui est mieux connue. Les voleurs, plus communs dans ce district écarté & moins policé encore que le reste de l'Egypte, dégoûtent les envieux d'une telle promenade. Il seroit possible cependant d'entreprendre, sans rien risquer, une tournée dans ces lieux peu fréquentés, en accompagnant les Coptes, qui vont en grandes troupes toutes les années faire un pélérinage à une ancienne église près de *Gemiâne*.

Quelques Arabes apprirent à Mr. *Forskal*, les noms de plusieurs endroits habités autrefois par les Juifs, dont les ruines doivent encore subsister. Tous ces noms désignent, il est vrai, quelque chose de relatif à un séjour que les Juifs doivent avoir fait dans cette contrée; mais comme ce récit repose sur une tradition vague, qui regarde un peuple méprisé, & dont l'histoire est peu connue, nous ne prîmes pas la peine de nous en informer davantage.

Le peuple d'Egypte n'aime pas que les Européens fassent creuser parmi les ruines : il est perfuadé que nous y cherchons des tréfors. Quand je mefurai un bel obélifque, qui fubfifte encore en entier à *Mataré*, les habitans de ce lieu s'arrêterent à une certaine diftance, pour regarder attentivement mes opérations : ils s'imaginoient que, par un fecret inconnu, je ferois fauter cette maffe, pour m'emparer des richeffes cachées fous fa bafe, dont ils prétendoient avoir leur part : quand ils virent que mes opérations ne répondoient pas à leur attente, ils me laifferent partir fans m'infulter. On pourroit éviter l'inconvénient de donner ombrage au peuple, en demandant la permiffion de fouiller au feigneur des lieux, où il fe trouve des ruines, & en faifant exécuter ce travail par fes payfans.

Plufieurs voyageurs ont pris le foin de décrire les antiquités des villes de l'ancienne Egypte : plufieurs favans fe font occupés à differter fur ces defcriptions & à les comparer avec celles des auteurs grecs & latins, pour deviner à quelle ville avoient appartenus les monceaux de ruines qu'on voit actuellement. Ces recherches peuvent être curieufes : mais, vu leur incertitude, je n'ai point cru devoir entrer dans ces détails, ou répéter ce que d'autres ont dit avant moi.

SECTION II.

CHAPITRE VI.
De la ville du CAIRE.

PENDANT les onze derniers fiecles, depuis la conquête de l'Egypte par les Arabes, il est arrivé bien des changemens dans les environs du Caire, nommé en langue du pays *Kahira*. Ces conquérans démolirent ou négligerent des villes & en bâtirent de nouvelles.

A leur entrée dans ce pays, ils trouverent au bord du Nil une ville, que les écrivains de leur nation appellent *Mafr*, qui est sans doute la *Babylone d'Egypte* des auteurs grecs, & dont ils s'emparerent par la trahison de *Mokaukas*. Ces musulmans zélés, ne voulant pas habiter la même ville avec les chrétiens, s'établirent peu à peu dans l'endroit où leur général avoit campé, & bâtirent une ville appellée *Foftat*.

Cette ville, devenue la capitale de l'Egypte, fut aussi nommée *Mafr* ; nom qu'elle conserva après que le Caire qui n'en paroît avoir été qu'un faubourg, l'eût remplacée dans le titre de capitale. *Foftat* dépérit à mesure que le Caire fondé l'an 358 de l'Hégire par le général d'un calife *Fatimite*, s'éleva. Aujourd'hui les restes de Foftat sont connus fous le nom de *Mafr-el-atik*, le vieux Mafr. Le fameux *Salah ed din* embellit la ville naiffante & l'entoura de murailles.

La ville du Caire prit à fon tour le nom de *Mafr* : les Européens l'appellent *Caire*, *ou le grand Caire*. Cette ville, quoiqu'affez moderne, eft en effet fort grande. Elle s'étend, l'efpace d'une heure de chemin, fur une plaine fablonneufe, au pied de la montagne de *Mokattam*, à la diftance d'une demi-lieue des bords du Nil. Depuis cette montagne, où eft fitué le château, on peut découvrir la ville en entier : des autres côtés, elle eft entourée de collines formées par les immondices de la ville, qu'on tranfporte journellement. Ces collines font déja fi élevées, qu'à peine depuis le Nil, on peut appercevoir les fommités des tours.

Quoique le Caire foit une très-grande ville, elle n'eft nullement peuplée comme les villes de l'Europe de la même grandeur. La capitale de l'Egypte renferme dans fon enceinte de vaftes étangs, qui lorfqu'ils font remplis d'eau, reffemblent à des lacs. Les mofquées occupent des terrains fort étendus : dans un quartier que j'ai eu occafion d'examiner en détail, j'ai trouvé l'intervalle entre les grandes rues, rempli de jardins & de places vuides. Je fuis fondé à croire, que l'intérieur de

SECTION II.

plufieurs quartiers contient de même de grands efpaces, où il n'y a aucune maifon. Les maifons ne font pas auffi hautes au Caire que celles de nos villes en Europe : dans les petits quartiers elles n'ont qu'un étage, & elles font de briques féchées au foleil.

J'ai dit que les voyageurs fe trompent prefque toujours fur la population des villes de l'orient; & je dois ajouter que l'arrangement des rues du Caire, doit faire paroître cette ville plus grande qu'elle ne l'eft effectivement. Dans beaucoup de quartiers il fe trouve des rues affez longues, qui n'ont qu'une iffue dans quelqne rue principale : de forte que ceux qui habitent au fond de ces rues impaffes, peuvent fe parler du derriere de leurs maifons, & feroient néanmoins obligés de faire un quart de lieue de chemin pour fe joindre. Ces rues font habitées pour la plupart par des artifans, qui en allant travailler dans les rues les plus fréquentées, laiffent chez eux leurs femmes & leurs enfans. Par cette raifon, on eft fi étonné d'y rencontrer un paffant, que le fuppofant égaré, on l'avertit tout de fuite que la rue n'a point d'iffue. Toute la communication fe faifant donc par les rues principales, qui d'ailleurs font fort étroites, ces rues, continuellement remplies d'une foule de monde, donnent à cette ville l'apparence d'une population extraordinaire, qui n'existe que dans peu de quartiers.

Le château, situé sur un rocher escarpé entre la ville & la montagne de *Mohattam*, subsistoit probablement déja du tems des Grecs, & faisoit partie de la *Babylone d'Egypte*. Aujourd'hui il est partagé en trois quartiers; celui du pacha, celui des janissaires, & celui des asiabs. Le palais du pacha, tombe en ruines & ne paroit pas devoir être la demeure du gouverneur d'une grande province; mais les pachas turcs sont généralement mal logés: assurés de rester peu de tems en place, aucun ne se soucie de faire des réparations pour son successeur.

Le quartier des janissaires, entouré de bonnes murailles flanquées de tours, a plus l'air d'une forteresse : aussi cette milice se prévaut de sa situation avantageuse, dans les révolutions si fréquentes en Egypte. Ce corps, soudoyé par le sultan, ne respecte gueres son souverain; les principaux officiers, ayant été des esclaves des habitans les plus considérables du Caire, gardent plus d'attachement pour leurs anciens maîtres, qu'ils n'en ont pour le sultan. Quand les Egyptiens

SECTION II.

déposent un pacha, ce sont à l'ordinaire les janissaires qui à coup de canon le chassent de son palais, quand il ne part pas au jour fixé par les begs. Les Arabes cependant craignent peu les janissaires, & volent hardiment près de leur quartier.

Dans ce château on voit deux ouvrages, dont quelques rêveurs chrétiens & mahométans ont voulu faire honneur à un patriarche : ce sont la fontaine & le palais de *Joseph*. La fontaine, quoique profonde & toute taillée dans le roc, ne paroîtra pas si merveilleuse quand on examinera la nature du roc, qui est d'une pierre calcaire très-tendre. Ce travail n'est nullement comparable à ceux des anciens Indiens, qui ont creusé des pagodes entieres dans le roc le plus dur.

Le prétendu *palais de Joseph* est un grand bâtiment, qui conserve des restes précieux de son ancienne magnificence. Dans l'appartement où travaillent aujourd'hui les tisserands, les murailles sont ornées de figures en belle mosaïque, composée de nacre de perle, de pierres fines & de verre coloré. Le plafond d'une autre chambre contient de belles peintures : dans quelques endroits, se trouvent gravés les noms de la plupart des anciens souverains d'Egypte. Les califes d'Egypte paroiſſent avoir habité ce palais, & il eſt étonnant que le pacha n'en faſſe pas ſa demeure: d'un balcon on a une vue raviſſante ſur le Caire, *Bulak*, *Dsjiſe*, & ſur un vaſte payſage qui s'étend juſqu'aux pyramides.

On fabrique dans ce palais, l'étoffe précieuſe dont le ſultan fait annuellement préſent au ſanctuaire de la *Mecque*. Je demandai au directeur de cette fabrique, de quel *Joſeph* il croyoit que la fontaine & le palais portoient le nom: il me répondit de *Salah ed din*, dont *Joſeph* étoit en effet, le nom propre. Cette opinion ſemble d'autant plus probable, qu'on ſait par d'autres monumens, combien d'embelliſſemens le Caire doit à ce calife. Quoi qu'il en ſoit, on voit près de ce palais une trentaine de grandes & de belles colonnes de granit rouge, encore ſur pied, quoique découvertes : de miſérables cabanes ſont adoſſées contre ces ſuperbes colonnes. Dans un chemin taillé dans le roc, qui mene d'un quartier de ce château à l'autre, j'ai été ſurpris de voir un aigle à double tête, gravé ſur une grande pierre, & encore parfaitement reconnoiſſable.

Le faubourg *el Karafe*, aujourd'hui peu habité, contient une multitude de ſuperbes moſquées, en partie tombées en ruines, & pluſieurs tom-

SECTION II.

beaux des anciens souverains du pays. Les femmes mahométanes se rendent en foule dans cet endroit, sous prétexte d'y faire leurs dévotions ; mais, au fond, pour avoir la liberté de se promener. De l'autre côté du château, il y a encore une grande quantité de mosquées ruinées, & des maisons de priere bâties sur les tombeaux des riches mahométans, qui forment une rue de trois quarts de lieue d'Allemagne. Il paroît par ce nombre étonnant de mosquées & de maisons de priere, que les anciens souverains & les grands de l'Egypte ont dépensé autant, & plus peut-être, en fondations pieuses, que les sultans de Constantinople.

Parmi cette multitude de mosquées, il y en a qui se distinguent par la beauté & la solidité de leur construction : l'une entr'autres, qui avoit en même tems une académie, étoit si forte & si bien située, qu'on y dressoit dans les émeutes populaires des batteries pour battre le château, & par cette raison on en a muré les portes. Toutes ces mosquées sont décorées fort simplement dans l'intérieur ; à l'ordinaire le pavé est couvert de nattes, rarement de tapis : les murs n'ont d'autres ornemens que quelques passages du Koran écrits en lettres d'or, & une multitude de mauvaises lampes, suspendues horizontalement, & entremèlées d'œufs d'Autruches ou d'autres chétives curiosités.

Le *Mouristan* est un grand hôpital pour les foux & pour les malades: je n'ai pas trouvé ces derniers en grand nombre à proportion de l'étendue de la ville. Autrefois les malades y étoient pourvus de tout ce qui pouvoit les soulager, sans oublier même la musique ; par impuissance de subvenir à tous les fraix, on leur avoit retranché ce divertissement, que la libéralité d'un particulier vient de leur rendre. Les descriptions du Caire parlent beaucoup des grands revenus, attachés à cet hôpital & à la plupart des mosquées ; mais il arrive ici comme ailleurs ; les administrateurs de ces revenus s'enrichissent, en ruinant les fondations, qui ne se relevent pour un tems, que par de nouveaux legs de quelques ames pieuses.

Il y a dans cette ville un grand nombre de *kans* ou *oquals*, comme on les appelle en Egypte. Ce sont de vastes bâtimens, solides, remplis de magasins & de petites chambres, à l'usage des marchands étrangers. On voit ici, comme à Constantinople, plusieurs belles maisons, où l'on distribue gratis de l'eau fraîche aux passans.

Les bains publics sont en grand nombre ; quoique de peu d'apparence extérieurement; ils ont de beaux appartemens, pavés de marbre & ornés à la maniere du pays : plufieurs domeftiques gagés, dont chacun a fon emploi particulier, fervent très-bien ceux qui viennent fe baigner. Les étrangers s'effrayent au commencement de la méthode de ces baigneurs, ufitée dans tout l'orient, & craignent de fe voir difloquer les membres : mais accoutumés peu à peu à cette cérémonie, ils s'en trouvent bien.

Les *birkets* ou étangs, formés par l'eau du Nil, qui remplit dans fa crûe les endroits bas, font affez communs au Caire & dans fes environs. Quand l'eau s'eft évaporée, ces étangs deviennent toutes les années des prairies : ce changement de payfage donne à ces *birkets* de grands agrémens, &, par cette raifon, les perfonnes les plus confidérables du pays demeurent à l'ordinaire fur les bords de ces étangs. Les palais des grands n'embelliffent gueres la ville, puifqu'on n'en peut rien appercevoir que les hautes murailles qui les entourent.

CHAPITRE VII.

Des environs du CAIRE.

DANS le voisinage du Caire se trouvent plusieurs endroits remarquables; entr'autres les trois villes de *Bulak*, de *Fostat*, & de *Dsjise*, qui en sont si peu éloignées, qu'elles pourroient presque passer pour des fauxbourgs de la capitale.

Bulak, sans doute l'ancienne *Litopolis* des Grecs, est encore aujourd'hui une ville assez considérable, & le principal port du Caire. Toutes les marchandises qui viennent de Damiette & de Rosette, comme celles d'Egypte qu'on envoye dans la Méditerranée, passent par cet endroit. Cette raison fait qu'on y a placé la grande douane, & qu'on y a bâti un vaste *basar* ou marché couvert, appellé *Kissarie*. C'est aussi là que sont établis les magasins de riz, de sel, de nitre & de plusieurs productions de la haute Egypte : on y trouve encore une maison, appartenante au sultan, où l'on garde le bled qu'il envoye toutes les années à la Mecque & à Médine.

Fostat ou *Masr-el-atik*, quoiqu'infiniment déchu, peut encore être regardé comme une ville de grandeur médiocre. Elle a une douane où l'on ac-

Section II. 61

quitte le péage des marchandises de la haute Egypte qui passent. Dans une grande place, entourée d'une muraille, le gouvernement emmagasine, en plein air, des amas de bled fort considérables. Quelques auteurs parlent de cette place comme d'un magasin construit par le patriarche *Joseph* : mais la muraille qui l'entoure, est visiblement d'une date postérieure même à la conquête de l'Egypte par les Arabes.

L'ancienne citadelle de *Masr* est aujourd'hui habitée uniquement par des chrétiens. On y voit plusieurs églises des Grecs & des Coptes, avec un couvent de religieux de cette derniere nation. On révere beaucoup une grotte, sous une de ces églises coptes, parce qu'elle doit avoir servi de retraite à la sainte famille du tems de sa fuite en Egypte. Les Grecs ont une église, fameuse par un miracle d'une espece particuliere: les foux deviennent sages, quand on les enchaîne à une certaine colonne de cette église.

Entre cette ville & le Caire, est un aqueduc, construit au commencement du seizieme siecle par le sultan *Guri*, qui conduit l'eau dans le voisinage du château. Près du canal se trouve un couvent de *Derwisches*, célebre par la beauté de l'édifice, & par ses richesses : à côté de ce couvent il y a de grandes places, où les principaux du Caire vont s'exercer à plusieurs jeux militaires.

La petite ville de *Dsjife*, est située sur la rive occidentale du Nil, vis-à-vis *Masr-el-atik*. Son origine est inconnue : les hauteurs qui l'environnent, formées sans doute par les immondices transportées d'une ville, semblent annoncer son ancienneté. Je n'y ai rien trouvé de remarquable, excepté plusieurs maisons de campagne des riches habitans du Caire, & quelques fabriques.

Mataré, village éloigné de deux lieues de la capitale, touche aux ruines de l'ancienne *Heliopolis*. Ce village cependant est plus célebre encore, parmi les chrétiens dévots, par un sycomore, qui doit avoir ouvert son tronc pour offrir un refuge à la sainte famille, lors de sa fuite. On y montre au moins, toujours un sycomore, qui se renouvelle nécessairement, puisque dans la foule des superstitieux, chacun coupe un morceau de l'arbre. Autrefois ce village étoit connu par l'arbuste qui produit le baume d'Egypte, qu'on y cultivoit : on n'en voit plus dans cet endroit ; le dernier de ces arbustes ayant péri dès le commencement du dix-septieme siecle. Les Turcs ne font pas faits pour remplacer une plante utile.

A quatre lieues du Caire, vers l'orient, on trouve le *Birket-el-Hadsji*, ou l'étang du pélerin; affez grand lac, qui reçoit fes eaux du Nil: fur fes bords on voit plufieurs villages, & beaucoup de maifons de campagne ruinées. Cet endroit n'a donc rien de remarquable, que dans le tems du départ de la caravane de la Mecque, lorfque les pélerins y campent quelques jours avant de partir, & après leur retour. Le 20. Mai 1762, deux jours avant le départ de la caravane, j'eus la curiofité de vifiter ce camp, qui ne méritoit gueres mon empreffement. On y voit quelques belles tentes, en affez petit nombre; le refte eft mefquin, & dans un défordre qui choque la vue la moins délicate.

CHAPITRE VIII.

Du MIKKIAS, ou *Nilometre* & *de la crûe du Nil.*

ENTRE Mafr-el-atik & Dsjife, fe trouve, au milieu du Nil, l'*isle de Rodda*, qui communiquoit autrefois avec ces deux villes par deux ponts de bateaux, qui ne subsistent plus depuis long-tems. Elle étoit remplie de jardins & de maisons de campagne, lorsque Fostat étoit florissant : mais depuis que le Caire est la capitale de l'Egypte, ses habitans ont transféré leurs jardins & leurs maisons de plaisance à Masr-el-atik, à Bulak, & même jusqu'à Birket-el-hadsji.

Cette isle ne présente aujourd'hui rien de remarquable, excepté sa pointe méridionale qui est garnie d'une forte muraille pour rompre la force du courant. Sur cette pointe est bâtie une mosquée, dans laquelle se trouve le fameux *Mikkias*, ou *Nilometre*; on sait que c'est un bassin communiquant avec le Nil; au milieu, s'éleve une colonne qui sert à indiquer la hauteur des eaux de la riviere. *Norden* en a donné un dessin plus beau que l'original, qui dépérit tous les jours ; car les Turcs ne sont pas gens à faire la moindre dépense pour la réparation la plus nécessaire.

J'ignore, si quelqu'un a déja mesuré la largeur du Nil : par une opération géométrique je l'ai trouvée de 2946 pieds. Il est nécessaire de savoir cette mesure, pour se former une idée de la masse étonnante d'eau que ce fleuve charie, quand il est à sa plus grande hauteur.

SECTION II.

On fait, que chaque année le Nil commence à hauffer au milieu du mois de Juin; qu'il continue à croître pendant quarante à cinquante jours; & qu'il baiffe alors peu à peu, jufqu'à ce que, vers la fin de mai de l'année fuivante, il foit réduit à fa moindre profondeur. On n'ignore plus la caufe de fes hauffemens: pendant les mois les plus chauds de l'année, il pleut tous les jours en *Habbefch* ou Abyffinie, & toutes les eaux de ces pluyes abondantes fe raffemblent dans le Nil, qui coule dans une large vallée depuis fon entrée en Egypte jufqu'à la mer.

Ce fleuve ne hauffe pas également par toute l'Egypte. Quoique je n'aye pas ofé mefurer la hauteur de fa crûe près du Mikkias, j'ai vu, par des obfervations faites à Dsjife, que cette hauteur eft au Caire, au moins de vingt-quatre pieds au-deffus du niveau de fon cours ordinaire. A Rofette & à Damiette cette hauteur ne paffe pas quatre pieds. On ne doit pas être furpris de cette différence: le Nil, refferré au Caire dans un feul lit, entre des bords affez élevés, doit hauffer naturellement plus, que quand, partagé en plufieurs branches, après avoir été divifé en tant de canaux, & après avoir abreuvé tant de terreins arides & remplis de lacs, il approche de la mer. La branche qui baigne Rofette n'a que fix cents cinquante pieds de largeur, & celle qui paffe près de Damiette, n'eft tout au plus que de cent pieds.

Auffi-tôt que le Nil commence à hauffer, on bouche & on nettoye les grands & les petits canaux tirés du fleuve ou d'autres canaux, & deftinés à arrofer les campagnes. On les tient fermés jufqu'à ce que les eaux du fleuve foient parvenues à une certaine hauteur, qui fe détermine par le nilometre de l'isle de Rodda. Un *Schech* fe tient, à cet effet, dans le mikkias, & annonce tout de fuite la crûe des eaux, quand elle commence, à une multitude de pauvres, qui attendent à Foftat cette nouvelle, & qui courent la publier parmi les rues du Caire. Ces pauvres gens retournent tous les jours à Foftat à une certaine heure, & le Schech leur crie de combien de pouces le Nil a hauffé. Tous les jours on publie de la même maniere ces augmentations, jufqu'à ce que le fleuve arrive à la hauteur fixée, qui permet de déboucher le canal : alors on paye au fultan la taxe pour les eaux, & on efpere une bonne année.

Quand le canal du Caire eft ouvert on débouche auffi fucceffivement les grands canaux fitués plus bas vers la mer. Les habitans d'un diſtrict n'oſent pas ſaigner le Nil, quoiqu'il ſoit parvenu à la hauteur convenable à leurs terres, puiſque cela ôteroit l'eau aux terres ſupérieures : il faut qu'ils attendent l'ordre. Il y a en Egypte des loix qui s'obſervent réguliérement, & qui déterminent le partage des eaux, & le tems où il eſt permis de percer les grands & les petits canaux.

Entre la digue du canal du Caire & le Nil, on érige une colonne de terre, de la hauteur à peu près où l'on ſe flatte de voir parvenir les eaux du fleuve. Cette colonne s'appelle *Anés*, ou la fiancée : c'eſt une eſpèce de nilomètre à l'uſage du peuple. Quand les eaux entrent dans le canal, cette *fiancée* eſt emportée par le courant. Une coutume ſemblable, uſitée déja chez les anciens Egyptiens, leur a attiré peut-être l'imputation d'immoler toutes les années au Nil une vierge.

On ouvre le canal avec un grand appareil : mais pendant notre ſéjour au Caire, on perça la digue tout uniment, parce que le canal avoit été mal nettoyé, & que l'eau y entroit avec difficulté. Cette cérémonie a été décrite par tant d'auteurs, que je ne crois par devoir ennuyer le lecteur par le récit de cette vaine pompe.

Il regne en Égypte une superstition, dont on ne parloit pas avant la conquête des Arabes : c'est celle de tirer le prognostic de la hauteur du Nil, par le moyen de quelques pratiques, usitées parmi les femmes tant chrétiennes que mahométanes. Ces pratiques se fondent sur l'opinion populaire que la nuit du 17 au 18 Juin il tombe en *Habbesch* une goutte, en arabe *nokta*, dans le Nil qui fait fermenter & hausser ses eaux. Pour découvrir la quantité & la force de cette goutte, & par conséquent la hauteur future du fleuve & la fertilité de l'année, ces femmes mettent, dans la nuit en question, un morceau de pâte sur le toit de leurs maisons : la pesanteur plus ou moins grande, que cette pâte acquiert, leur fournit la prédiction. L'expérience est fort aisée à expliquer, puisque dans cette saison il tombe régulierement en Egypte de fortes rosées. Un mahométan savant & sensé qui regardoit ces prédictions comme des jeux, me dit, que cette opinion populaire tiroit son origine, comme tant d'autres, d'une équivoque ; *Nokta* signifiant en Arabe également *une goutte*, & le *tems où le soleil entre dans le signe du*

Section II.

Cancer; tems où en effet, les grandes pluyes tombées en Abyssinie doivent commencer à enfler le fleuve.

J'ai remarqué qu'on nettoye chaque année le canal du Caire, qui sert alors de rue. Mais on ne peut pas en faire long-tems cet usage, parce qu'on attend pour le nettoyer, que la digue soit prête à être percée. Pendant que l'eau coule dans ce canal, les maisons qui le bordent sont très-agréables: mais le reste de l'année ce voisinage est fort incommode. Il entre tant d'immondices dans ce canal, qu'il ne peut se sécher dans la ville; l'odeur détestable de la boue croupissante, pendant les grandes chaleurs, empeste l'air & cause des maladies épidémiques.

Il n'y a au Caire point d'autre eau potable que celle du Nil, dont on va chaque jour chercher la provision, dans des outres, sur des chameaux & des ânes. Au-dessous de plusieurs mosquées il y a de grands réservoirs publics, dans lesquels on conserve de l'eau, pour en faire usage quand celle du fleuve, dans sa crûe, commence à être fort trouble, & par conséquent, comme on le croit, mal-saine. L'eau du Nil il est vrai, ne cesse jamais d'être un peu trouble: mais quand, avec des amandes ameres préparées d'une certaine façon, on frotte les grands vafes de terre, appellés *Bojanes* ou *Dsjarres*, dont chaque maifon eft pourvue, cette eau devient claire, légere & faine. L'ufage de cette eau donne, fuivant l'opinion générale, aux habitans du Caire une éruption cutanée, dans une certaine faifon : ce mal eft incommode, mais il ne dérange pas la fanté.

SECTION III.
DU GOUVERNEMENT, DES ARTS, ET DU COMMERCE DE L'ÉGYPTE.

CHAPITRE I.
De la nature du gouvernement de l'ÉGYPTE.

LES Turcs, comme on le fait, conquirent l'Egypte au commencement du feizieme fiecle fur les *Mammelucs*, milice mercénaire, qui s'étant emparés, quelques fiecles auparavant, de la fouveraineté de cette province, la gouvernoient fous un chef électif appellé *Sultan*. Ce gouvernement paroît fubfifter aujourd'hui, tel qu'il étoit du tems de la conquète, fans que les Turcs, malgré leur orgueil defpotique, ayent penfé à le changer.

Une forme de gouvernement, qui dure depuis fi long-tems, & à laquelle un conquérant fier & puiffant n'a pas ofé toucher, doit avoir un principe de ftabilité, qui la foutient contre les révolutions. Elle mériteroit d'être mieux connue, & mieux développée par quelque homme intelligent, qui feroit un long féjour en Egypte. Un voyageur, comme moi, qui n'a vu ces objets qu'en paffant, ne peut ni découvrir ni décrire tous les refforts d'une machine fi compliquée.

Je fuis cependant affez inftruit pour appercevoir que ce gouvernement eft actuellement une ariftocratie tant civile que militaire, où ce dernier état prédomine. Sous la protection, plutôt que fous l'autorité du fultan de Conftantinople, un *divan* ou confeil fouverain, exerce le pouvoir légiflatif comme l'exécutif. Les revenus même du fultan doivent être regardés comme un tribut, payé au protecteur, & non comme un impôt, payé au fouverain. Ces revenus font au refte, fi modiques, que la dépenfe les abforbe en Egypte, enforte que la caiffe qui eft cenfée les tranfporter avec pompe, arrive vuide à Conftantinople.

Un gouvernement femblable doit néceffairement être rempli de factions, & fujet à de fréquentes querelles. Le Caire eft, en effet, toujours agité par des diffentions; les partis fe choquent fans ceffe, & les grands entretenant conftamment des troupes, décident leurs différens à force ouverte & les armes à la main.

Les jalousies des chefs, sont probablement la cause, qui fait conserver à la Porte une ombre d'autorité sur ce pays. Tous les membres de cette aristocratie, craignant de perdre leur pouvoir sous un souverain, s'opposent tous à l'élévation d'un membre de leur corps. De nos jours, *Aly-Bey* a éprouvé combien il est difficile de monter sur le trône d'Egypte, ou de s'y soutenir.

CHAPITRE II.
Des officiers du sultan.

POUR exercer son autorité précaire sur l'Egypte, le sultan de Constantinople y envoye un gouverneur, qui est toujours un pacha à trois queues. Bien loin que ce pacha y jouisse du même pouvoir despotique, dont sont revêtus les pachas des autres provinces sujettes à la Porte, celui du Caire dépend presqu'entièrement du divan de cette république. Comme ces aristocrates le regardent comme leur tyran, ils le déposent souvent, s'il n'est pas assez habile pour se soutenir par l'opposition des partis, qu'il peut favoriser tour à tour.

Pendant mon séjour à Alexandrie, les habitans du Caire chasserent leur pacha. En même tems se trouvoit en Egypte *Mustafa Pacha*, qui avoit déja été deux fois grand-visir, & qui parvint ensuite pour la troisieme fois à cette éminente dignité. Ayant été envoyé par le sultan à *Dsjidda*, il étoit resté en Egypte sous prétexte de maladie. Les habitans choisirent ce *Mustafa* pour leur pacha, & trouverent le moyen d'obliger le sultan, quelque mécontent qu'il dût être & de l'élu & des électeurs, de confirmer leur choix. Mais le nouveau pacha ne garda sa place que pendant sept mois; après quoi il fallut la céder à un autre qui vint de Constantinople. Ce dernier mourut subitement la nuit après l'arrivée d'un *Kapidsji-Bachi*, envoyé par le sultan sur ses traces. Ainsi pendant le court espace de tems que j'ai été en Egypte, cette province a eu trois gouverneurs, qui se succéderent avec rapidité.

Le premier *Kadi* du Caire est remplacé à l'ordinaire tous les ans par un autre Kadi, venant de Constantinople, & nommé par le sultan sur la recommandation du mufti.

A l'exception des emplois de ces deux officiers le fultan n'en confere aucun autre en Egypte, au moins immédiatement. Il eft vrai qu'il paroît auffi difpofer de la charge de *bey*, à laquelle il nomme : mais les Egyptiens propofent les candidats, & il n'ofe pas les rejetter ; fa nomination fe réduit donc à une vaine cérémonie de bienféance.

CHAPITRE III.
Du divan, & des beys.

Le *divan*, ou confeil fuprême, eft compofé de vingt-quatre beys, de quatorze des principaux officiers des troupes, & d'une multitude de gens de loi, ou eccléfiaftiques.

Les *beys* paroiffent être en petit, ce que les pachas font en grand ; favoir, les gouverneurs des différens diftricts de l'Egypte. Les charges de grand-tréforier & de gouverneur du Caire, font auffi remplies par des membres de ce corps. Ils entretiennent des gardes & des troupes, tant pour leur propre fûreté, que pour contenir dans le devoir les diftricts qui font confiés à leurs foins. Le nom de *bey* ou *beg* dénote un puiffant seigneur, & peut être regardé à-peu-près comme synonyme à celui de prince. Leur nombre n'est jamais complet ; de mon tems au lieu de vingt-quatre il n'y en avoit que dix-huit. Apparemment, les autres partagent les revenus des places vacantes.

A l'exemple des *mammelucs* qui, tous esclaves, choisissoient leurs chefs uniquement parmi ceux qui avoient passé par la servitude, ces begs ont été pour la plupart des esclaves achetés, pour la valeur peut-être de 50 à 100 piastres. Ce sont souvent des enfans chrétiens de la Georgie, ou de la Mingrélie. Depuis quelque tems, on donne aussi ces places à des mahométans d'une naissance libre & honnête. Parmi les dix-huit begs, existans pendant mon séjour en Egypte, il y en avoit cinq de cette derniere espece : les treize autres, nés de parens chrétiens, avoient été esclaves dans leur jeunesse.

On n'est pas étonné de cette élévation de tant d'esclaves, quand on connoît bien les mœurs des orientaux. Les mahométans en général & les Egyptiens en particulier, se font un devoir de traiter bien leurs jeunes esclaves. Les begs & les principaux habitans du Caire achetent beaucoup de ces enfans chrétiens, qu'ils font

SECTION III.

inftruire, comme leurs propres fils, dans tout ce qui eft néceffaire pour former un feigneur mahométan : l'éducation achevée, ils leur procurent des emplois dans les troupes. Ces efclaves émancipés, devant leur fortune, & même leur exiftence morale à ces bons maîtres, ont pour eux l'attachement le plus vif. Par cette raifon, il arrive fouvent qu'un maître, remarquant dans fon efclave des talens extraordinaires & une fidélité éprouvée, n'épargne rien pour le placer dans un emploi plus confidérable, que celui qu'il remplit lui-même. Par une telle méthode, le maître augmente fon crédit & fon influence dans le gouvernement, en y plaçant plufieurs perfonnes affidées; ce qui n'arriveroit point, s'il étoit réduit au crédit que lui donneroit la feule charge qu'il peut occuper.

Il ne fera pas hors de propos, de citer à ce fujet quelques exemples frappans & finguliers. J'ai connu un riche négociant qui n'avoit qu'un feul domeftique, & dont la monture pour aller en ville étoit un âne. Il avoit procuré à plufieurs de fes efclaves des places diftinguées dans les troupes d'Egypte : ces officiers, quoique fort au-deffus de lui, avoient tous les égards poffibles pour leur ancien maître, & étoient toujours prêts à le défendre.

Un certain *Haffan Kichja*, qui s'étoit contenté de l'emploi de *Kichja*, ou de lieutenant de l'aga des janiffaires, avoit avancé plufieurs de ces efclaves dans les charges les plus importantes. Son fils *Abderrachman Kichja*, auffi fimple lieutenant de l'aga des janiffaires, étoit de mon tems tout puiffant en Egypte: non pas à caufe de fon emploi, qui lui donnoit peu de crédit, mais à caufe du grand nombre de feigneurs, qui devoient leur fortune à fa famille. Il étoit d'ailleurs fort riche, & fe faifoit refpecter par le grand nombre de troupes qu'il entretenoit, & aimer du peuple & des eccléfiaftiques par fes fondations pieufes.

Cependant l'exemple le plus extraordinaire eft celui d'*Ibrahim Kichja*, qui pendant toute fa vie n'eut pas un emploi plus relevé que celui de lieutenant de l'aga des janiffaires, emploi qui alterne chaque année. Cet homme avoit été efclave d'un certain *Othman Kichja*, qui lui-même l'avoit été de ce *Haffan Kichja*, dont je viens de parler. *Ibrahim*, par le moyen de fes efclaves, auxquels il procura les premieres charges, acquit tant de crédit, que pendant long-tems il gouverna l'Egypte. On peut juger de fon influence, par le nombre de fes créatures: de mon tems des dix-huit begs, huit avoient été ſes eſclaves ; & des ſept agas des grands corps de milice, cinq étoient ſortis de ſa famille, & lui devoient la fortune & la liberté. Beaucoup de ſes anciens eſclaves occupoient encore des poſtes conſidérables dans les troupes.

Parmi les begs qui gouvernoient de mon tems, il y en avoit un, qui commençoit à ſe diſtinguer, & qui depuis ce tems-là, a joué un grand rôle. C'eſt le fameux *Aly Bey*, qui après avoir été eſclave de cet *Ibrahim Kichja*, étoit parvenu à la charge de *Schech-el-belled*, ou de gouverneur de la capitale. Après notre départ il fut relégué à *Ghaſſa* : mais il revint en 1768 ; il tua quatre begs, & força le pacha de défendre le retour à quatre autres begs qui s'étoient ſauvés. Devenu tout puiſſant, il aſpira à la ſouveraineté. On fait qu'il s'allia dans ce but avec le *Schech Daher*, & qu'il fut tué quelque tems après dans une bataille contre le beg *Abu Daab*, un de ſes concurrens.

Après les begs viennent les principaux officiers des troupes. Ceux de ces officiers qui entrent au divan, ſont les ſept *agas*, des ſept corps de milice, avec leurs ſept *Kichja* ou lieutenants, l'année qu'ils ſont en charge. Les janiſ faires, quoique les plus privilégiés, ne font pas parmi ces corps les premiers en rang.

Je n'ai point pu me mettre au fait des emplois civils, qui donnent le droit d'entrée au divan. Il m'est donc impossible de donner le nombre des gens de loi ou d'ecclésiastiques qui y ont séance.

Les membres de cette aristocratie montrent un orgueil, & une hauteur humiliante. Au Caire il n'est point permis aux chrétiens & aux juifs d'aller à cheval : ils n'osent monter que des ânes, & ils sont obligés même de descendre de cette monture, à la rencontre du moindre seigneur égyptien. Ces seigneurs paroissent toujours à cheval, précédés d'un domestique insolent & armé d'un gros bâton, qui avertit ceux qui sont montés sur des ânes, de donner au seigneur les marques dues de respect, en leur criant, *ensil*, descends. Si l'infidele n'obéit pas sur le champ, il y est forcé à coups de bâton. Un marchand françois fut estropié en pareille occasion ; on insulta aussi notre médecin pour n'avoir sauté assez lestement de son âne. Par cette raison, un Européen ne peut gueres se promener dans les rues, sans avoir un homme qui connoisse tous ces seigneurs, & qui les lui montre à tems. Au commencement, en passant par le Caire, re, je me faisois précéder par mon janissaire & suivre par mon domestique, tous deux montés comme moi, sur des ânes. Mais essuyant l'humiliation de voir ces deux musulmans rester sur leurs montures, pendant que j'étois forcé d'en descendre, je pris le parti de marcher à pied.

Il est vrai qu'on pousse en Egypte plus loin que dans aucun pays de l'orient ces distinctions ordinaires, entre les mahométans & ceux qui professent une autre religion. Les chrétiens & les juifs doivent mettre pied à terre devant la maison du grand *Kadi*; devant plus d'une vingtaine d'autres maisons, où les magistrats rendent la justice; devant la porte des janissaires, & devant plusieurs mosquées. Il ne leur est pas seulement permis de passer à pied à côté de quelques mosquées, réputées pour leur sainteté; ni par le quartier *el-Karafe*, où il y a une quantité de tombeaux & de maisons de priere: ils sont obligés de faire un détour pour éviter ces endroits, dont le sol même est sacré aux yeux du peuple, qui ne souffre pas qu'il soit profané par les pieds des infideles.

J'ignore, au reste, s'il y a une défense formelle à tout chrétien d'aller à cheval par les rues du Caire. Le dernier consul anglois paroissoit

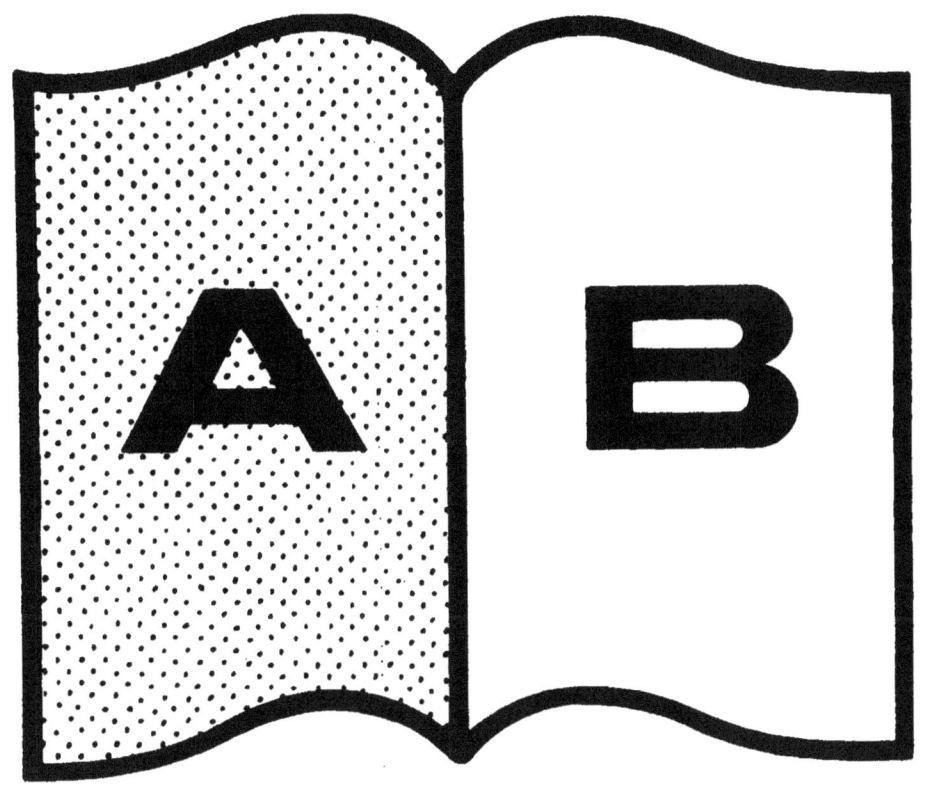

toujours à cheval, habillé comme un seigneur mahométan : mais il étoit très-riche, & se faisoit aimer des grands en les régalant, & du peuple en distribuant de larges aumônes toutes les fois qu'il se montroit en public. Les autres consuls ne montent à cheval qu'une seule fois, quand ils vont à l'audience du pacha : comme alors ils s'habillent magnifiquement, ils sont exposés aux insultes du peuple, qui regarde nos habits courts comme extrèmement indécens pour un homme constitué en dignité. Le reste du tems, ces consuls montent modestement un âne, & descendent en toute humilité à la rencontre de chaque seigneur égyptien.

CHAPITRE IV.

De la police des villes.

Dans une ville comme le Caire, habitée par une multitude de petits tyrans, toujours brouillés entr'eux, & occupés à se perdre réciproquement, qui entretiennent des troupes, & qui vuident souvent leurs querelles à main armée, on croit devoir s'attendre à peu de sûreté pour les particuliers. Les rues étroites, & la foule qui les occup

Section III.

sans cesse, semblent devoir favoriser le désordre. Cependant on y entend moins parler de violences, de vols & de meurtres, que dans nos grandes villes de l'Europe. Quelques réglemens, communs presque à tout l'orient, maintiennent la tranquillité, & s'observent dans les villes de province à peu près comme dans la capitale.

Les magistrats contribuent à la sureté publique, en administrant la justice avec beaucoup de promptitude. Le kadi, & une multitude de juges subalternes, répandus dans tous les quartiers de la ville, ne quittent jamais leurs tribunaux & sont sans cesse occupés à entretenir l'ordre, en assoupissant les querelles & les différends survenus dans le quartier confié à leurs soins.

Au Caire, comme dans toutes les villes de l'orient, chaque métier a son chef autorisé, qui connoît tous les individus de son corps, qui veille sur leur conduite, & qui en répond d'une certaine manière au gouvernement. Les chefs contiennent dans le devoir les artisans qui forment une classe nombreuse. Les filles publiques & les voleurs même ont un chef semblable; non qu'il soit permis d'exercer le métier de voleur, mais on établit un tel chef pour faciliter le recouvrement des effets volés. A Tripoli en Barbarie, les esclaves noirs élisent un chef de leur état, reconnu par la régence; par ce moyen on prévient souvent la révolte ou la fuite de ces esclaves.

Des officiers distingués de police & de justice, accompagnés d'une suite nombreuse, se transportent tant de jour que de nuit, à des heures imprévues, dans les différens quartiers de la ville, pour examiner le cours des marchés, & pour arrêter les personnes suspectes. Ces officiers ont le droit de juger sur le champ les coupables, sans autre forme de procès, & de les condamner à la bastonnade; ils peuvent même les faire pendre, quand ils ont été attrapés sur le fait. La crainte d'être surpris à chaque moment par ces officiers, retient la populace mutine ou portée au pillage. J'ai été souvent témoin de la terreur, qu'inspirent ces inspecteurs redoutables: un jour, à la vue d'un de ces officiers, mon domestique égyptien vouloit absolument s'en retourner chez moi, & j'eus besoin de la force pour le faire avancer.

Toutes les rues du Caire ont des portes, fermées pendant la nuit, où se tient un portier, qui laisse passer d'un quartier à l'autre, ceux qui alléguant de bonnes raisons de leur sortie, se présentent avec une lanterne. Cet homme ouvre la porte pour une légere rétribution; mais il arrète toute perfonne fufpecte. Cet arrangement prévient les attroupements & les émeutes populaires. Il fépare en même tems fi bien les quartiers, que les begs fe battent fouvent dans la ville ou dans fon voifinage, fans que les autres habitans s'apperçoivent prefque de ces tumultes, ou que leur repos en foit troublé.

Pour appuyer cet établiffement, il y a près de chaque porte une chambre occupée par une garde de janiffaires, qui prète main forte au portier pendant la nuit, & qui de jour entretient l'ordre dans le quartier. On ne releve pas cette garde, & les janiffaires qui la compofent, payés par la ville confervent ce pofte lucratif, auffi long-tems qu'on eft content de leur conduite.

CHAPITRE V.

De l'agriculture des Egyptiens.

N'AYANT pas eu occafion de remarquer beaucoup d'induftrie chez ce peuple, j'aurai peu de chofe à dire des arts qui font mal cultivés en Egypte. Il y en a cependant quelques-uns, qui, fournissant des matieres au commerce, duquel je dois traiter, ne doivent pas être passés entiérement sous silence.

Le premier des arts, l'agriculture, n'y est pas dans un état florissant, quand on compare le produit actuel d'une terre fertile, à celui qu'elle pourroit donner. J'ai insinué plus haut, quelles sont les causes naturelles de ce déperissement. Les circonstances locales de ce pays singulier, sont-telles cependant, que le mauvais gouvernement & la misere du cultivateur n'y pourront jamais étouffer la fécondité d'un terroir, qui, quoique mal cultivé, ne laisse pas de récompenser richement le travail léger qu'on lui consacre, & de rendre avec usure les chétives avances qu'on veut lui confier.

Le sol de la basse Egypte paroît composé d'une terre sablonneuse, déposée successivement par le Nil. Sous un ciel brûlant, sec & presque sans nuages, une terre semblable ne seroit, dans les longues sécheresses, qu'un désert aride, sans le secours des eaux fécondantes du fleuve.

Certaines descriptions de l'Egypte pourront faire croire que le Nil dans ses crues inonde toute cette province; ces inondations, en effet, ont lieu sur les bords de ce fleuve: mais l'inégalité né-

SECTION III.

ceſſaire du terrein empêche l'eau de ſe répandre dans l'intérieur des terres. Une grande partie du pays reſteroit donc inculte, ſi l'art n'avoit pas ſuppléé à ces inégalités par cette infinité de canaux & de réſervoirs qui reçoivent l'eau quand le Nil eſt à ſa plus grande hauteur, & qui la conſervent auſſi long-tems que les terres ont beſoin d'être arroſées.

C'eſt donc l'art de bien arroſer, qui fait l'article le plus important de l'agriculture des Egyptiens. L'eau dont le cultivateur a beſoin, ſe trouve ſouvent dans un canal beaucoup plus bas que le niveau du terrein qu'il veut arroſer. Il faut donc élever cette eau à la hauteur du terrein, & la diſpenſer ſelon le beſoin des plantations : c'eſt auſſi à des machines pour élever l'eau, & aux petits canaux bien diſpoſés pour la faire couler également, que ſe réduit l'induſtrie des payſans en Egypte.

Ces machines ſont ordinairement fort ſimples : une roue garnie de cruches, en fait tout le mécaniſme. Les grandes ſont miſes en mouvement par des bœufs : on tourne les petites à force de bras. Il eſt difficile de comprendre, pourquoi on a tant vanté les Egyptiens pour leurs machines ingénieuſes, dont ceux d'aujourd'hui ne ſont pas ſeulement les inventeurs : ils ont trouvé ces machines ufitées de tems immémorial, & ils fuivent fervilement les anciennes méthodes.

Leurs inftrumens de labourage, font très-mauvais. Leur charrue, appellée *Morha*, ne vaut pas mieux que celle des Arabes, dont j'aurai occafion de parler. Pour applanir la terre, ils employent, au lieu de herfe, un arbre ou une planche épaiffe, traînée par des bœufs attelés avec quelques cordes : le conducteur s'affied fur cette belle machine ; car le payfan égyptien n'aime pas à marcher.

Ils battent le bled, comme on faifoit anciennement, avec le fecours des bœufs, qui foulent les gerbes, en traînant une lourde machine. Cette machine n'eft pas un rouleau de pierre, comme en Arabie ; ni une planche garnie de pierres à feu tranchantes, comme en Syrie ; mais une efpece de traîneau compofé de trois rouleaux, garnis de fers, qui tournent fur leurs axes. Chaque payfan choifit en pleine campagne un efpace uni, où il fait transporter les gerbes fur des ânes ou fur des chameaux. On attele le traîneau de deux bœufs, qu'on releve de tems en tems, & qu'un conducteur, affis fur la machine, fait marcher continuellement fur les gerbes étendues. Par cette opération la paille se trouve comme hachée ; on jette alors avec des pellés le tout contre le vent, qui emporte la paille & laisse le bled sur la place. Une telle maniere de battre les gerbes est longue & mal-propre : elle abime la paille, & fait perdre au bled de sa qualité.

Je n'ai vu en Egypte ni chariot ni charettes : tout se transporte sur des chameaux ou sur des ânes. Lorsqu'il étoit question de nettoyer le canal du Caire, un paysan faisoit traîner par deux bœufs sur la terre seche une espece de baquet ouvert ; & quand ce baquet étoit rempli, il le transportoit au rivage. Dans la ville, où le fond du canal n'étoit pas sec, on jettoit la poussiere des rues sur la boue, & avec les mains on mettoit ce mélange dans des paniers dont on chargeoit des ânes pour le porter dans les environs. Telle est l'industrie si vantée des Egyptiens.

Je n'y ai vu non plus aucun moulin à eau, ou à vent. Il y a bien quelques grands moulins qu'on met en mouvement, en attelant des bœufs à une colonne tournante, qui est l'axe d'une grande roue. Pour moudre son bled le petit peuple n'a que des moulins à bras de la plus grande simplicité, dont il se sert aussi pour égruger les feves, qui sont la nourriture ordinaire des ânes.

On n'employe les forces des élémens à aucune autre machine. Les bœufs donnent le mouvement nécessaire aux moulins à huile, aux pressoirs de *Saffranon*, &c. Parmi les différentes fabriques celle où se prépare cette derniere drogue mériteroit quelqu'attention : les procédés des Egyptiens paroissent donner au saffranon, une couleur plus vive qu'il n'acquiert ailleurs.

CHAPITRE VI.
De l'art de sublimer le sel ammoniac, & de celui de faire éclore des poulets.

L'EGYPTE étant dénuée de bois, ses habitans sont réduits à brûler le fumier des animaux domestiques. On entretient le feu principalement par la fiente des chameaux & des ânes, puisque ces deux especes sont les plus communes & les plus nombreuses. De petites filles vont ramasser ce fumier dans les rues & sur les grands chemins : on le mêle avec cette paille hachée, qui reste quand le bled est battu ; & de ce mélange on fait des gâteaux, qu'on seche au soleil, en les mettant contre les murailles, ou sur le penchant de quelque hauteur voisine.

SECTION III.

Le petit peuple habite à l'ordinaire des chambres voûtées avec des briques non-cuites : dans ces chambres, on brûle de ces gâteaux mêlés d'un peu de paille, ou de quelques tiges de plantes, tant pour se chauffer en hyver que pour préparer les alimens. Une suie fort abondante en sels s'attache aux voûtes : on la vend à des marchands, qui jugent de sa bonté par le goût, & qui l'employent dans la fabrique du sel ammoniac. La suie de bois est d'une nature très-différente. Pendant long-tems on avoit cru, que le sel ammoniac étoit une production particuliere à l'Egypte : ensuite on s'imagina, qu'on ne pouvoit tirer ce sel que de la fiente du chameau. La vérité est, que le feu fait avec le fumier de cheval, d'âne, de mouton, ou de chameau, fournit une suie également bonne, & qu'on pourroit fabriquer ce sel dans tous les pays, où, au lieu de bois, on brûle du fumier.

Depuis que la nature & l'origine du sel ammoniac sont mieux connues, plusieurs auteurs ont décrit le procédé usité en Egypte, pour le sublimer de la suie. Il seroit inutile de répéter ces descriptions dans tous leurs détails ; je me contenterai de remarquer, que cette sublimation se fait dans des fioles d'un verre épais, formées en bombes, & placées dans un fourneau qu'on chauffe avec du fumier. On y entretient, pendant trois jours & trois nuits, une chaleur égale, & assez forte pour vitrifier la terre glaise, dont on est obligé de garnir les fioles pour les mettre en état de résister à la violence du feu. Lorsque le fourneau est refroidi, on casse les fioles, & le sel se trouve monté dans leur col.

On parle dans plusieurs relations, de l'art de faire éclore les poulets, comme d'une invention merveilleuse & d'une pratique extrêmement utile. Cet art paroît cependant fort négligé par les Egyptiens, qui probablement ne le trouvent pas aussi avantageux qu'on le suppose. On ne trouve plus qu'au Caire des fourneaux destinés à exercer cet art; ils appartiennent au pacha; on n'y travaille pas pendant les mois d'été, parce que les poulets à ce qu'on prétend, ne réussissent pas aussi bien qu'en hyver. Des particuliers, il est vrai, y portent des œufs & payent à l'entrepreneur, un prix convenu pour la centaine: ils marquent les œufs, & celui qui se charge de faire éclore les poulets, est obligé de produire les marques de ceux qui n'ont par réussi. Il m'a semblé cependant, que

SECTION III.

le nombre de ces œufs couvés artificiellement, n'étoit pas si considérable.

Le fourneau qui sert à faire éclore les poulets, n'a rien d'extraordinaire. Le grand fourneau est composé de plusieurs petits disposés en deux étages, où reposent sur de la paille les œufs, qu'on tourne à plusieurs reprises tant de jour que de nuit. Toute la construction vise à entretenir une chaleur douce, continue & égale : ce qu'on obtient par le moyen de la circulation de la chaleur dans des especes de galeries, qui regnent le long des ouvertures des petits fourneaux. On commence par chauffer le grand four avec du fumier, & on soutient ce degré de chaleur par des lampes * allumées dans les galeries. L'entrepreneur ne sait mesurer ce degré, qu'en le comparant avec la chaleur des bains, qui doit être celle du fourneau. Quand les poulets sont éclos, on les enferme fort serrés dans un espace quarré, attenant au fourneau, où ils jouissent d'une chaleur telle, que celle qu'ils auroient sous le ventre de leur mere. Ces poulets sont à bas prix ; apparemment parce qu'ils promettent peu de vie.

Ce qui m'a paru singulier dans ce fourneau,

---
* Niebuhr ne dit rien de lampes.

c'est qu'il est entièrement enterré dans une espece de colline : les cheminées & les soupiraux sont des trous faits dans la terre, & l'on y entre comme si l'on descendoit dans une grotte. Des gens entendus me dirent, que cette position étoit absolument indispensable, pour obtenir une chaleur douce & égale.

CHAPITRE VII.
Du commerce de l'ÉGYPTE.

L'ÉGYPTE, quoique fort déchue de son ancienne splendeur, fournit néanmoins encore d'abondantes productions, qui sont l'objet d'un commerce étendu. Sa situation est d'ailleurs telle qu'il faut, pour être l'entrepôt & le passage des marchandises étrangeres. Par la mer rouge, elle communique avec l'Arabie, la Perse & les Indes ; & par le Nil, d'un côté avec la Nubie, & l'Abyssinie, de l'autre côté avec l'Europe, la Barbarie, la Syrie & toutes les provinces soumises à la Porte. A cette commodité pour la navigation, se joint sa position entre des peuples accoutumés à négocier en caravanes, ce qui la rend le centre naturel de leur commerce.

SECTION III.

Par ces raisons le Caire est le séjour d'un grand nombre de riches négocians, qui trafiquent d'une maniere différente, de celle qui est usitée en Europe. Faute d'établissemens, propres à favoriser une correspondance réglée entre les agens du commerce, les négocians sont obligés de faire des voyages continuels pour ménager leurs affaires, ou d'envoyer à leur place des domestiques, ou des esclaves affidés.

Cet inconvénient est compensé en partie par une coutume généralement établie dans l'orient. Les négocians du même pays, & souvent ceux qui portent les mêmes marchandises, sont logés dans le même kan, ou caravanserai ; de sorte qu'on sait toujours où trouver ce qu'on cherche. Un nombre considérable de courtiers sert encore à mettre de la facilité dans les affaires.

Le peu de séjour qui j'ai fait en Egypte, ne m'ayant par offert assez d'occasions pour acquérir des connoissances étendues sur ces objets, un négociant françois très-entendu, m'a communiqué quelques lumieres, à l'égard du commerce intérieur & extérieur de cette province.

Il faut remarquer d'avance, que plusieurs

branches du commerce intérieur, telles que le cuir, le riz & le séné, ont souffert du déchet par la mauvaise conduite du gouvernement. *Ibrahim Kichja*, qui pendant dix ans gouverna presque seul l'Egypte, s'étoit avisé de mettre ces branches en ferme. Les fermiers, ou monopoleurs, maîtres des prix, les hausserent à tel point, que ces marchandises n'eurent plus d'écoulement.

Les cuirs crus sont un objet considérable, puisqu'on exporte par année jusqu'à 80,000 peaux de Buffles, de chameaux, de bœufs & de vaches. A peu près 10,000 vont à Marseille, & un plus grand nombre en Italie. Les peaux de buffles, plus épaisses & plus pesantes que les autres, se transportent principalement en Syrie. Comme la basse Egypte a d'excellens pâturages, le cuir de son bétail bien nourri, est de la première qualité. On tue une quantité prodigieuse de bétail dans les mois des sacrifices; c'est-à-dire, pendant le tems que les pélerins, assemblés à la Mecque, y font leurs dévotions.

La récolte du saffranon donne près de 18000 quintaux de cette drogue, quand elle est préparée. La plus grande partie de ce produit va à Marseille & en Italie, le reste en Syrie & en Arabie.

Section III.

Arabie. C'est aux environs du Caire, que croît le meilleur saffranon : celui de la haute Egypte n'est pas si estimé.

L'exportation, tant du lin, que des toiles qu'on en fabrique, fait un article important. On les envoie en Syrie, en Arabie, en Turquie, & même à Marseille & à Livourne ; l'excédant du coton, après la grande consommation du pays, passe en France & en Italie. Cet objet n'est pas considérable, puisque le coton ne croît que dans la basse Egypte. Il en est de même du sucre, dont la canne croît dans la haute Egypte, que les habitans préparent si mal qu'il est plus cher que celui d'Amérique.

Le riz pourroit former une exportation considérable, si le commerce en étoit libre : mais il est en ferme, & par cette raison les Européens n'osent tirer ce grain que par Damiette. On prétend même que depuis quelque tems, les Américains ont porté à Alexandrie du riz de la Caroline; ce qui marqueroit le déchet progressif de la culture des Egyptiens.

Le sel Ammoniac, la cire jaune, & le séné qui vient en partie de la haute Egypte, sont des articles peu propres à enrichir un pays. Le gouvernement paroît en profiter plus que les habitans, par les droits difproportionnés à la valeur, dont il a chargé ces marchandifes.

En échange de ces productions, que l'Egypte fournit aux autres nations, elle a befoin de plufieurs marchandifes étrangeres. Les François y portent une grande quantité de draps de Languedoc, dont il fe confomme annuellement au moins 800 balles en Egypte, parce que fes habitans ont l'ambition de porter un habit neuf à la fête du *beïram* : on a la coutume d'habiller à neuf, tous les ans pour cette fête, les domeftiques même. L'*Emir-Hadfi* de la caravane de la Mecque employe lui feul foixante & dix ballots, parce qu'il eft obligé de faire des préfens d'habits aux Arabes qui fe trouvent fur fa route, & à beaucoup de perfonnes à la Mecque. Les Egyptiens ne s'habillent gueres en foye ; & quand ils le font, ils préferent les étoffes riches qu'on fabrique depuis quelque tems dans l'isle de Scio, à celles de France ou d'Italie.

Venife & Marfeille débitent en Egypte plus de mille balles de papier ; dont une partie eft pour ce pays, & l'autre pour l'Arabie. Tout le papier à écrire doit être liffé, parce que les orientaux fe fervent de plumes de rofeaux, & d'une encre fort épaiffe. Il fe fait une grande confommation

Section III. 99

de papier pour les fenêtres : dans ce pays chaud on voit très-rarement des carreaux de verre.

Les Européens apportent aussi de la cochenille, dont 80 barrils restent en Egypte, & 200 barrils vont aux Indes. Si l'on ne connoissoit pas la politique des Hollandois, on seroit surpris de voir les Egyptiens réduits à se pourvoir d'épiceries chez les négocians européens, qui leur vendent du poivre, des cloux de girofle, du gingembre, &c. Il est plus naturel de voir l'Egypte approvisionnée par les productions de nos arts & de nos fabriques qui lui manquent; comme sont les aiguilles, la coutellerie, le plomb, le mercure, &c.

Le café peut être regardé comme marchandise de consommation & de passage : comme il fait la boisson favorite des Turcs, ils ont tâché de l'avoir dans toute sa pureté. Il est défendu, à cet effet, d'importer le café d'Amérique, & d'exporter celui d'Arabie : mais on élude ces ordonnances, par des présents faits aux grands ou aux officiers de la douane ; de sorte que les Européens tirent chaque année de l'Egypte une bonne quantité de café du Levant. Celui des isles n'entre plus gueres, il est vrai, qu'en petite quantité, & seulement autant qu'il faut à quelques marchands pour falsifier celui d'Yemen. Il n'y a pas long-tems, que dans la haute Egypte on ne buvoit que du café de la Martinique: mais il renchérit pendant la derniere guerre; les Egypiens prirent le parti de faire venir le bon café en droiture de l'Arabie par *Caffir*; & actuellement ils l'ont à meilleur marché, qu'ils n'avoient eu celui des isles.

Entre les marchandises qui traversent l'Egypte, une des plus considérables est la gomme arabique. Tous les ans en Octobre il vient deux ou trois petites caravanes d'Arabes des environs de Pár & du mont Sinaï, qui apportent jusqu'à 700 quintaux de cette gomme. Ces Arabes sont fort sujets à falsifier leur marchandise, & forcent néanmoins les marchands mahométans, qui sont seuls ce commerce, d'acheter sans examen. Pour ne point risquer d'être châtiés, ou par aversion pour les villes, ces Arabes n'entrent jamais au Caire; il campent à la distance d'une demi-lieue de ses murs: les négocians sont obligés de les y aller trouver, pour trafiquer avec eux; ce qui se fait proprement par échange, puisque les Arabes, au lieu d'argent, prennent des habits, des armes, & tout ce dont ils ont besoin dans leur désert.

Section III.

Il vient encore chaque année, aux mois d'Avril & de Mai, un grand nombre de caravanes de l'intérieur de l'Afrique, qui apportent trois différentes fortes de cette gomme. On en tire encore du *Habbefch*, par *Dsjidda* & *Suès*, qui, quoique d'une qualité inférieure, paffe toute en Europe, qui en achete annuellement plus de 5000 quintaux, de toutes les efpeces.

Ces caravanes d'Afrique fe chargent encore de plufieurs autres productions de leur pays, comme efclaves, dents d'éléphans, plumes d'autruche, tamarins & poudre d'or. Elles prennent en échange des toiles d'Egypte, des fauffes perles, du corail, des armes, & même des habits complets, que les habitans du Caire font faire felon le goût de ces Africans. C'eft pour ce dernier ufage, qu'on a demandé, depuis quelque tems, une fi grande quantité de gros drap en Egypte.

SECTION IV.
DES MŒURS DES ORIENTAUX EN GÉNÉRAL, ET DES EGYPTIENS EN PARTICULIER.

CHAPITRE I.
Des habitans du CAIRE, *& des environs.*

LES Arabes & les Turcs de toutes les provinces Ottomanes, font la partie la plus nombreuse des habitans du Caire. On y trouve aussi des *Maggrébins*, ou Arabes de la Barbarie, d'autres Africains, des Persans & des Tartares. Tous ces mahométans sont *Sunnites*, & pour la plupart attachés à la secte de *Schafei*.

Après les mahométans, les *coptes* y demeurent en grand nombre : ils habitent des quartiers entiers & des rues très-étendües, & ils ont plusieurs églises, tant dans la capitale, que dans son voisinage à *Masr-el-atik* : leur patriarche fait aussi sa résidence au Caire.

Les juifs sont, après les mahométans & les coptes, la communauté la plus nombreuse. Il y a des pharisiens ou talmudistes, & des karaïtes, qui, quoique en petit nombre, ont néanmoins une synagogue particuliere. Les premiers, savoir les talmudistes, sont répandus & puissants: depuis long-tems ils ont pris à ferme toutes les douanes; entreprise qui leur donne du crédit & des richesses. Dans le gouvernement républicain de l'Egypte, il leur est plus aisé d'acquérir des protecteurs stables, que dans les autres provinces de la turquie, où tout dépend du caprice d'un pacha mal assuré de sa place; ou de la volonté du grand-douanier, qui réside à Constantinople. Une preuve de la considération, dont les juifs jouissent sous l'aristocratie du Caire, c'est que les douanes sont fermées le samedi, & qu'aucune marchandise ne passe le jour du sabbath, quand même elle appartiendroit à des chrétiens ou à des musulmans.

Les grecs n'ont que deux églises au Caire, dont l'une est desservie par leur patriarche d'Alexandrie, & l'autre par l'évèque du mont Sinaï. Les Arméniens en petit nombre, ont une seule, mais jolie église. D'entre les nations européennes, il y a plusieurs négocians François & Italiens; mais aucun Hollandois: la Hollande y entretient cependant un conful, tout comme la France & Venife.

Si le Caire manquoit jamais de négocians européens, elle ne manquera pas au moins de religieux de la communion romaine. On y voit des jéfuites, des capucins, des cordeliers & des peres de la propagande. Tous ces moines font ardens à faire des profélytes, & réuffiffent quelquefois à convertir à leur maniere, quelque chrétien fchifmatique de l'orient. Le gouvernement tolere volontiers ces apôtres modernes, à caufe du profit qui lui revient des querelles, que ces converfions occafionnent à l'ordinaire entre l'apoftat & les membres de la communion qu'il quitte. Souvent le pacha ne fe contente pas de mettre à l'amende les parties, il va à la fource de la conteftation, & exige des moines même des fommes confidérables.

Les environs du Caire font habités en partie par des coptes; mais en plus grande partie par des arabes, fixés ou errans: peuples qu'il font confidérer un peu plus en détail.

SECTION IV.

CHAPITRE II.

Des Coptes.

SI une origine reculée & des ancêtres illuſ‑
tres pouvoient donner du mérite, les coptes
feroient un peuple bien eſtimable. Ils deſcen‑
dent des anciens Egyptiens, & par cette raiſon
les Turcs les appellent par dériſion la poſtérité
de Pharaon. Mais cette poſtérité mal-faite, ſtu‑
pide, ignorante & miſérable, ne fait pas hon‑
neur aux anciens ſouverains de l'Egypte.

Ce peuple, vivant depuis plus de 2000 ans,
ſous la domination des différens conquérans
étrangers, a dû néceſſairement eſſuyer bien des
viciſſitudes : il a perdu ſes mœurs, ſa langue,
ſa religion, & même preſque ſon exiſtence.
Il eſt réduit à un petit nombre, en compárai‑
ſon des arabes qui ont inondé cette contrée.
On peut juger de la diminution des coptes, par
celle de leurs évêques ; dont le nombre, du
tems de la conquête alloit à ſoixante-dix : aujour‑
d'hui il n'en ſubſiſte plus que douze, la plupart
établis dans la haute Egypte ; loin du centre de
la conquête, où ces anciens habitans paroiſſent
s'être réfugiés préférablement.

Les Egyptiens furent connus de tout tems comme un peuple mélancolique, opiniâtre, & porté à la superstition. Leur postérité conserve, avec la même obstination, les opinions que les grecs l'ont forcée d'adopter. Les coptes ont une aversion insurmontable pour l'église romaine. Leur patriarche est en même tems le chef de l'église d'Abyssinie, où il envoie un évêque pour gouverner le clergé.

Ce seroit une découverte intéressante que la connoissance de l'ancien vrai copte, appellé *Risan Faraoun*, ou la langue de Pharaon. On voit en Egypte, même sur les momies, des inscriptions alphabétiques, très-différentes des hiéroglyphiques, qui déchiffrées, fourniroient des lumieres sur l'ancienne histoire, & pour l'explication des hiéroglyphes. Mais cette langue des anciens Egyptiens paroît presque entiérement perdue. Les Ptolomées tâcherent déjà de substituer le grec à l'antique langage de leurs nouveaux sujets : les empereurs grecs de Constantinople défendirent sous peine de la vie de parler le copte, & forcerent les Egyptiens à adopter l'alphabet grec au lieu du pharaonique. De ce mélange du grec & de l'égyptien, se forma le copte moderne, dans lequel sont écrits

SECTION IV.

les livres sacrés de ce peuple. Les sultans d'Egypte acheverent de faire disparoître ce langage corrompu, en défendant de le parler sous les mêmes peines, & en mettant à sa place l'arabe, qui est aujourd'hui la langue des coptes. On lit encore la liturgie en copte moderne, que le peuple n'entend pas, & qu'on lui explique sur le champ par une ancienne traduction arabe écrite à côté du texte. Les prêtres même n'entendent pas leur langue sacrée; à peine savent-ils en lire les caracteres.

Mr. Forskal lia connoissance avec un copte savant & poli, appellé *Ibrahim Ennasch*, qui copioit des livres de liturgie, & qui gagnoit à ce métier un demi-écu en trois jours. Il vit entre les mains de ce savant égyptien, un dictionnaire d'une grande quantité de mots du vrai & ancien copte, expliqués en arabe. Cet Ibrahim Ennasch apprit aussi à mon ami, qu'il existoit encore dans plusieurs couvents de la haute Egypte un bon nombre de livres coptes: mais il ne savoit rien de leur contenu, & des matieres dont ils traitent. Les religieux cachent ces livres avec soin, de crainte, disent-ils, que les catholiques ne les emportent, & ne les fassent imprimer en Europe, après les avoir falsifiés;

par cette raison, ces livres font restés inconnus jusqu'ici. En persuadant ces religieux, qu'on n'est pas du parti du pape, & en soulageant un peu leur grande pauvreté, il seroit possible d'obtenir, au moins des copies de ces livres ensévelis.

CHAPITRE III.
Des ARABES en Egypte.

LES Arabes paroissent avoir conquis & habité l'Egypte, dans plusieurs époques très-éloignées l'une de l'autre. On trouve des indices marqués de leur ancien séjour dans cette contrée; & les rois pasteurs, dont la mémoire étoit en abomination chez les Égyptiens, ne peuvent avoir été, que des chefs des Arabes errans avec leurs troupeaux.

Quoi qu'il en soit de ces tems reculés, depuis la conquête de l'Egypte par les Sarrasins, le plus grand nombre des habitans de ce pays est composé d'Arabes. Une partie de ce peuple habite les villes; une autre cultive la terre & demeure dans les villages; une autre parcourt les campagnes avec son bétail & campe sous des tentes.

SECTION IV.

En traitant de la nation des Arabes en général, j'aurai occafion de parler de fes différentes branches, de fes mœurs & de fes ufages : il fuffira de remarquer ici quelques traits qui regardent la branche établie en Egypte.

Les Arabes, qui habitent les villes de cette province, n'ont rien qui les diftingue des autres habitans des villes de l'orient, ou de celles de l'Arabie en particulier : il en eft de même du payfan arabe de l'Egypte, qui reffemble aux payfans des autres pays orientaux. On croit cependant avoir obfervé, que la poftérité des étrangers fixés en Egypte, dégénere : les chevaux de race arabe y perdent auffi leur vigueur & leur courage. Le nom de payfan d'Egypte, eft parmi les Arabes un terme de mépris.

Les Arabes errans, ou *Bedouins*, libres & prefque indépendans, plutôt alliés tributaires que fujets de l'ariftocratie égyptienne, font la branche la plus remarquable de leur nation. Partagés en tribus, ils font gouvernés par des chefs héréditaires, appellés *Schechs*, fubordonnés au *Grand-Schech*, qui eft à la tête d'une ou de plufieurs tribus. En payant au gouvernement une certaine redevance, ces Bedouins ofent promener leurs troupeaux dans les pâturages de l'Egypte ; mais ils abufent fouvent de cette permiffion, & pillent indiftinctement le laboureur du canton où ils campent, & les paſſans qui ont le malheur de tomber entre leurs mains. Ils fe mêlent auffi volontiers des querelles qui furviennent fi fréquemment entre les partis de cette république militaire. Si le gouvernement veut les punir, ou les ranger à leur devoir, ils fe défendent ou fe retirent dans les déferts, d'où ils reviennent enfuite avec impunité.

Ils font prefque toujours à cheval, armés d'une lance, au moins les plus aifés, & toujours errans d'un endroit à l'autre. Le foin de leurs beftiaux, & les courfes pour fe defennuyer ou pour piller, font toute leur occupation. On peut fe former une idée de l'air & de l'habillement de ces Arabes, par la *Pl. 3.*

L'indépendance les rend fiers jufqu'à l'infolence, & la vie oifive & inquiéte qu'ils menent, jointe à la pauvreté qui en eſt la fuite, leur infpirent probablement ce goût décidé pour le vol & pour le pillage. J'ai déjà eu occafion de citer des preuves de leur penchant à infefter la contrée & à infulter les paſſans. *Mr. Forskal* & moi, nous en eûmes une nouvelle preuve, dans une courfe que nous fîmes aux pyramides. Etant

I.

SECTION IV.

partis feuls de *Dsjife*, nous rencontrâmes deux Bedouins à cheval, que nous louâmes pour nous conduire & pour nous efcorter. A peine arrivés au pied des pyramides, nous vîmes accourir au galop un Arabe; c'étoit un jeune *Schech*, qui au commencement fe montra fort honnête; mais qui changeant bientôt de ton, planta fa lance devant nous, & nous défendit de quitter la place fans lui avoir donné de l'argent. *Mr. Forskal* ayant refufé ce qu'il demandoit avec infolence, le Schech lui prit fon turban, & appuya fon piftolet fur ma poitrine, quand je voulus défendre mon ami. Les deux Bedouins nos conducteurs le laifferent faire, ou par refpect pour un Schech, ou par une fuite de leur perfidie naturelle : il fallut à la fin fatisfaire ce brigand. Nous y retournâmes une autre fois bien accompagnés : mais cette précaution n'empêcha pas les Arabes accourus, de voler fubtilement quelques hardes à tous ceux qui formoient notre compagnie.

Par le féjour de ces Arabes, leur langue eft devenue la langue univerfelle des habitans de l'Egypte : cependant cette langue, ayant été parlée par le petit peuple depuis fi long-tems, a beaucoup perdu de fa pureté dans la bouche des Egyptiens & des Arabes vagabonds. *Mr.*

Forskal a laiffé une longue lifte de mots ufités au Caire, qui different entiérement de ceux, qui défignent les mèmes idées dans le dialecte de l'Yemen. Ce dernier dialecte d'une province féparée des étrangers, où aucun mélange ne peut s'introduire, devroit être la pierre de touche des autres dialectes. Celui de l'Egypte fe reffent de la diverfité de fes habitans tirés de nations dont le langage eft fi différent.

CHAPITRE IV.

De l'habillement des hommes en Orient.

IL regne une grande uniformité dans les mœurs & dans les ufages de plufieurs peuples de l'orient qui profeffent la religion mahométane. Ainfi, au lieu de répéter ce que j'ai à dire fur cet article, j'ai cru plus convenable d'entrer tout d'un coup dans quelque détail, fur ce qui eft commun à toutes ces nations, & qui s'applique par conféquent auffi aux habitans de l'Egypte.

On a de bonnes defcriptions de l'habillement des orientaux, & de bonnes eftampes qui le repréfentent: celles qui fe trouvent dans la *defcription de Haleb par Ruffel* font les meilleures les plus récentes. Si l'on comparoit cependant les estampes de l'ouvrage de *Ruſſel*, avec l'habillement uſité actuellement dans l'empire ottoman & en Egypte, on y verroit une grande différence : il arrive en Turquie, ce qui arrive en Europe ; les modes changent, & on imite en province celles des grands & de la capitale.

L'habillement des orientaux, dans lequel nous croyons remarquer des ſingularités, eſt adopté à leurs mœurs & à leur climat. Accoutumés à s'aſſeoir les jambes croiſées, il leur faut des habits très-amples ; & obligés de marquer du reſpect aux lieux ſaints & aux appartemens des gens diſtingués, en laiſſant les ſouliers à la porte, ils ont beſoin de ſe chauffer de maniere à pouvoir ſe paſſer de ſouliers dans ces occaſions. Le climat, dans beaucoup de pays de l'orient, eſt très-inégal, & ſujet à des variations ſubites du chaud au froid. Les habitans d'un pareil climat ne peuvent pas ſe diſpenſer de ſe couvrir mieux qu'il nous ſemble néceſſaire, & de porter pluſieurs pieces d'habillement l'une deſſus l'autre, pour pouvoir les quitter ou reprendre, ſuivant la variation rapide & imprévue des différentes températures de l'air.

Les Turcs, qui ſervent de modele à une grande partie de l'orient, ont une chemiſe à manches très-larges, & dessous cette chemise ils mettent un caleçon de toile, attaché à des chaussons de la même étoffe : ils se chauffent alors de *terliks* ou de pantoufles très-minces. Par-dessus ce caleçon, cette chemise & cette chaussure, ils mettent un *schakschir* ou culotte rouge très-ample, à laquelle sont cousues d'autres pantoufles ou *mests*, aussi minces que les *terliks*. Sur ce *schakschir* ils portent un *enteri* ou veste qui descend au-dessous des genoux, & par-dessus le tout un caftan ou robe qui doit atteindre les pieds. Pour pouvoir marcher plus librement, ils retroussent le *caftan* par le moyen d'un large ceinture, dans laquelle ils placent le *kandsjar* ou poignard, dont les Turcs sont toujours armés. Par-dessus le *caftan* ils mettent une *juppe* ou surtout à manches très-courtes, fourrée en hyver, & sans pelisse dans les autres saisons. Souvent ils couvrent toutes ces pieces d'une autre pelisse, ou d'un *benisch*, ou surtout de gros drap.

Cette quantité d'habillemens seroit trop dispendieuse pour le peuple, & trop embarrassante dans ses travaux ; il se contente de la culotte, de *l'enteri* & du *benisch* ; le paysan de la chemise & du caleçon. Un habillement si composé n'est pas commode en voyage : les Turcs portent alors une large culotte bleue, dans laquelle ils enferment leurs habits longs ; ils enveloppent les pieds de morceaux de drap, & mettent de larges bottes ; chauffure qui gène, il est vrai, la démarche, mais qui est préférable à nos bas, parce qu'elle tient plus chaud.

L'habillement des chrétiens orientaux, est à peu près le même que celui des Turcs ; excepté qu'il leur est défendu d'employer des étoffes teintes en couleurs vives : ils n'osent pas non plus porter des chauffures de cuir jaune : en faisant peindre leurs maisons ils sont obligés de se servir de couleurs sombres. Les chrétiens européens ont la permission de se chauffer en jaune, & de porter des habits de toute couleur, excepté en verd : couleur qui, plutôt par la coutume que par la loi, est réservée aux musulmans.

Tous les orientaux, hormis quelques religieux mahométans des ordres des *Derwifchs* & des *Santons*, se font raser la tête, & ne conservent qu'une petite touffe de cheveux. Cette coutume, blâmée par quelques personnes en Europe, qui lui attribuent les apoplexies devenues plus fréquentes parmi nous, qu'elles ne l'étoient du tems de nos ancêtres, ne paroit pas incommoder les Turcs, qui ne sont gueres sujets aux apoplexies. Ils s'en garantissent peut-être, en se couvrant mieux la tête. Leur tête rasé paroit exiger, au moins, une coëffure chaude, qui l'est aussi chez ces nations à un tel point, que cet excès nous semble entiérement contraire à la température des pays chauds. Par cette raison encore, ils ne se découvrent point pour témoigner du respect, & ils trouvent notre maniere de saluer absurde & ridicule.

Il regne une grande diversité dans la façon de se couvrir la tête parmi les orientaux ; ce qui au premier abord ne semble pas conforme à la constance qu'on attribue à ces peuples : mais cette diversité ne dépend pas de la mode : les différentes coëffures servent de marque distinctive de la nation, de l'état & de l'emploi des personnes qui les portent : elles tiennent même lieu de livrée aux domestiques, dont chaque classe a son bonnet particulier qui fait connoître ses fonctions. Il est avantageux de trouver, parmi des inconnus, ces signes extérieurs qui annoncent tout de suite l'état des gens qu'on rencontre.

Ces especes de coëffures si diversifiées, que les Européens confondent sous le nom général de *turban*, peuvent se réduire à trois principales. La premiere est un bonnet de drap fort haut, doublé de coton, & enveloppé par le bas d'une piece de mousseline blanche : cette coëffure, nommée *Kaouk*, est au fond le bonnet des *Turcomans* embelli; ainsi il faut la regarder comme un habillement turc. La seconde est un bonnet de drap, plus petit, & beaucoup moins haut que le précédent: on l'enveloppe aussi par le bas d'une toile, & alors on le nomme *fasch*, ou *turban*; c'est la coëffure nationale des Arabes, qui ont porté cette mode dans le reste de l'Asie. La troisieme est encore un bonnet de drap, doublé de coton, plus ou moins haut; mais bordé en bas d'une pelisse de peaux d'agneaux, au lieu d'être enveloppé de toile; il s'appelle *Kalpak*, & vient originairement des Tartares, quoiqu'une grande partie des chrétiens orientaux l'ayent adopté.

Tous les grands en Turquie portent le *Kaouk* de drap jaune, & l'enveloppent d'une belle mousseline blanche. Les *Scherifs*, ou les descendans de Mahomet, quoique peu considérés & presque jamais admis aux emplois, se distinguent par un linge verd, dont ils entourent leur *Kaouk*, ou turban. Les coptes & ceux des chrétiens qui ne portent pas le *Kalpak*, mettent un linge rayé bleu & blanc, autour de leur *Kaouk*, qui à l'ordinaire est de drap rouge. Ils sont imités dans cette mode par les Européens qui veulent s'habiller à la maniere du pays: les religieux même s'y prêtent, excepté les cordeliers & les capucins. Les derniers portent dans tout l'orient, les habits fales & déguenillés de leurs ordres ; ce qui choque extrêmement les mahométans, qui aiment le propreté & s'en font un devoir.

CHAPITRE V.
De l'habillement des femmes.

IL eft plus difficile à un voyageur, de connoître l'habillement des femmes, dans l'orient, que celui des hommes. Bien loin qu'un étranger entre dans un *harem*, il n'ofe pas feulement voir chez elle une mahométane. Il eft impoffible de s'inftruire de leur parure quand on les rencontre en rue, puifque les mufulmans prennent déja pour une impoliteffe, & prefque pour une infulte, l'attention avec laquelle on regarderoit une femme en public. Elles font d'ailleurs fi bien enveloppées quand elles fortent, que ce feroit une peine inutile, de vouloir diftinguer les différentes parties de leur habillement. A Conftantinople, quand elles paroiffent en rue, elles s'affublent de tant de linges blancs, qu'on n'apperçoit que les yeux de ces momies ambulantes : elles reffemblent alors affez à l'époufe de la noce égyptienne *Pl. 5*. Au Caire elles cachent la tête & une partie du corps avec un grand voile noir, & leurs riches habits font couverts d'une efpece de grand furtout de toile commune, qu'elles quittent en entrant dans les appartemens de leurs amies.

Puifque je n'ai eu aucune occafion de voir une femme de diftinction, j'avoue mon ignorance, & je renvoie le lecteur aux lettres admirables de mylady Montagu, qui ayant eu l'entrée dans plufieurs harems étoit en état d'en décrire les habitans : elle feule a pu voir les femmes de condition dans toute leur parure. On a foupçonné cette dame, d'avoir exagéré la beauté, la magnificence, & la politeffe des orientales : je fais cependant, par ce que j'ai apperçu, & par ce que j'ai ouï dire, que fes defcriptions font vraies ; fi elle s'eft attachée principalement à rapporter ce qu'il y avoit à louer, d'autres voyageurs n'ont parlé que des défauts de ces femmes. Quoiqu'il en foit de l'autenticité de fes récits, je dois me borner à raconter ce que j'ai vu des femmes des claffes inférieures, & à faire quelques remarques générales.

Toutes les femmes de l'orient portent des caleçons, dans les pays même où les hommes sont sans culottes. Celles du petit peuple, se contentent de ce caleçon, & d'une longue chemise de toile bleue, pour tout l'habillement. Mais, quoiqu'à demi-nues, toutes sans exception de quelle classe qu'elles soient, portent un voile.

Le voile paroît être la pièce la plus importante de leur habillement, & leur plus grand soin est de cacher le visage. On a des exemples en grand nombre de femmes nues, surprises par la venue inopinée d'un homme, qui se couvroient le visage avec empressement, sans se soucier de cacher le reste. Les paysans en Egypte ne donnent jamais de chemises à leurs filles, avant qu'elles ayent atteint l'âge de huit ans: nous avons souvent vu accourir ces jeunes filles toutes nues, pour nous voir passer; aucune n'étoit à visage découvert, & toutes avoient leur voile. Ce voile si essentiel au sexe, est un linge long & triangulaire, attaché à la tête, de manière que tout le visage en est couvert, excepté les yeux. On peut s'en former une idée par les figures d'une femme & de sa fille. *Planche 5.*

Dans quelques provinces, sur-tout en *Syrie*, les femmes portent des espèces de chapeaux

SECTION IV.

d'argent ou de laiton, reſſemblans à un cône, à une aſſiette, ou de quelqu'autre forme, biſarre. Celles des Arabes, en Egypte & dans le déſert, ſe chargent d'une multitude d'ornemens ſinguliers; d'anneaux de métal d'un très-grand diametre, dans les oreilles & quelquefois au cartilage du nez; d'autres anneaux de la même matiere au-deſſus de la cheville du pied, & aux bras, en guiſe de braſſelets; de bagues de peu de valeur; de pieces de corail, pendues autour du viſage; & de colliers de toute ſorte de matieres, même des plus viles. Elles attachent quelquefois à leurs cheveux treſſés des ſonnettes, comme les jeunes filles les attachent aux pieds. Pluſieurs croient s'embellir par des marques bleues ineffaçables, qu'elles ſe font par des piquures douloureuſes, aux joues, au menton & ſur d'autres parties du corps. Pluſieurs ſe peignent les mains en jaune & les ongles en rouge, en s'imaginant acquérir par cette bigarrure, des agrémens ſéduiſants.

L'habillement des grecques ne differe pas eſſentiellement de celui des turques. Comme pluſieurs Européens épouſent des femmes d'origine grecque, on a ſouvent occaſion de voir la maniere dont elles s'habillent, & par ce moyen on acquiert quelque connoiffance de la parure des mahométanes des claffes fupérieures.

Toutes les grecques portent des hauts de chauffes, qui defcendent jufqu'aux pieds : elles fe chauffent prefque comme les hommes, & marchent auffi dans de larges pantoufles. Sur la culotte elles mettent une chemife de toile fine, & fur la chemife une vefte, ferrée par une ceinture d'une largeur confidérable. Par deffus la vefte elles portent un habit, ou une peliffe à manches courtes, qui ne paffent les épaules que de la longueur d'un empan. Leur coëffure varie beaucoup fuivant le caprice de la mode, & elles s'en occupent plus encore, s'il eft poffible, que nos femmes en Europe. Il y a en effet de ces coëffures, qui m'ont paru plus élégantes que celles des européennes ; leurs habits, du moins, ont quelque chofe de plus riche & de plus impofant. Mais pour trouver admirables ces beautés orientales, il ne faut les voir que fur leur fopha : en fe déplaçant elles perdent leurs graces. Accoutumées à être affifes les jambes croifées, & à porter des chauffons de cuir dans de larges pantoufles, elles marchent très-mal. Les Européennes qui demeurent en turquie, fe fervent de fouliers, quoiqu'habillées

Section IV.

à l'orientale pour le reste : mais on distingue bientot à leur démarche si elles ont pris l'habitude de s'asseoir sur leurs jambes, ou si elles conservent l'usage des chaises. On peut voir *Pl. 3.* une grecque dans toute sa parure, que *Mr. Baurenfeind* a dessinée à Alexandrie.

A Constantinople, les femmes ont la commodité d'aller en carrosse ; mais elles en profitent rarement. Les carrosses turcs ressemblent aux nôtres à l'extérieur ; excepté qu'ils n'ont au lieu de glaces, que de mauvaises jalousies de bois, & qu'ils manquent de portieres : on y monte par une échelle, qu'on suspend derriere la voiture. Dans l'intérieur il y a au lieu de sieges, des tapis, sur lesquels les turques s'asseyent les jambes croisées.

Comme on ne connoit pas au Caire ce que c'est qu'une voiture d'aucune espece, les dames du plus haut rang sont obligées, comme celles des autres classes, de monter des ânes. Par égard pour le sexe, on ne force pas les femmes des chrétiens & des juifs, de descendre de leur monture, quand elles rencontrent un seigneur égyptien.

CHAPITRE VI.

Des divertiſſemens des Orientaux.

IL pourroit paroître inſipide & inutile, de parler des moyens par leſquels un peuple ſe débarraſſe du peſant fardeau du tems, dans ſes heures de loiſir. Ces moyens cependant, tiennent aux mœurs & au caractère d'une nation. La nature des amuſemens uſités dans une contrée, ne peut pas être indifférente à l'obſervateur, qui veut en étudier les habitans. Dans l'orient il trouve un intérêt de plus: la plupart des divertiſſemens & des jeux qui y ſont en vogue, datent des tems les plus reculés, & leur connoiſſance ſert à expliquer beaucoup de traits obſcurs touchant les coutumes des anciens.

Le climat, les mœurs & le gouvernement ſembleñt donner aux orientaux une diſpoſition naturelle à la mélancolie. Ils deviennent plus ſérieux encore par le défaut de ſociété, dont ils ſe privent en grande partie par cette jalouſie, qui les empêche de recevoir du monde chez eux. Ils ſont taciturnes, parce que, renfermés avec leurs femmes, & n'ayant naturellement pas dans cette retraite beaucoup de matieres pour la

SECTION IV.

conversation, ils prennent l'habitude du silence. Le pouvoir étant entre peu de mains, le gouvernement opprimant l'industrie, les sujets des despotes de l'orient doivent s'ennuyer dans leur oisiveté; d'autant plus, qu'ils ne connoissent gueres les uniques préservatifs contre cet ennui, les arts & les lettres. Les exactions d'un gouvernement, qui rend les fortunes précaires, engagent ces peuples à spéculer sans cesse sur leurs intérêts, & à s'occuper plus de leurs affaires, que de leurs plaisirs.

Des nations placées dans ces circonstances, doivent avoir des divertissemens très-différens de ceux des nations remplies de riches oisifs, où les femmes donnent le ton, & où tout le monde est obligé de se plier à leurs goûts & à leurs fantaisies. En Europe, tous les plaisirs prennent la teinte de la vie casaniere & de la mollesse du sexe, & les hommes s'amusent de plus en plus comme des femmes: dans l'orient les amusemens tiennent plus à la vie publique, & ont quelque chose de plus mâle & de plus auftere. L'ignorance des orientaux, leur fait goûter, il est vrai, des passetems bien insipides.

Le soir, les grands se renferment à l'ordinaire dans leur *harem*. On ignore ce qui se passe dans ces lieux folitaires : mais comme les femmes de l'orient font exceffivement ignorantes, & de véritables enfans adultes, il eft à préfumer qu'on s'y amufe des plus grandes puérilités. Quelques traits, échappés à des maris de ma connoiffance, m'ont confirmé dans cette opinion.

Les *Ofmanli* ou turcs de diftinction, qui fe reffentent toujours des inftitutions primitives & militaires de leur nation, s'amufent par des exercices à cheval, qu'ils femblent aimer de préférence. Pour cet effet, les principaux du Caire s'affemblent deux fois par femaine, dans une très-grande place appellée *Maftabe*, fuivis d'un nombreux cortege de domeftiques auffi à cheval. Dans cette place ils s'exercent au *Dsjerid*, ce qu'ils font en courant deux à deux à francs étriers, en fe pourfuivant, & en fe jettant des bâtons de quatre pieds de long : ils lancent ces bâtons avec tant de force, que fouvent celui des cavaliers, qui n'eft pas fur fes gardes, rifque d'avoir une jambe ou un bras caffé. D'autres, en courant à toute bride, tirent à balles contre un pot, placé fur un monceau de fable : d'autres encore tirent de l'arc ; exercice fi eftimé, qu'on érige des piliers à l'honneur de ceux, qui

SECTION IV. 127

ont donné des preuves extraordinaires de force ou d'adreffe, en décochant des fleches.

Pendant la plus grande hauteur du Nil, les grands du Caire fe divertiffent dans de petits bateaux ornés magnifiquement, fur les *Birkets* au milieu de la ville. Dans cette occafion, ils régalent les habitans de leur mufique, & fouvent de feux d'artifice.

Un homme originaire de Tripoli en Barbarie, me conta, que le pacha de fa ville avoit coutume de faire ériger quelquefois deux échafauds, entre lefquels on pouvoit tirer fur des cordes des modeles de vaiffeaux de guerre, armés de petits canons, proportionnés à la petiteffe du vaiffeau. Ces vaiffeaux fufpendus en l'air & commandés par des officiers de la marine, qui dirigeoient la manœuvre & le feu de la petite artillerie, donnoient le fpectacle affez agréable d'un combat naval. Le capitaine, dont le vaiffeau avoit fouffert le premier les plus grands dommages, étoit vaincu. Mais, comme ce jeu occafionnoit des querelles férieufes entre les commandans, on l'abolit.

Les domeftiques des feigneurs égyptiens s'exercent à pied, à jetter l'un contre l'autre des bâtons de cinq à fix pieds de long ; ce qui leur apprend à lancer le *Dsjerid*, quand ils font à cheval. Les gens du commun & les payfans, s'amufent à s'efcrimer avec des bâtons; chacun tâche de frapper la tête de fon adverfaire, ou de parer les coups avec le bâton. Des gladiateurs de profeffion fe donnent auffi en fpectacle: mais leur art n'eft pas auffi meurtrier qu'en Europe: ils ne font armés que de bâtons, & un petit couffin paffé au bras gauche leur fert de bouclier.

Dans les villages, les jeunes gens s'amufent à des jeux d'adreffe, reffemblants à ceux qui font ufités parmi les payfans en Europe. Ils fe défient à la courfe; ils fe piquent de jetter en l'air & de ramaffer plufieurs petites pierres à la fois; ils s'exercent à fauter à de grandes diftances; ils jouent au ballon, & quelquefois au pair ou non.

Il eft naturel, qu'un peuple ifolé & vivant fans fociété fous le pouvoir arbitraire, aime les fêtes publiques. Elles fe célebrent en Egypte avec beaucoup d'apparat, principalement celle du départ des pélerins de la Mecque, dont plufieurs auteurs ont donné la defcription. Les autres fêtes font en grand nombre, puifque chaque mofquée célebre celle de fon fondateur, où affifte en proceffion une foule de perfonnes de tout ordre,

pendant

SECTION IV.

pendant qu'on permet au peuple de se divertir dans une place voisine. Les coptes ont leurs fêtes comme les mahométans, & contribuent par leurs cérémonies à l'amusement de la populace.

Comme ces fêtes se donnent quelquefois de nuit, les Egyptiens font des illuminations en portant par les rues un réchaud plein de bois résineux allumé : ce réchaud est attaché au haut d'un long bâton. Ils ont une autre espece de flambeau plus brillant : c'est une machine composée de plusieurs cercles de bois léger, auxquels on pend une multitude de petites lampes, & qu'on porte au bout d'une grande perche. De jour, pendant ces fêtes, on éleve par-tout des escarpolettes, des roues de fortune, sur lesquelles la populace va se dégourdir & se désennuyer.

En Egypte, en Syrie & en Arabie, l'amusement favori des gens au-dessus du peuple, c'est de passer la soirée dans un café public, où ils écoutent les conteurs d'histoires, les musiciens & les chanteurs, qui fréquentent ces maisons pour gagner quelque bagatelle. Dans ces lieux de réjouissance, les orientaux conservent leur taciturnité, & restent assis des soirées entieres, sans dire un seul mot à leurs voisins. Ils préferent l'entretien de leur pipe, dont la fumée narcotique femble propre à appaifer les agitations de leur fang brûlé. Sans une raifon phyfique, il feroit difficile d'expliquer le goût général de ces peuples pour le tabac : en fumant, ils charment leur ennui, & fe mettent, quoique à un moindre degré , dans une difpofition d'efprit femblable à celle des perfonnes qui ont pris de l'opium : le tabac fupplée aux liqueurs fortes, qui leur font défendues.

Ce goût pour le tabac, les a fait rafiner fur la forme & la matiere de leurs pipes. Celles dont fe fert le peuple, font fort fimples, compofées d'un fourneau de terre cuite, & d'un tuyau de rofeau. Les gens aifés les veulent d'une matiere plus précieufe, plus ornées, & avec un tuyau couvert d'étoffes pour pouvoir le mouiller dans les grandes chaleurs, & rafraîchir par ce moyen la fumée. Dans une grande partie de l'Afie on employe fréquemment la pipe ufitée en Perfe, qui, en faifant paffer la fumée au travers de l'eau fraîche, la rend plus douce & plus agréable pour ceux qui l'avalent. En Egypte cette pipe perfienne , n'eft qu'une noix de cocos moitié pleine d'eau , avec deux tuyaux dont l'un communique au fourneau, & l'autre à la bouche du fumeur. *Kerim-Kan*, *Schah* actuel de la Perse méridionale, paroît se distinguer dans cet amusement: la pipe la plus à la mode, s'appelle de son nom *Kerim-Kari*.

Au reste, la maniere de fumer avec la pipe persienne, ne sert pas uniquement à désennuyer le peuple: on l'employe aussi pour se chauffer en cas de besoin; puisque la fumée chaude, que les orientaux avalent dans cette occasion, pénetre jusques dans les poumons, & y porte une chaleur douce. Dans un voyage que je fis en hyver sur l'*Euphrate*, les bateliers étoient souvent obligés d'entrer dans l'eau pour remettre le bâtiment à flot: comme ils n'osoient pas boire de l'eau-de-vie pour se préserver du réfroidissement, je ne pouvois leur faire un plus grand plaisir que de leur donner une pipe de tabac de cette maniere.

CHAPITRE VII.

Des jeux usités en Orient.

IL est défendu par l'alcoran de jouer pour de l'argent, & par cette raison, il est assez rare de voir jouer les orientaux. Les mahométans jouissent donc du bonheur peu commun en Europe, de n'être pas forcés de se prêter, par une prétendue politesse, à un amusement insipide, qui use le corps, en mettant en mouvement des passions malfaisantes; qui retrécit l'esprit, par l'uniformité & l'inutilité des combinaisons; & qui refroidit le cœur, par le choc continuel de la vanité & de l'intérêt entre les joueurs.

Cependant, comme il se trouve dans toutes les contrées, des gens peu sages & peu conséquens, j'ai vu des mahométans, séduits probablement par l'exemple dans les établissemens européens, jouer, mais un petit jeu, puisqu'ils n'étoient pas avec des femmes. Ils ne connoissent pas les cartes d'Europe : mais j'ai rencontré à Bombay quatre marchands Arabes, qui jouoient avec des cartes chinoises, si grandes & si épaisses, que chacun des quatre pouvoit à peine tenir son jeu avec les deux mains. De jeunes marchands mahométans, que j'avois surpris jouans aussi, à Bombay, cacherent soigneusement leur jeu, & ne le reprirent que quand ils virent que j'étois Européen. Les Grecs se sont assez policés, pour imiter l'élégance de nos mœurs, & ils se montrent bons chrétiens, en jouant avec nos cartes, & gros jeu.

Les orientaux ont cependant quelques jeux, plus conformes à leur vie sédentaire & plus propres à leur esprit rêveur, dont ils jouent sans intérêt,

& uniquement pour remplir quelques momens vuides. Tels font les jeux des échecs, des dames, & du trictrac. Les noms arabes de ces jeux, & leur antiquité, prouvent qu'ils font originaires de l'orient, d'où ils ont été apportés en Europe. Si les mahométans marquent quelque paſſion pour un jeu, c'eſt pour celui des échecs, où quelques oiſifs paſſent des journées entieres : paſſion, qui les perd de réputation dans l'eſprit de leurs compatriotes. Au lieu d'échiquiers en bois, ils ſe ſervent d'un linge blanc, auquel ſont couſus des quarrés de drap de couleur différente : la partie finie, on ploye ce linge & on y ſerre les pieces du jeu.

Ils ont un autre jeu qui ſe joue ſur des planches, marquées de deux quarrés l'un dans l'autre & coupés en diagonales, avec des pierres ou des coquillages de couleur différente : ce jeu a paſſé en Europe, où l'on voit des gens le jouer avec des feves jaunes & blanches. Pluſieurs autres ne nous ſont pas parvenus, parce que leur marche n'eſt pas aſſez variée ou aſſez ingénieuſe. Tels ſont le *Mankale*, qui paroît tenir de celui des échecs, & celui de *Tabu Duk*, qui mêlé de haſard, reſſemble beaucoup au trictrac. Le haſard s'y amene par quatre batôns plats, moitié noirs & moitié blancs, dont les côtés différemment colorés suivant leur combinaison, déterminent la marche des pieces.

Un jeu de la plus haute antiquité, s'est conservé encore parmi les peuples de l'orient. C'est celui que les Arabes nomment *Lāb el Kab*, qui se joue avec les osselets de mouton ou de chevre : il y a des regles qui déterminent la valeur des coups, suivant que certains côtés de ces os paroissent en haut. Les anciens auteurs grecs & latins parlent aussi de ce jeu, qui a donné occasion à l'invention des dez.

CHAPITRE VIII.

De la musique des Orientaux.

PARMI les Turcs & les Arabes, un homme de distinction se croiroit déshonoré, en apprenant la musique. Une certaine austérité dans leurs mœurs, rend d'ailleurs ces peuples peu sensibles aux charmes de la belle harmonie : le mépris de l'art, retombe sur ceux qui l'exercent, & les musiciens de profession sont mal vus, & encore plus mal récompensés. Un art que les grands dédaignent, qui ne trouve point de connoisseurs, & qui ne mene ni à la fortune ni à la confidération, ne peut pas faire des progrès.

La mufique des orientaux fi peu cultivée, eft d'ailleurs d'un genre différent de la nôtre ; elle eft grave & fimple, fans aucune modulation recherchée : les chanteurs, pour fe conformer au goût de la nation, font obligés de chanter lentement, afin qu'on puiffe entendre diftinctement tous les mots. J'ai entendu plufieurs fchechs chanter quelques paffages du Koran, fans forcer leur voix : ce chant avoit quelque chofe de touchant & de folemnel, très-capable de plaire. En voyageant fur le Nil, j'ai affifté à un divertiffement de matelots, qui chantoient alternativement & fe répondant couplet par couplet, des chanfons amoureufes ; où ils comparoient leurs maîtreffes aux concombres de Damas, & les yeux de ces belles aux yeux de la gazelle, & où ils vantoient leurs belles mains jaunes & leurs ongles rouges. Ce chœur de chanteurs ne laiffoit pas de nous amufer.

Des airs fi fimples s'apprennent aifément par routine : c'eft je crois par cette raifon, que les orientaux ne fe fervent pas des notes, & ne chantent que de mémoire. On m'avoit dit, dans quelques provinces de la Turquie, qu'il y avoit à Conftantinople de grands muficiens, qui pour fe souvenir des airs, employoient des signes secrets. Mais ayant pris à mon retour dans cette capitale, des informations, je n'y ai trouvé personne qui eût la moindre idée des notes de musique; pas même parmi les *derwifches* de l'ordre de *merlavi*, qui sont cependant regardés comme les meilleurs musiciens des Turcs.

A *Bagdad* & à Constantinople j'ai assisté à des concerts turcs, qui quoique nullement comparables à ceux des Européens, auroient pu flatter néanmoins une oreille, peu accoutumée à toutes les finesses de l'art. Ce qui choque le plus au commencement, quand on entend cette musique, c'est que tous les instrumens jouent à l'unisson; à moins que l'un ou l'autre ne prenne la fantaisie de faire une basse continue, en répétant sans cesse le même ton.

Si la musique des orientaux ne plaît gueres aux Européens, ils goûtent beaucoup moins encore la nôtre. Mr. *Baurenfeind* & moi, nous jouâmes souvent du violon devant des Arabes de distinction, qui nous venoient voir. Quoiqu'ils ne désapprouvassent pas directement notre jeu, ils nous en dirent assez pour faire voir qu'il leur déplaisoit, & qu'ils préféroient leur propre musique comme plus mâle, & par conséquent plus belle. Un jour, ayant fait au Caire un concert avec quelques marchands européens, & retournant chez nous dans l'obscurité, nous entendîmes chanter un Egyptien, accompagné d'une flûte. Un de nos domestiques enchanté de ce concert, s'écria : ,, pardieu, voilà qui est beau; Dieu vous bénis- ,, se!" Surpris de cette exclamation inattendue, nous lui demandâmes comment il avoit trouvé notre concert. ,, Votre musique, répondit-il, est un bruit sauvage & désagréable, auquel un homme grave & sensé ne pourra jamais prendre plaisir."

Leurs instrumens de musique semblent, à cause de la simplicité de la construction & par beaucoup d'autres indices, d'une haute antiquité, & parvenus aux nations modernes de l'orient, sans aucune altération remarquable. Plusieurs leur sont communs avec les habitans des isles de l'Archipel; comme sont trois especes de guitares à trois ou quatre cordes d'acier & de laiton, appellées par les Grecs, *Icitali*, *Semuri* & *Baglama*; & par les Arabes du nom générique *Tambura*, qui est commun à tous les instrumens à cordes de métal, qu'on pince. Les Grecs ont un instrument à archet, nommé *Lyra*, monté de trois cordes de boyau, & qu'on joue avec un archet fait d'une petite branche d'arbre garnie de crin de cheval, auquel on donne en jouant la tenſion néceſſaire avec le petit doigt : ces inſtrumens ne ſont gueres employés que pour accompagner la voix.

Quelques inſtrumens à archet appartiennent plus particuliérement aux Arabes ; tel eſt le *Semendsje*, eſpece de mauvais violon, combiné avec un tambour. Son corps eſt ordinairement compoſé d'une noix de cocos, ſur laquelle on tend une peau : on le monte de deux à trois cordes de boyau, ou quelquefois de crin de cheval ; & on le joue avec un archet, auſſi mal fait que celui de la *Lyra* des Grecs. Le *Semendsje* eſt l'inſtrument des vagabonds, qui accompagnent les danſeuſes. Les Arabes appellent *marabba*, un autre violon à une corde de crin de cheval, dont le corps eſt auſſi tendu d'une peau : ce violon s'accorde très-bien avec la voix aigre des chanteurs du commun, qui crient à plein goſier, quand ils chantent dans les cafés. J'ai vu à *Baſra* une autre eſpece de violon encore, aſſez reſſemblant au *marabba*, auſſi à une corde, tendu d'une peau comme un tambour, & ſervant au même uſage. A Bagdad j'ai entendu jouer du tympanon à la maniere européenne : à Alexandrie une dame le touchoit avec les doigts armés d'ongles d'argent.

Les Egyptiens aiment les inſtrumens bruyans :

SECTION IV. 139

mais les Africains plus méridionaux paroissent préférer une musique douce. J'ai vu entre les mains d'un *Barbari*, ou d'un homme natif du Royaume de *Dongola*, une espece de harpe d'un son fort agréable. Le corps de cet instrument est une assiette de bois creuse, tendue d'une peau, & montée de cinq cordes de boyaux, attachées à un bâton tournant, par le moyen duquel on les accorde. On en joue de deux manieres; ou en pinçant les cordes, ou en les touchant avec un morceau de cuir rude en guise d'archet. Mon *Barbari*, dansoit en jouant. Cet instrument me parut très-ressemblant à la harpe de David. Les *Barbari* le nomment *Kussir*, & les Arabes encore *Tambura*.

Parmi les instrumens à vent, il y a la vraie flûte turque, appellée *Salamanie*, en usage parmi les bergers *turcomans*. Etant toute ouverte & sans anche, son embouchure est très-difficile, puisqu'on en joue comme de notre flûte douce. C'est l'instrument favori des *derwisches merlavj*, qui ayant introduit la musique dans leur culte, sont les meilleurs musiciens de l'orient & excellent principalement à bien jouer de cette flûte. Elle est de roseau, ou d'un beau bois. J'ai vu au Caire entre les mains d'un paysan la *flûte de Pan*, composée de plusieurs roseaux.

Le *Sumâra* est une espece de flûte à double tuyau, dont le plus court sert à jouer les airs, & le plus long à faire une basse continue; comme on fait du tuyau long de la musette *bulgare.* En Egypte on a une musette, nommée *Sumâra el Kurbe*: elle n'est pas comparable à celle des Bulgares, qui est l'instrument le plus agréable que j'aie entendu en Turquie. Il est vrai aussi que les airs des bergers en Bulgarie, tiennent déja de la musique européenne.

Les Asiatiques aiment à accompagner leur chant & leur danse de tambourins, pour marquer d'autant mieux la mesure. Ils en ont de différentes especes: ce sont ou des cercles de bois, ou des pots de terre faits exprès, tendus d'une peau, qu'on fait résonner avec les doigts. Le tambourin le plus élégant est le *Döff*, dont les femmes, dans les harems, accompagnent leur danse. Il faudroit aussi compter parmi les instrumens de musique les castagnettes, dont les danseuses publiques garnissent leurs mains, & différens cors & tambours, avec lesquels certains religieux mahométans, comme d'autres mendians, annoncent qu'ils demandent l'aumône.

La musique militaire des Turcs commence à être connue en Europe. Celle qu'on entend dans les pays orientaux, ne forme cependant qu'un bruit discordant & désagréable, & elle ne mériteroit aucune attention, si elle ne servoit à distinguer les rangs. Un pacha à trois queues s'annonce par un plus grand nombre d'instrumens militaires, que n'en osent employer les seigneurs revêtus d'une dignité inférieure ; de sorte qu'on peut connoître l'emploi d'un homme, par la musique qui le précede. Les principaux instrumens, avec lesquels on forme ces concerts guerriers, sont une espece de trompette excessivement bruyante, appellée *Surme* en Egypte : le *Tabbel*, ou le grand tambour turc, qu'on tient horisontalement, & qui se bat des deux côtés : un hautbois dont les sons sont aigus, & un autre, dont les sons bas ressemblent à ceux de notre basson. Enfin des especes d'assiettes d'un métal sonore, qu'on frappe les unes contre les autres, pour marquer la cadence.

CHAPITRE IX.

De la danse chez les Orientaux.

UN honnête mahométan qui se permettroit de danser, se dégraderoit dans l'opinion de ses compatriotes : mais il n'en est pas de même des femmes, qui se font gloire d'exceller dans cet exercice,

& qui osent s'y livrer sans conséquence, parce qu'on regarde comme leur devoir de contribuer en tout aux plaisirs de leurs maris. Quand elles se trouvent entr'elles, dans une assemblée de femmes, à l'occasion de quelque noce ou de quelque autre solemnité, elles ne se piquent pas moins de se surpasser les unes les autres dans l'art de danser.

Un Tripolitain me fit le récit de la maniere, dont les femmes de sa ville s'amusent dans ces fêtes, & j'ai assez d'indices pour croire que les mêmes coutumes régnent aussi en Turquie & en Arabie; je n'en suis pas sûr cependant, puisqu'il est impossible de rencontrer un témoin oculaire de ces divertissemens. Mon Tripolitain tenoit ce détail de sa femme, qui lui racontoit naïvement ce qu'il vouloit savoir.

Aucune femme n'oseroit paroître dans une assemblée, si elle n'est belle, & en état de briller par son habillement. Si la fête se donne dans une maison distinguée, il s'y rend une cinquantaine des plus grandes beautés de la ville, toutes habillées avec magnificence : elles menent à leur suite leurs plus belles esclaves, qui se tiennent dans une chambre séparée, & gardent des coffres remplis d'habits appartenans à leurs maîtresses. Après

SECTION IV. 143

que les dames ont resté assises pendant quelque tems, & qu'on leur a servi des rafraîchissemens, on fait entrer dans l'appartement, des jeunes filles capables de divertir la compagnie par le chant & en jouant de quelque instrument. Alors la dame la plus distinguée se leve, danse pendant quelques momens, & passe dans l'appartement voisin, où sont ses esclaves, pour changer d'habits : elle quitte tout, même ses pantoufles brodées en or & en argent, & ne garde que sa coëffure & ses brasselets, richement garnis de pierreries. Dans cet intervalle d'autres dansent, & quittent la compagnie pour changer aussi d'habits : ce qui se répete si souvent tour à tour, qu'une femme met quelquefois dans une seule soirée, dix habits différens, l'un plus riche que l'autre. Toutes tâchent de se faire admirer, & ces efforts finissent comme chez nous, à faire bien des mécontentes.

Les grecques ont si bien adopté ce luxe oriental, qu'elles changent d'habits à l'occasion d'une simple visite. Un Européen, établi à Constantinople, me raconta qu'il avoit vu la femme d'un grec de ses amis, auquel il étoit allé faire visite, mettre en deux heures de tems cinq habits différens. Ces exemples prouvent bien la force de l'instinct, & la ressemblance parfaite du sexe de toutes les nations.

Les hommes dédaignent cet exercice, s'amusent quelquefois à voir danser des danseuses de profession, qu'on fait venir dans les maisons particulieres à l'occasion de quelque fête, ou qu'on rencontre dans les maisons publiques. On nomme ces danseuses *Tschingane*, ou égyptiennes, à Constantinople; & *Ghasie* au Caire. Ce sont de jeunes femmes ou filles du peuple, qui forment une classe séparée & méprisée, dont les membres n'époufent pas des individus d'une autre classe. Les peres & les maris exercent pour l'ordinaire le métier de maréchal ferrant. Ces danseuses ne sont accompagnées que d'un seul homme, qui joue du *semendsje*, & quelquefois d'une vieille femme qui joue du tambourin, & qui paroît avoir l'œil sur leur conduite : elles ne passent pas pour se piquer d'une vertu trop auftere. Tout mahométan marié peut cependant les appeler pour danser dans sa maison, sans qu'on y trouve à redire, & elles vont par-tout où elles font bien payées. Mais un homme qui n'est pas marié n'ose pas les faire venir chez lui : nous n'en avons jamais rencontré chez les négocians françois, qui, suivant les ordonnances de leur roi, sont tous célibataires.

Au commencement nous ne les vîmes que par hasard dans une maison publique hors de la ville :

mais,

Section IV.

mais, vers la fin de notre séjour en Egypte, nous fûmes mieux en état de satisfaire notre curiosité. Une grande partie des maisons habitées par des Européens, étant situées sur les bords du grand canal qui traverse le Caire, le plus grand profit de ces *Ghasie* est d'aller devant ces maisons dans le canal quand il est à sec, avant qu'on perce la digue. Dans cet intervalle nous fîmes danser tantôt l'une tantôt l'autre de ces troupes. Remplis d'idées tristes, occasionnées par notre départ prochain, nous étions dans le cas d'avoir besoin de distractions & de nous amuser de tout. Malgré cette disposition favorable, ce spectacle nous déplut d'abord : nous trouvâmes la musique & les voix détestables ; les danseuses nous parurent laides & dégoûtantes, à cause de leurs mains jaunes, de leurs marques noires sur le teint, de leurs ornemens absurdes, & de la quantité de pommade dont elles avoient chargé leurs cheveux & qui choquoit l'odorat. Nous nous y accoutumâmes néanmoins peu à peu, & faute de mieux, nous parvînmes à trouver quelques-unes des danseuses jolies, leurs voix agréables, leurs mouvemens pleins de graces quoique très-indécents, & la musique au moins supportable.

Les habits de ces danseuses ne different pas de

Tome I. K

ceux des femmes du peuple : en danfant elles
vent le voile & le font flotter derriere la tête. P:
deffus le haut de chauffe elles portent une jup
ouverte par-devant, & ferrée par une large cei
ture avec deux boutons d'une groffeur confidé
ble. Suivant la defcription qu'on m'a faite,
Tfchingane danfent à Conftantinople de la mêr
maniere que les *Ghafie* en Egypte. Mr. Ba
renfeind a deffiné une troupe de ces dernieres
Planche 4. On y peut voir auffi l'homme qui jo
du *femendsje*, & la vieille femme avec fon tar
bourin.

Les nations chrétiennes établies dans l'orien
ont prefque chacune leur mufique & leur dan
particulieres. A *Moful* j'ai vu danfer en rond d
jacobites & des neftoriens, qui célébroient ui
fête. Aucune de ces nations n'aime la danfe auta
que les Grecs, qui en ont en effet, une fort gr
cieufe. C'eft un branle, qu'on danfe ou en ror
ou en fe laiffant mener en file, par quelque jol
femme de la compagnie. Les *Valaques* & les *B*
gares ont auffi leurs danfes nationales; mais qu
n'ont pas l'agrément de celles des Grecs.

Il eft toujours prudent, de fe prêter aux mœu
& aux opinions des habitans du pays où l'o
vit. Les Européens établis à Conftantinople

n'observent pas cette regle : ils se divertissent dans la capitale de l'empire Ottoman, comme dans Paris ou dans Londres. Quoiqu'ils n'y entretiennent ni opéra ni comédie, ils donnent fréquemment à Péra & à Galata des bals masqués. Les mahométans ont de l'aversion pour ces divertissemens, & ne voyant danser que les gens de la lie du peuple, leur mépris s'étend à tous les danseurs en général, qu'ils regardent comme des gens sans mœurs & sans éducation. Ce qui acheve de rendre nos bals méprisables à leurs yeux, c'est le mèlange des deux sexes; abomination sur laquelle ils ne tarissoient point, en me parlant de nos usages. Les Européens vivant parmi les mahométans, seroient plus aimés & plus respectés, s'ils ne s'avilissoient pas dans l'opinion des orientaux, par des amusemens, dont ils pourroient si aisément se passer.

On m'a raconté à cette occasion, comme une anecdote vraie, le récit d'un Turc, qui revenu d'Italie, où il avoit vu le Carnaval, crut que les chrétiens, devenus fous dans une certaine saison de l'année, rentroient dans leur bon sens aussi-tôt qu'on eut mis des cendres sur leur tète. Cette histoire, ou cette fiction peut-être, se trouve dans les Lettres persannes.

CHAPITRE X.

Des spectacles en Orient.

Nous ne nous étions pas attendus à voir un spectacle en Egypte. Il se trouvoit cependant, à notre arrivée au Caire, une nombreuse troupe de comédiens, composée de mahométans, de chrétiens & de juifs. Leur extérieur annonçoit le peu de fortune qu'ils faisoient dans cette contrée. Ils alloient représenter leurs pieces dans toutes les maisons, où l'on vouloit leur payer un très-modique salaire : ils jouoient en plein air ; la cour de la maison leur servoit de théatre, & un petit paravent de coulisse, quand ils changeoient d'habits. Plusieurs négocians européens quoique établis au Caire depuis long-tems, n'ayant jamais vu une comédie égyptienne, nous fimes venir cette troupe chez un Italien marié : mais nous n'eûmes pas lieu d'être contens ni de la musique ni des acteurs.

La piece se donnoit en arabe ; comme je n'entendois pas assez bien cette langue pour comprendre le dialogue, je m'en fis expliquer le contenu. Le rôle du principal personnage, qui étoit une femme, étoit joué par un homme en habit de femme, qui avoit beaucoup de peine à cacher sa grande barbe. Cette héroïne de la piece attiroit dans fa tente tous les voyageurs, & après leur avoir efcroqué leurs hardes, les faifoit chaffer à coups de bâton. Elle en avoit déja dépouillé plufieurs, quand un jeune négociant, fatigué de la répétition continuelle de ces platitudes, défapprouva hautement la piece. Les autres fpectateurs, pour prouver qu'ils n'avoient pas le goût moins fin, la défapprouverent auffi, & obligerent les comédiens de ceffer, quoique la piece ne fût qu'à moitié.

Si les comédies font rares, la repréfentation des marionettes eft d'autant plus commune au Caire où on en rencontre dans toutes les rues. Le théatre de ce fpectacle eft fort petit: c'eft une efpece de coffre, qu'un feul homme porte aifément, & dans lequel fe met l'acteur. Cet acteur fort fes poupées par des trous pratiqués dans ce coffre, & leur fait faire les mouvemens néceffaires par le moyen d'un fil d'archal, qui peut couler dans les rainures du couvercle. Par le moyen d'une machine qu'il tient à la bouche, l'acteur rend fa voix fine, & proportionnée à la petiteffe des figures. Le tout feroit peut-être digne d'attention, fi les pieces, accommodées au mauvais goût des fpectateurs, n'étoient pas déteftables. Ces poupées commencent à fe dire force complimens, fe querellent peu à peu ; & finiffent toujours par fe battre.

La lanterne magique, eft un amufement très-ufité en orient. Je n'aimois pas affifter à ces repréfentations, parce qu'elles aboutiffent toujours à tourner en ridicule les mœurs & l'habillement des Européens.

Dans toutes les rues bien fréquentées, on voit des joueurs de gobelets, qui amufent le peuple par des tours furprenans en Egypte, mais qui ne feroient pas tels en Europe. Un de ces charlatans fe faifoit admirer par une fontaine intermittente, inconnue dans ces contrées, à laquelle il paroiffoit commander de couler ou de s'arrêter à volonté. Ces joueurs ne demandent pas à être payés : ils fe contentent d'une contribution volontaire des fpectateurs, qui eft ordinairement fi modique, qu'elle fuffit à peine pour les faire vivre chétivement.

Des finges dreffés, fervent auffi à l'amufement de la populace ; ils font de l'efpèce de ceux dont les forêts de l'*Yemen* font remplies, & qui montrent le plus d'intelligence & de docilité. Cet animal paroit naturellement aimer la danfe : un capitaine de la Compagnie des Indes, m'a dit qu'il avoit fait entrer fouvent fes tambours dans des pagodes

Section IV.

ruinées, uniquement habitées par des singes, & qu'au bruit de cette musique militaire, les meres même, avec leurs petits sur les bras, étoient sorties de leurs trous, pour danser en compagnie de quelques centaines de ces animaux. Les habits longs des orientaux ne conviennent pas aux singes: on les habille donc à la mode des européens; coutume qui augmente encore le mépris du peuple pour nos mœurs, puisqu'il croit reconnoître une guenon avec sa queue, dans un européen bien paré, qui marche la tête découverte, & qui porte une épée horizontale, dont l'extrémité sort par derriere entre ses habits.

Ces conducteurs d'animaux ont souvent aussi des ânes ou des moutons, dressés à faire quelques gentillesses. Un autre spectacle nous parut d'abord surprenant; c'étoit de voir danser des serpens. Mais en connoissant mieux l'instinct de ce reptile, notre étonnement cessa. Le serpent paroît avoir du goût pour les sons, ou du moins pour la mesure: en entendant un tambour, il leve la tête, & se dresse, en faisant un certain mouvement qu'on appelle sa danse.

J'ai vu un homme d'une espece particuliere, qui se donnoit en spectacle dans les rues du Caire. C'étoit un mendiant, qui pour émouvoir la compassion, montroit une chaîne énorme, qu'il prétendoit avoir portée dans sa captivité à Malthe. Il racontoit d'une voix lamentable les maux qu'il avoit soufferts dans son esclavage, parmi les barbares Européens: celui dont il se plaignit le plus, & que le peuple écoutoit avec horreur, c'étoit d'avoir été obligé de garder les cochons, & de coucher la nuit dans la même étable avec ces animaux immondes. Les gens sensés le regardoient il est vrai, avec indignation; mais ses récits inspiroient toujours à la populace de la haine contre les chrétiens.

CHAPITRE XI.

Des nôces des Egyptiens.

LE secret qui s'observe sur tout ce qui se passe dans les *harems*, & ce qui regarde les femmes, m'a mis dans l'impossibilité de m'instruire de tout le détail des cérémonies du mariage chez les Egyptiens. Je dois me contenter de décrire ce que j'ai pu voir, dans une procession publique d'une nôce au Caire : *Mr. Baurenfeind* l'a dessinée comme on peut le voir dans la *Pl. V.*

La fiancée, toute couverte de la tête aux pieds,

marche entre deux femmes qui la menent sous un dais, porté par quatre hommes. Plusieurs esclaves la précedent, dont quelques-unes jouent du tambourin, d'autres portent des chasse-mouches, d'autres répandent sur elle des eaux de senteur. Elle est suivie par beaucoup de femmes, & par quelques musiciens montés sur des ânes. Autour d'elle sont des gens du peuple, qui pour l'amuser en chemin, font des tours de force & de passe-passe. Toutes les femmes de cette procession crioient sans cesse *Lu, Lu, Lu*; cri qui est l'expression de la joie chez les mahométanes. Si la marche se fait de nuit, quelques esclaves portent de ces flambeaux, dont il a été parlé plus haut, & dont on voit la figure dans la Planche.

Près d'Alexandrie, nous rencontrâmes un jour, une fiancée arabe. Elle étoit montée sur un chameau, suivie de sa dot qui consistoit en meubles & en bétail. La procession marchoit fort lentement & s'arrêtoit quelquefois, pour se faire voir. Pendant la marche, les Arabes faisoient de la musique; on tiroit des coups de fusil, & les femmes ne cessoient de faire entendre leurs cris de joie.

SECTION V.

DES ANTIQUITÉS DE L'ÉGYPTE.

CHAPITRE I.

Des antiquités de l'Egypte en général.

DE tous les pays connus, l'Egypte est celui qui offre à la curiosité du voyageur, le plus grand nombre de monumens de la plus haute antiquité. Plusieurs causes concourent pour donner à cette contrée un avantage, dont les autres parties de notre globe sont privées.

Un peuple puissant, riche & éclairé, est naturellement porté à laisser des marques de son existence & des preuves de sa prospérité, à la postérité la plus reculée. Nous savons par le témoignage de tous les anciens, que les Egyptiens furent de tems immémorial une nation florissante & policée, & avant l'époque assez récente, que nous appellons néanmoins l'histoire ancienne. Il y a déja 3000 ans, que la tradition des prêtres ne pouvoit plus désigner les auteurs de plusieurs

SECTION V.

ouvrages célébres. On ne peut pas douter que ce peuple fi ancien, n'ait eu la plus grande part à la population & à la civilifation de l'Europe méridionale. Tous les hiftoriens s'accordent, dans le récit des entreprifes magnifiques des anciens Egyptiens, dont les traces doivent fubfifter dans le pays qu'ils avoient habité.

Nous avons, il eft vrai, une foule d'indices très-clairs, que des nations auffi puiffantes & plus éclairées que les Egyptiens, exiftoient dans des fiecles fort éloignés & antérieurs à l'hiftoire. Il ne refte cependant aucune trace vifible de l'exiftence de ces nations: leurs ouvrages & leurs bâtimens font entiérement détruits. Le pays qu'elles avoient cultivé & embelli, eft actuellement un défert ftérile, fans veftige d'aucun monument antique, & habité, ou plutôt devafté par des barbares errans.

Il faut donc, qu'une caufe phyfique ait contribué à la confervation de tant d'antiquités remarquables en Egypte. Nous la trouvons, en effet, dans le climat, & dans la nature du fol. L'air y eft fec, il y pleut rarement, & les gelées y font inconnues. Elle eft donc exemte de ces agens deftructeurs, la pluye & le froid, qui rongent dans les pays tempérés les ouvrages les plus folides, qui paroiſſoient devoir braver les injures du tems , & qui néanmoins y ſuccombent en peu de ſiecles.

Le ſol de l'Egypte fourniſſoit d'ailleurs à ſes habitans les matériaux les plus incorruptibles, pour la conſtruction des monumens. Dans la baſſe Egypte, & dans ſes confins où le terrein s'abaiſſe, on trouve des pierres calcaires d'une eſpece particuliere, toute remplie de lenticulaires : mais, excepté les pyramides, aucun bâtiment n'eſt conſtruit de cette pierre. La haute Egypte, dont le terrein eſt plus élevé, abonde au contraire, en granits de toute couleur, & de l'eſpece la plus dure qui ſoit connue. Des chaînes de montagnes en ſont compoſées ; ce qui a donné à ce peuple la facilité d'employer dans ſes ouvrages, de grandes maſſes de la pierre la plus propre à réſiſter à toutes les viciſſitudes de l'atmoſphere, & à toutes les révolutions dans le moral de la nation. Les habitans modernes ne briſent pas ſi aiſément un bloc de granit, pour bâtir une cabane, comme on briſe dans d'autres pays, & pour le même uſage, des colonnes de marbre.

Les anciens Egyptiens paroiſſent d'ailleurs n'avoir épargné ni peine ni dépenſe, pour éternifer

SECTION V.

leurs ouvrages. Tout ſe qui eſt ſculpté, l'eſt d'une maniere ſaillante : toutes les pieces ſont d'une grandeur & d'une ſolidité inuſitées dans les bâtimens des autres peuples de l'antiquité. Les inſcriptions, quoique gravées ſur une pierre ſi dure, le ſont ſi profondément, qu'on apperçoit un deſſein formé pour les empêcher d'être jamais effacées.

La haute Egypte, plus élevée que la baſſe, doit avoir été habitée la premiere. Elle paroît avoir été en effet, le ſiège principal de ces anciens *Pharaons* ſi puiſſants & ſi magnifiques ; puiſque c'eſt dans cette partie qu'on trouve le plus grand nombre de ſuperbes monumens. Pluſieurs voyageurs ont décrit ces ruines intéreſſantes. *Pococke* & *Norden* ſe ſont diſtingués parmi ces obſervateurs ; en pouſſant plus loin leurs recherches, & en donnant des deſcriptions plus exactes & plus détaillées.

Je n'ai pas eu occaſion de ramaſſer beaucoup d'anciennes curioſités en Egypte : tout ce que j'en ai pu rapporter, ſe réduit à quelques idoles en bronze & en terre cuite, qui ne font pas trop d'honneur ni au goût ni à l'habileté des artiſtes égyptiens. Il ſemble en général, que cette nation n'a jamais excellé dans les arts, qui dépendent du deſſin. Ses peintures ne ſont remarquables, que par la vivacité des couleurs ; & ſes ſculptures péchent également contre la régularité du deſſin, & contre l'élégance des formes.

CHAPITRE II.

Des Pyramides.

PARMI les antiquités de l'Egypte, les plus étonnantes ſont ſans doute, les pyramides. Si l'œil n'eſt pas flatté par la vue de ces maſſes énormes, il en eſt au moins ſinguliérement frappé.

On voit les trois premieres, depuis le Caire, & tout étranger arrivé dans cette capitale, eſt tenté de s'en approcher. Nous en avons une multitude de deſcriptions, dont je ne veux pas augmenter le nombre. Je rapporterai ſeulement quelques obſervations qui ne s'accordent pas avec celles de pluſieurs de mes prédéceſſeurs.

Les pyramides ſont placées ſur la premiere colline, qu'on rencontre depuis le Caire ſur la rive occidentale du Nil. Pour y aller depuis *Dsjiſe*, il faut paſſer un bras conſidérable de ce fleuve, ſur deux ponts d'une grande beauté,

Section V.

chacun de dix arcades. Entre les deux ponts regne une longue digue bien maçonnée. Plufieurs voyageurs ont regardé ces ponts comme des ouvrages des anciens : mais les inscriptions arabes qu'on y voit, prouvent qu'ils ont été bâtis par les mahométans.

Arrivé au pied de ces masses prodigieuses, le voyageur est étonné, & son imagination paroit s'exalter. C'est la raison, je crois, pourquoi on trouve au premier aspect les pyramides beaucoup plus hautes, qu'elles ne le sont en effet. Mon premier soin fut de les mesurer, & après l'avoir fait avec autant d'exactitude qu'il étoit possible, au milieu de la foule d'Arabes inquiets & ombrageux qui m'environnoit, j'ai trouvé la hauteur de la plus grande & de la premiere de ces pyramides, de 440. pieds. Le résultat de mon opération me surprit, par sa différence avec les mesures de tant d'autres voyageurs ; de sorte que je me fis de la peine, pendant un tems, de publier la mienne. Revenu en Europe, j'ai lu dans la *Description des Plaines d'Héliopolis & de Memphis*, par Mr. Fourmont, p. 234, le passage suivant : „ Mylord „ Charlemont, qui vint en Egypte dans le tems „ que j'y étois, me dit avoir mesuré la hauteur

» de la premiere pyramide; & m'aſſura qu'elle
» n'étoit que de 444 pieds." Cette meſure, qui
s'accorde ſi bien avec la mienne, m'a raſſuré ſur
la juſteſſe de mes opérations.

Ces maſſes énormes ſont conſtruites d'une pierre
calcaire molle, de la même nature que le roc,
ſur lequel elles ſont aſſiſes. Il eſt donc à préſumer, que toutes les pierres de taille ont été
priſes ſur le lieu même, & travaillées avec peu
de peine & de dépenſe. C'eſt ainſi par un goût
pour le merveilleux, ordinaire aux voyageurs,
qu'on a parlé de l'énormité des fraix & du travail, que ces montagnes de pierre de taille doivent avoir coûté. Avec le ſecours de la Phyſique & de l'Hiſtoire naturelle, les miracles de
toute eſpece ſe réduiſent à leur juſte valeur.

Pour augmenter la haute opinion, que ces
écrivains tâchoient d'inſpirer de la magnificence
de ces monumens, ils ont ſoutenu que les pyramides avoient été revêtues de marbre tout
autour. Mais, malgré mes recherches, je n'ai
pu découvrir aucune trace, ni même aucun indice, d'un tel revêtiſſement. A côté de la
troiſieme pyramide, on trouve, il eſt vrai,
des morceaux de granit parmi les décombres:
mais ces pieces ne ſont ni aſſez grandes ni aſſez
nombreuſes

SECTION V. 161

nombreuses, pour faire croire qu'une partie seulement de la pyramide ait pu en être couverte. Ces blocs ont servi peut-être d'ornemens, & ont contenu des inscriptions, dont les pyramides elles-mêmes ne montrent aujourd'hui aucun vestige.

Je suis entré dans la première pyramide, & j'ai visité la grande chambre avec son coffre, dont tous les voyageurs ont parlé; mais je n'ai point vu la seconde chambre, découverte immédiatement après notre départ, par *Mr. Davison*, qui avoit accompagné *Mr. Montagu* en Egypte. Cette seconde chambre est à trente pieds au-dessus de la première; aussi grande, mais moins exhaussée.

Le fameux *Sphinx* s'enfonce de plus en plus dans le sable, & la plus grande partie de son corps est déja ensevelie. Il paroît entiérement taillé dans le roc, sur lequel la pyramide est située: ce qui confirme ma conjecture, touchant l'endroit d'où l'on a tiré les pierres pour bâtir les pyramides. J'ai mesuré le menton du *Sphinx*; il a dix pieds six pouces de haut: le visage a près de dix-huit pieds de longueur.

La mémoire de ceux qui ont construit ces monumens monstrueux, a péri, il y a plusieurs

Tome I. L

milliers d'années : les pyramides se dégradent visiblement, & périront à leur tour; quoiqu'à juger de l'avenir par le passé, il s'écoulera encore plusieurs milliers d'années, avant leur entiere destruction.

CHAPITRE III.

Des hiéroglyphes.

LES auteurs les plus sensés & les plus éclairés de l'antiquité, dont une partie avoit voyagé en Egypte, parlent de ce pays de la maniere la plus avantageuse. Ils vantent la sagesse de son gouvernement, & l'étendue des connoissances de ses habitans. Un tel pays, si propre à nous instruire des plus anciennes révolutions du genre humain, est en droit de nous intéresser: nous souhaiterions naturellement de connoître son histoire & ses institutions.

Si nous ignorons aujourd'hui toutes ces choses, ce n'est pas la faute des Egyptiens, qui paroissent avoir été le peuple de la terre le plus empressé à transmettre à la postérité le dépot de ses révolutions, & peut-être de ses connois-

Section V.

fances. Aucun pays du monde ne contient plus d'inscriptions gravées sur les pierres les plus inaltérables, que l'Egypte n'en offre à notre curiosité. Mais ce soin de nous instruire est devenu inutile, par l'imperfection de l'écriture dont ce peuple s'est servi. Au-lieu d'employer des caracteres propres à exprimer les différens sons de sa langue, ou des signes destinés à indiquer une syllabe, à laquelle est attachée une idée déterminée, comme font les Chinois ; ce peuple se servit d'emblèmes pour rendre une idée qui y avoit quelque rapport, souvent très-éloigné. C'est ce qu'on appelle, d'après les Grecs, l'écriture hiéroglyphique.

Puisque les rapports entre les figures & les idées figurées, ne sont pas toujours évidens, & qu'ils dépendent trop souvent de la maniere de concevoir de ceux qui inventent ces signes; il est clair que cette écriture ne peut être lisible, sans une clef qui explique la signification primitive des figures. Quelques anciens nous ont expliqué, il est vrai, un petit nombre de ces symboles : mais il ne suffit pas d'en connoître quelques-uns, on en rencontre une infinité d'inconnus. Ainsi les hiéroglyphes restent indéchiffrables, faute de leur clef qui s'est perdue.

Quand la *fable Ifiaque* fut connue en Europe, quelques favans tenterent d'en déchiffrer les hiéroglyphes, en tâchant d'en deviner l'un par l'autre : mais ces données ne fe trouverent pas fuffifantes pour deviner le refte.

Je ne crois cependant pas, qu'il faille défefpérer entiérement de la poffibilité de retrouver la clef de cette écriture des anciens Egyptiens. Plufieurs favans ont montré une grande fagacité à débrouiller des infcriptions de langues inconnues, auffitôt qu'on leur a fourni une certaine quantité de caracteres, fur lefquels ils pouvoient appuyer leurs conjectures. Il feroit donc néceffaire, que tous les voyageurs s'apliquaffen à copier avec exactitude, le plus grand nombre poffible d'hiéroglyphes, & à les publier avec foin, afin de multiplier les points de comparaifon de ces fymboles, dans des combinaifons plu variées.

L'étude de l'ancienne langue égyptienne n fera pas moins néceffaire pour atteindre c but. Je foupconne, qu'on s'eft trompé jufqu'ic fur la véritable nature de l'écriture hiéroglyphique, en fuppofant toutes les figures & tou les caracteres des fymboles de la même e pece. Après avoir copié un nombre confidérabl d'hiéroglyphes, tracés fur des obélifques, fur des farcophages, fur des urnes, & fur des momies, j'ai cru voir évidemment, que les grandes figures étoient des emblèmes, dont les petits caracteres donnoient l'explication. J'ai cru appercevoir encore, fans prefque en douter, dans ces petits hiéroglyphes, des traces marquées de caracteres alphabétiques, ou du moins d'un genre mixte, qui en approche. Ainfi en étudiant la *langue des Pharaons*, on pourroit déchiffrer plus aifément ces petits caracteres.

On trouve ces infcriptions hiéroglyphiques, principalement dans la haute Egypte, où tous les monumens nombreux, & même les murs de ces temples fuperbes qui y fubfiftent encore, font couverts de cette écriture. Elle n'eft pas moins commune dans les tombeaux des momies à *Sakâra*: les corps embaumés ont des enveloppes qui font remplies de peintures hiéroglyphiques, & les urnes fépulcrales en font chargées. Celles qui ont été peintes fur le bois & fur la toile, ne paroiffent pas moins bien confervées, que celles qui fe trouvent gravées fur des pierres. Il eft très-probable, que dans les fouterrains de *Sakâra* on découvriroit, en les examinant, d'autres antiquités encore plus précieuses peut-être, que celles qui nous sont déja connues.

Il ne s'agiroit que de ramasser ces matériaux épars ; mais les voyageurs semblent avoir négligé ce soin, ou s'y être mal-pris pour les découvrir. Ils se contentent d'examiner ce qu'on peut voir à prix d'argent, en payant quelque guide ignorant ou infidele : ils ne tâchent pas de gagner l'amitié & la confiance des Arabes qui dominent dans la haute Egypte. La bienveillance de ce peuple ombrageux est cependant indispensable, pour faire des recherches avec sureté & avec facilité. Quand on parvient à guérir ces Arabes de leur défiance naturelle, bien loin de mettre obstacle à la curiosité d'un étranger, ils lui fournissent eux-mêmes des moyens de la satisfaire. Mais pour atteindre ce but, il faudroit prolonger son séjour dans cette contrée, plus que ne font les curieux ordinaires, qui courent en Egypte pour pouvoir dire qu'ils y ont été.

D'autres voyageurs se laissent rebuter par l'ennui, que cause le travail de copier ces caracteres inusités & souvent bizarres. Ce travail m'ennuya aussi au commencement, mais en peu de tems ces hiéroglyphes me devinrent si familiers, que je pouvois les copier avec la même aisance que des caracteres alphabétiques, & qu'à la fin ce travail étoit pour moi un amusement.

On ne peut pas se livrer à de telles occupations, sans s'exposer à quelques inconvéniens parmi des peuples ignorans, défiants & toujours portés à insulter ou à rançonner un chrétien : mais on s'attire souvent ces désagrémens, quand on néglige d'acquérir une connoissance suffisante des mœurs & de la langue des pays de l'orient.

En copiant des hiéroglyphes au Caire, où le peuple est plus méchant que celui de la campagne, j'ai essuyé moi-même des difficultés désagréables. Voulant dessiner la piece la plus curieuse, je crus me mettre à l'abri de tout inconvénient, en me faisant accompagner par un *mullah*. Comme la rue où se trouve cette piece, est fort fréquentée, une foule de peuple s'attroupa autour de moi, sans cependant m'insulter, & admira l'habileté des Européens de pouvoir écrire avec un bâton, sans employer de l'encre. Un *Saradsji*, espece d'huissier au service des begs, survint, & pour faire parade aux yeux du peuple, de son autorité, me dit des brutalités. Mon *mullah* me conseilla de m'en retourner avant d'avoir reçu des coups de bât'on. Je revins une autre fois, & pour me mettre en sûreté, je donnai une bagatelle à un *Saradsji* du voisinage. Mais un autre *Saradsji* s'étant approché demanda qui m'avoit permis d'écrire: le mien lui dit que c'étoit son maître. L'autre repliqua; & mon maître le lui défend. Il fallut donc encore quitter la partie & me contenir : pour la troisieme fois, j'avois presque achevé ma copie assez tranquillement, quand l'*imam* d'une mosquée m'apperçut & se mit à faire un bruit qui m'obligea de m'en aller. Ainsi j'eusse manqué mon but si je m'étois laissé décourager, & si je n'avois éludé ces chicanes par le sang froid & la patience si necessaire en orient.

Je dessinai une autre fois des morceaux placés devant la maison du gouverneur, & on me laissa faire tranquillement pendant quelques heures : à la fin le gouverneur me fit chercher par un de ses *Saradsji*, & me demanda, quand je me fus présenté, pourquoi je copiois ces inscriptions *pharaoniennes* : lui ayant expliqué mon motif, il prit mon papier & le montra aux grands assis à côté de lui, qui se mirent à rire de la vaine curiosité des Européens. Le *Saradsji* emporta mon papier, & quand je le redemandai le gouverneur me dit, que j'étois le maître de le retirer des

SECTION V.

mains du *Saradsji* ; ce qui signifioit, qu'il exigeoit un présent pour son huissier, à qui je donnai un écu, & j'eus mon papier & la liberté de copier le reste.

La piece la plus curieuse, & qui contient la plus grande quantité d'hiéroglyphes, est un coffre de granit noir de sept pieds de long, placé près de l'ancien château *Kalla el Käbsch*. C'est ce coffre qui m'avoit coûté tant d'allées & de venues pour venir à bout de le dessiner : *Poccocke* & *Maillet* en font mention sous le nom de la *fontaine des trésors*, ou de la *fontaine des amoureux*. Une partie des inscriptions est couverte de plâtre, puisque cette belle piece sert aujourd'hui d'abreuvoir. Ce coffre paroît avoir été le cercueil de quelque personne de distinction.

Un coffre semblable ayant été déterré il y a vingt ans, on le fit venir au Caire pour le placer dans une mosquée. Mais il se brisa quand on le débarqua à Bulak : on employa alors les morceaux autour d'un arbre pour en soutenir la terre, & c'est dans cet état que je les ai dessinés devant la maison du gouverneur.

On m'a dit qu'il se trouvoit à l'entrée de plusieurs mosquées des coffres pareils, chargés d'hiéroglyphes qui servent de lavoirs. L'approche de ces mofquées ne m'ayant pas été permife, je ne puis rien dire là-deffus de pofitif.

J'ai copié les infcriptions d'un obélifque brifé, & de quelques urnes d'albâtre blanc dont *Norden* a donné la figure. Le conful de France m'a permis de deffiner chez lui une piece très-intéreffante : c'eft un couvercle de bois d'un coffre de momie, tout couvert d'hiéroglyphes & de caracteres, parmi lefquels j'ai pu reconnoître des traces d'un alphabet. Mais le Caire n'étant pas l'endroit où l'on trouve le plus de ces infcriptions, je n'ai pu en copier autant que j'aurois voulu.

Pour faciliter l'explication des hiéroglyphes, j'ai dreffé une table de ceux qui reviennent le plus fouvent dans toutes les infcriptions. Il fera bon de remarquer encore que certaines figures ou caracteres fe rencontrent principalement fur les obélifques, & d'autres fur des pieces tirées des tombeaux. Cette obfervation pourroit fournir quelques indices pour en deviner le fens.

SECTION VI.

VOYAGE DU CAIRE A SUÉS ET AU MONT SINAY.

CHAPITRE I.

Préparatifs pour notre départ.

Quoique l'objet principal de notre voyage fût de visiter l'Arabie, nous nous arrêtâmes malgré nous près d'une année en Egypte. Plusieurs raisons nous obligerent à ce délai involontaire.

A cause de la prétendue sainteté des pélerins, il est défendu aux chrétiens de faire par terre le trajet en Arabie, avec la caravane qui va à la *Mecque*. Il falloit donc attendre la saison, où la mer rouge est navigable, & où les vaisseaux partent du port de *Suès* pour celui de *Dsjidda*.

Dans cet intervalle, il ne nous fut pas possible non plus de voir sitôt le *mont Sinaï*, & la célebre montagne des inscriptions, ou le *Dsjebbel-el-Mokatteb*, que nous devions examiner. Depuis une année, les Egyptiens étoient en guerre avec une petite tribu d'Arabes des environs de *Tòr* ; ce qui rendoit un voyage impraticable avant le retour de la caravane de la *Mecque*, dont le conducteur étoit chargé de tâcher de rétablir la paix.

L'occafion de cette petite guerre, étoit la rapacité incorrigible de ces Arabes, qui gagnent leur vie à louer des chameaux, & à tranfporter des marchandifes de Suès au Caire. On envoie toutes les années de l'Egypte à la Mecque plufieurs vaiffeaux chargés de bled. Un de ces vaiffeaux ayant mouillé près de *Tòr* pour faire de l'eau, qui y eft meilleure & à plus bas prix qu'à *Suès*, où il en faut payer cherement de très-mauvaife, le Capitaine & prefque tout l'équipage defcendirent à terre. A la vue de ce butin, les Arabes ne purent réfifter à la tentation : ils fe faifirent du Capitaine & des matelots, & allerent piller le vaiffeau. Tant que dura cette provifion, ils s'embarraffoient peu de la colere des Egyptiens : mais ayant mangé le bled, & n'ofant continuer d'aller au Caire, de crainte d'être châtiés & de perdre leurs chameaux, ils ne favoient comment fubfifter. Ils fe mirent donc à piller les petites caravanes, qui vont & viennent continuellement entre Suès & le Caire : ils eurent même la hardieffe de faire dire au gouvernement, qu'ils ne cefferoient de dépouiller des caravanes, jufqu'à ce qu'on leur promît d'oublier le

SECTION VI.

paffé, & de leur accorder une fureté entiere pour leurs chameaux & pour leurs perfonnes.

Telle eft la foibleffe du gouvernement de ce Sultan, qui fe dit le fouverain de l'Egypte, qu'une poignée de miférables ofa braver impunément l'orgueil ottoman. Pour rétablir la fureté & la tranquillité, la Régence du Caire fut forcée de donner à l'*Emir-Hadsji* plein pouvoir d'offrir la paix à ces Arabes, aux conditions qu'ils avoient voulu prefcrire. Le traité fe conclut en effet dans un certain endroit, où la caravane paffe, en revenant de la Mecque.

Auffi-tôt que par un coup de canon tiré du château, nous apprîmes l'arrivée du courier, qui apportoit la nouvelle du retour de la paix, nous nous préparâmes à notre départ. Ces préparatifs, qui font un jeu en Europe, font en orient une affaire férieufe & difficile. Ils méritent d'être connus, parce qu'ils entrent dans le tableau des mœurs des orientaux, & qu'ils montrent, par combien de moyens on fe procure les commodités de la vie.

Quoiqu'un voyageur fache un peu la langue, il ne peut gueres fe paffer de domeftiques, qui aient voyagé dans le pays qu'il veut fréquenter. Sur cet article nous étions mal pourvus. Nous avions un valet fuédois, auſſi neuf que nous-mêmes : un cuiſinier grec, qui avoit fait un aſſez long féjour au Caire, mais qui n'étoit pas ſorti de l'Egypte : un interprete, dont notre Médecin avoit beſoin dans ſa pratique ; c'étoit un grec, devenu mahométan, & qui n'avoit jamais voyagé ; enfin un jeune juif de Sana, bon ſujet, qui avoit fait le voyage que nous entreprenions ; mais qui étant ſouverainement mépriſé des Mahométans, à cauſe de ſa nation, ne nous étoit pas d'un grand ſervice dans les affaires que nous avions à traiter avec les Arabes.

Nous étions d'autant mieux fournis de proviſions & de meubles, dont quelques-uns, à cauſe de leur commodité, pourroient être adoptés en Europe pour le militaire. Dans ces lieux déſerts, une tente & des lits ſont d'une néceſſité abſolue. Nous avions des uſtenſiles de cuiſine propres & compendieux, faits de cuivre bien étamé en dedans & en dehors. Au lieu de verres, ſi difficiles à conſerver, nous primes des jattes du même métal & parfaitement étamées. Une bouteille, faite d'un cuir épais, nous ſervoit de caraffe. Notre proviſion de beurre ſe trouvoit bien dans une grande cruche d'un cuir épais. Dans une boëte de bois, enveloppée d'un fac de cuir & partagée en étages, nous confervions des épiceries de toute efpece, & dans une autre boëte femblable, nous tenions des bougies; fon couvercle, garni d'une bobèche de fer, étoit en même tems notre chandelier. Nous avions de grandes lanternes de toile pliffée, dont le fond & le couvercle étoient de fer blanc. Au lieu de table & de nappes, nous avions un morceau rond de cuir, avec des anneaux de fer autour, dans lefquels on paffoit des cordes après le repas; de forte qu'on pouvoit pendre notre table comme une bourfe, & l'attacher à un chameau. Mais nous eumes l'imprudence de mettre notre vin dans de grands flacons, appellés *Damasjanes* en orient, dont chacun peut contenir vingt bouteilles ordinaires. Ces grands vafes font fort fujets à fe brifer par le choc des chameaux, comme nous en fimes l'expérience, en perdant une partie de notre vin. Il vaut beaucoup mieux tranfporter cette liqueur dans des outres de peaux de chevres. Quoique cette coutume paroiffe au commencement mal-propre, on s'y habitue, en remarquant que la boiffon ne prend aucun mauvais goût, tant ces peaux font bien préparées. Ces outres font encore le vafe le plus commode pour la provifion d'eau, dont on eft obligé de fe pourvoir en traverfant des contrées arides & défertes.

Mes compagnons de voyage louerent des chevaux : moi, par curiofité, je préférai un dromadaire, & je m'en trouvai bien. La felle d'un chameau de charge eft ouverte par en haut, pour ne point bleffer la boffe de l'animal, & les ballots pendent des deux côtés : au contraire la felle d'un dromadaire qu'on veut monter, eft faite comme celle d'un cheval, & couvre la boffe. Le dromadaire, comme le chameau, fe couche par terre quand on le charge ou qu'on veut le monter. Il n'eft pas néceffaire cependant de l'arrêter toujours quand on veut defcendre chemin faifant : il eft accoutumé à un certain fignal, de baiffer la tête jufqu'à terre, & lorfqu'on eft un peu habitué à ce manege, on defcend & l'on remonte aifément par-deffus le cou. J'étendois mes matelats fur la felle, & j'avois par ce moyen la commodité de m'affeoir dans différentes pofitions, & d'éviter les rayons directs du foleil. Le dromadaire marche d'ailleurs à grands pas mefurés, de forte que le cavalier ne fent gueres

un

un mouvement plus fort, que celui d'un berceau. Quand mes compagnons à cheval arrivoient au gîte, épuisés par le trot de leurs montures, & par l'ardeur du soleil, j'avois l'avantage de ne me par trouver plus fatigué le soir, que si j'avois été pendant tout le jour, assis sur une chaise.

CHAPITRE II.

Voyage du CAIRE à SUÈS.

LA caravane, avec laquelle nous avions dessein de faire ce trajet, attendoit depuis long-tems la conclusion de la paix avec les Arabes de *Tôr*. Ainsi dès que nous fûmes assurés par l'arrivée du *Tsjaus*, annoncée par le coup de canon tiré le 27 Août 1762, du retour de la caravane de la *Mecque* & par conséquent de la sureté de la route, nous allâmes voir tout de suite le *Schech* de qui nous avions loué nos bêtes de somme. Cet Arabe avoit dressé ses tentes près du village de *Seriagus*, où il campoit avec les siens en attendant le départ. Mais ce jour-là personne ne se mit encore en mouvement.

Lorsque de grandes caravanes traversent le pays des Arabes indépendants, elles mettent à leur tète un *Karavan-Baschi*, chargé de les diriger, & de traiter avec les Princes, qui exigent des droits pour le passage dans leurs terres. Ce chef regle le départ, les marches & le tems du repos. Mais les petites caravanes telles que la nôtre, qui font de courts trajets, n'ont point de conducteur. Pour partir ou pour camper, on suit l'exemple du marchand le plus considérable; ou quand il ne s'y trouve point de marchand distingué, on se regle sur l'Arabe qui a le plus de bêtes de charge. Nous ignorions donc le tems précis de notre départ, jusqu'à ce que le 28 Août nous vîmes des troupes de passagers se mettre peu à peu en mouvement.

Notre caravane ne présentoit pas un aspect fort imposant. Comme nous nous étions pressés de sortir du Caire, avant la grande caravane qui va toujours à Suès, immédiatement avant le départ des vaisseaux, nous n'avions qu'environ quarante chameaux chargés de bled ou de matériaux de construction : pour porter une ancre on employoit 3 à 4 chameaux. J'ai déja eu occasion de remarquer, qu'on ne connoît point les chariots ni en Egypte, ni en Arabie

SECTION VI.

Nous n'étions pas formidables à ceux qui auroient eu envie de nous attaquer. Les chameliers, en affez petit nombre, portoient des fufils délabrés, & des fabres rouillés ou rompus. Quelques fchechs, maîtres de beaucoup de nos chameaux, étoient, il eft vrai, affez bien armés & montés fur des dromadaires; mais on n'auroit jamais pu compter fur leur réfiftance; aucun Arabe n'étant d'humeur de rifquer fa vie pour défendre le bien d'un Turc : il falloit donc fe tenir au milieu de la caravane, fans s'en écarter & fans camper à part, fi l'on ne vouloit pas s'expofer à être pillé. Dans quelques endroits fûrs, nous rifquâmes néanmoins, mes compagnons & moi, de dévancer le corps de la caravane, pour nous repofer & pour refpirer un air plus pur.

Etant partis de Seriagus le 28 Août vers le foir, nous paffâmes près d'un grand village nommé *Hanske*, & ayant rejoint la grande route, nous campâmes à 11 heures du foir dans un endroit appellé *El Firn bebad*. Cette grande route eft un affemblage de fentiers, battus l'un à côté de l'autre, par les chameaux qui marchent en files comme il leur plaît. A cinq lieues du Caire nous vîmes une place quarrée, entourée d'un mur de quelques pieds de haut, où les principaux habitans de la capitale vont recevoir l'*Emir Hadsji* à son retour de la Mecque. Depuis cet endroit jusqu'à *Adsjerud* à quatre lieues de *Suès*, le pays est un véritable défert, où, pendant vingt-trois lieues de route, on ne trouve ni eau, ni maifons, ni aucune verdure.

Nous fîmes beaucoup de diligence, le 29 Août, en décampant de grand matin, & en nous repofant à peine pour manger. Après une marche de treize lieues, & après avoir paſſé la montagne de *Wehbe*, nous campâmes au coucher du foleil près de la montagne *Taja*. La grande caravane de la Mecque y avoit paſſée la nuit précédente : mais ayant pris fa route plus au fud elle ne nous rencontra pas.

Le 30 Août nous partîmes encore de meilleure heure, & nous arrivâmes à *Adsjerud*, où il y a de l'eau potable, qui engage les pélerins à s'y arrêter. Adsjerud eſt un petit château, bâti par les Turcs pour la fûreté du chemin, & pour garder le puits fitué à l'entrée de ce défert, quand on vient du côté de Suès. Quoique conſtruit vers la fin du feizieme fiecle, ce château tombe déja en ruine. Au bout de trois heures nous trouvâmes *Bir Suès*, où il y a deux puits profonds, entourés de murailles & fermés de bonnes portes pour défendre cette eau contre les Arabes. Quoiqu'elle foit mauvaife & nullement convenable aux hommes, elle eſt précieufe aux habitans de Suès, qui en ont befoin pour abreuver leurs beſtiaux. On la tire du puits à force de bras dans des vafes de cuir. *Bir Suès* n'étant éloigné que d'une lieue de Suès, nous arrivâmes le foir de bonne heure dans cette ville, dont la diſtance du Caire eſt, fuivant mes obfervations, de trente-deux lieues communes ou de vingt-trois milles d'Allemagne.

Anciennement les caravanes dirigeoient leur route vers *Kolfum*, ville fituée un peu plus vers le nord du golfe arabique, & dont on voit encore des ruines confidérables. Dans ces anciens tems les vaiffeaux pouvoient parvenir jufqu'au port de cette ville, autrefois fi célebre parmi les Arabes. Mais l'eau de la mer Rouge ayant baiffé, on fut obligé d'abandonner ce port & de conſtruire celui de *Suès*. On voit par d'anciennes relations de voyages, que cette derniere ville n'exiſtoit pas encore vers la fin du quinzieme fiecle : on n'en fait mention qu'après le commencement du feizieme, de forte que Suès doit être regardée comme une ville très-moderne.

CHAPITRE III.

De la ville de Suès.

LA ville de *Suès* est située sur la côte occidentale du golfe arabique, mais pas tout-à-fait à son extrèmité. Elle n'est point entourée de murailles : ses maisons sont cependant si bien jointes ensemble, qu'on ne peut entrer dans la vile que par deux rues, dont celle vers la mer est ouverte, & l'autre fermée par une chétive porte. Les maisons sont fort mauvaises, & les *Kans* peuvent être regardés comme les seuls bâtimens solides. Il ne reste presque plus rien du château, que les Turcs avoient bâti autrefois sur les ruines de l'ancien *Kolsum*.

Elle est très-mal peuplée. Parmi ses habitans on compte quelques Grecs, & un petit nombre de familles Coptes ; mais dans le tems du départ des vaisseaux, la foule y devient grande par l'affluence des étrangers.

Le terrein des environs n'est que des rochers légérement couverts de sable ; ce qui rend sa campagne si aride & si stérile, qu'on n'y voit presque aucune plante ; les arbres, les jardins, les prairies & les champs y sont entiérement inconnus.

La seule denrée qui y abonde, c'est le poisson & les coquillages. Toute autre subsistance pour les hommes & pour les animaux domestiques, est apportée de loin; du Caire distant de trois journées du *Mont-Sinay* qui est à six journées, ou de *Ghaſſa* à sept journées.

Il n'y a pas à Suès un seul filet d'eau douce, & celle de *Bir Suès*, à une lieue de là, est comme je l'ai dit, à peine bonne pour abreuver les animaux, pour lesquels on en va chercher deux fois par jour. L'eau des prétendus *puits de Moyſe* est encore plus mauvaise, & ces puits sont d'ailleurs à une lieue & demie de l'autre côté du golfe. La seule eau potable est celle du puits de *Naba*, situé aussi de l'autre côté du golfe & éloigné de Suès de plus de deux lieues: ce sont les Arabes qui l'apportent, & qui vendent jusqu'à neuf sols de France, une outre de cette eau, qui, quoique réputée la meilleure, est bien mauvaise encore.

La principale occupation des habitans est de construire des vaisseaux. Cette fabrique est florissante, malgré la cherté du bois, du fer, & des autres matériaux qu'on transporte tous du Caire sur des chameaux. J'ignore le nombre précis des vaisseaux employés par année dans la navigation entre ce port & celui de *Dsjidda*. On m'assura que quatre à cinq, chargés aux frais du sultan, portoient à *Dsjidda* & à *Jambo* du bled, destiné pour la *Mecque* & pour *Medine*; & que quatorze autres vaisseaux servoient au transport des passagers entre *Dsjidda* & *Suès*. Ces vaisseaux construits dans cette derniere ville ont un gouvernail absurde, fait d'une grosse poutre d'un usage dangereux. Je vis un autre vaisseau dans ce port, qui a été fait à *Surate*, d'un bois si durable qu'il étoit encore parfaitement bon, quoiqu'il eût été continuellement employé depuis quatre-vingt-seize ans.

De notre tems le gouverneur de Suès étoit un bey du Caire, qui entretenoit un assez grand nombre de troupes domestiques. Comme cet emploi étoit pour lui un honnète exil, & qu'il avoit un desir extrème de revenir dans la capitale, il recueilloit avec soin toutes les prédictions, touchant le tems de son retour. Il nous assura qu'un savant musulman lui avoit prédit l'époque de son rappel, & il voulut que nous consultassions aussi les inscriptions inconnues du désert, pour voir, disoit-il, si ces caracteres lui annonçoient ce bonheur pour le même tems. Nous nous excusâmes par notre ignorance dans la science sublime de lire dans l'avenir. Ce bey étoit mahométan de naissance, & fils d'un marchand de sucre.

CHAPITRE IV.

Particularités sur les ARABES *des environs.*

LES Arabes établis près de *Tôr*, de l'autre côté du Golfe, ne craignent gueres le gouverneur Turc de Suès. Lorsqu'ils sont mécontens de lui ou des habitans, ils menacent de ne plus apporter de l'eau, & défendent l'approche du puits de *Naba*. L'exécution de ces menaces réduiroit la ville à une si grande extrèmité, qu'on fait tout pour les appaiser. Ils pourroient aisément ruiner cette ville s'ils n'aimoient pas mieux conserver le profit qu'ils tirent du transport des marchandises, sur leurs chameaux, entre Suès & le Caire.

Nous éprouvâmes nous-mêmes les effets des menaces insolentes de ces Arabes. Les *Schechs*, qui nous avoient conduits au *Mont-Sinay*, n'ayant pas rempli leurs engagemens, nous ne voulûmes pas, à notre retour à Suès, leur payer en entier la somme convenue. Ils nous menacerent de nous tuer : nous leur dîmes, que nous saurions nous défendre. Alors ils nous déclarerent qu'ils nous retrancheroient l'eau de *Naba* : Mr. *de Haven* leur répondit, que cette privation étoit indifférente aux Européens, qui buvoient du vin ; réponse qui fit rire les Turcs aux dépens des Arabes. Mais après avoir intéressé leur tribu dans la querelle, on craignit sérieusement l'exécution de leurs menaces, ce qui auroit fait manquer d'eau dans la ville. Le gouverneur nous pria alors de terminer le différent & de payer les schechs.

Un des buts de notre voyage étant d'examiner la montagne des inscriptions dans le désert, il nous importoit de prendre de bonne heure toutes les informations possibles touchant un endroit si remarquable. A cette occasion nous découvrîmes une coutume de ces Arabes, qui mérite d'être expliquée parce qu'elle tient à leurs mœurs.

A notre arrivée à Suès, nous nous adressâmes d'abord aux Grecs pour leur demander des éclaircissemens sur cette montagne : aucun n'en avoit entendu parler, ni même prononcer le nom de *Dsjebbel-el-Mokatteb*. Ils nous amenerent un schech de la tribu de *Saïd*, qui avoit passé sa vie à voyager entre Suès & le Mont-Sinay : ce schech ne connoissoit pas mieux le nom de cette montagne. Mais étant informé que celui qui nous y meneroit auroit une bonne récompense, il revint le lendemain avec un autre schech de la tribu de *Saccâlba*,

SECTION VI. 187

qui prétendoit connoître particuliérement nonseulement cette montagne, mais encore tous les endroits du défert où il fe trouve des infcriptions. Par fes réponfes à nos queftions, nous vîmes cependant tout de fuite qu'il connoiffoit auffi peu que le premier, l'endroit que nous cherchions.

Enfin on nous amena un fchech de la tribu de *Leghât*, qui nous convainquit par fes difcours, qu'il avoit vu en effet des pierres chargées de caracterès inconnus. Ayant appris que l'objet de notre curiofité devoit s'appeller *Dsjebbel-el-Mokatteb*, il ne manqua pas de nous affurer que c'étoit le nom de la montagne parmi tous les Arabes qui la connoiffoient.

Charmés d'avoir trouvé au moins un habitant du défert, en état de nous indiquer le lieu des infcriptions, nous penfâmes à le prendre pour notre conducteur, d'autant plus que fa demeure, comme il nous difoit, étoit tout près de cette montagne. Mais les deux autres fchechs, qui nous avoient amené ce dernier, s'oppoferent fortement à notre deffein & prétendirent nous accompagner auffi. Les habitans de Suès nous confeillerent de prendre tous les trois, & nous dirent, que nous ne pourrions pas voyager en fûreté dans le défert, fans avoir des guides de chacune de ces trois tribus qui demeurent le long du chemin au *Mont-Sinay*.

Ce conseil étoit fondé sur la coutume dont j'ai voulu parler, qui rend les guides ou *Ghafirs* arabes nécessaires. Un homme, chrétien ou mahométan, qui veut voyager par terre ou par mer la long des côtes de l'Arabie petrée, se choisit un *Ghafir*, un guide ou protecteur, à qui il fait quelque présent de tems en tems, ou au moins après un heureux retour de sa course. Par ce moyen il traverse sûrement la contrée, sans être molesté. Si le vaisseau, sur lequel il se trouve fait naufrage, les Arabes ne manquent pas de piller le vaisseau ; mais ses marchandises sauvées lui sont rendues sur le champ, si son *Ghafir* est présent. Si le voyageur nomme un *Ghafir* absent, les marchandises sont mises à part ; on trace autour d'elles un cercle dans le sable, on les respecte en attendant le *Ghafir*, auquel on les remet dès qu'il se présente. Mais si le voyageur manque d'un *Ghafir*, ou s'il en nomme un à faux, ses effets sont pillés sans égard pour personne. Les marchands Turcs, par avarice, pour épargner quelque petit présent, & par orgueil, pour ne point se familiariser avec un *Schech* Arabe, prennent rarement de ces *Ghafirs* ; mais ils se trouvent mal de cette négligence. Car le droit de cette espece d'amitié

Section VI. 189

hospitaliere, est sacré & inviolable parmi ces brigands.

Nous prîmes donc ces trois *Schechs* de trois tribus différentes pour nous conduire au Mont-Sinay : ils nous louerent des chameaux, pour nous & pour nos domestiques. Afin d'éviter toute difficulté, nous fîmes écrire notre contrat avec eux, par le Kadi de Suès, en présence du gouverneur.

CHAPITRE V.

Voyage de Suès *au* Mont-Sinay.

Nous étions pressés de faire ce voyage, pour pouvoir être de retour à Suès avant le départ des premiers vaisseaux au commencement d'Octobre : dans les mois suivans, le trajet à *Dsjidda* devient trop dangereux. Cependant notre Peintre, *Mr. Baureinfeind*, étoit tombé très-malade dès notre arrivée à Suès, de l'excès des fatigues qu'il avoit essuyées. Quoique son secours nous fût nécessaire dans notre course, nous résolûmes néanmoins *Mr. de Haven* & moi, de partir seuls, & de laisser *Mrs. Forskal & Cramer* à Suès pour avoir soin de notre ami malade,

Le 6 Septembre 1762 nous traverfâmes le golfe, & nous partîmes le lendemain du grand matin avec nos Arabes. Outre les trois fchechs & leurs domeftiques, nous étions accompagnés de plufieurs de leurs amis, qui ayant porté pendant quelque tems de l'eau du puits de *Naba* à Suès, alloient voir leurs parens dans le défert, & comptoient vivre chemin faifant à nos dépens. Il eft établi chez ces peuples qu'un Arabe de diftinction qui voyage, doit nourrir toute la compagnie qui fe joint à lui fans qu'il la défire. Comme nous faifions une certaine dépenfe, on nous crut fort riches.

Nous côtoyâmes le premier jour le golfe arabique au travers d'une plaine de fable entrecoupée de quelques collines. Les Arabes appellent ces plaines un peu baffes, *Wadi* ou vallées, parce que l'eau s'y amaffe après les grandes pluyes. Nous nous repofâmes fous un palmier, dans un endroit appellé *Aijun Mufa*, *les fontaines de Moyfe*. Ces fontaines prétendues font cinq trous dans le fable, où l'on trouve un puits de très-mauvaife eau, qui fe trouble auffitôt qu'on en puife. Comme ces trous portent le nom d'un Moyfe, les Arabes en font honneur au légiflateur des Juifs. Après avoir fait une journée de cinq

SECTION VI.

milles & demi d'Allemagne, nous campâmes au milieu des fables dans la plaine *El-Ti*. Le foir un vent violent fouleva ce fable; ce qui ne nous incommoda cependant pas plus, qu'un tel événement ne l'eut fait en Europe.

La contrée par laquelle nous paſſâmes, eſt célébre par l'émigration des Juifs ſous Moyſe. Nous ſouhaitions donc, d'apprendre des Arabes les noms de tous les endroits, & de toutes les montagnes que nous rencontrâmes. *Mr. de Haven* ne pouvant ſe réſoudre à ſe familiariſer avec ces *Bédouins*, n'en tira que des réponſes vagues ou groſſieres. Je tâchai, au contraire, de gagner la confiance & l'amitié d'un de ces Arabes, en lui faiſant quelque préſent, & en lui permettant de monter quelquefois derriere moi ſur mon chameau. Cet homme me répondoit juſte; il donna les mêmes noms aux objets, que je lui montrois en allant & en revenant. Je meſurai auſſi les diſtances, en comptant le pas égal du chameau, & le comparant avec le tems écoulé à ma montre. Par le moyen d'une petite bouſſole, j'obſervai auſſi les directions du chemin. Aucun de nos Arabes ne comprenoit l'uſage de cet inſtrument : c'eſt donc apparemment un conte fait à plaiſir, quand on aſſure qu'on voyage dans ces déserts avec le secours d'une boussole.

Le 8 Sept. nous traversâmes la plaine de *Girdan*; nous vîmes en chemin une énorme masse de pierre, tombée d'une montagne voisine. Nous descendîmes dans la vallée de *Girondel*, & après cinq milles & demi de marche, nous arrivâmes dans le voisinage de *Dsjebbel Hammam Faraûn*. Le lendemain, après avoir envoyé nos domestiques par le droit chemin, nous nous occupâmes à examiner les environs. Dans la saison des grandes pluyes la vallée de Girondel est arrosée par un torrent considérable: quoiqu'il fût alors à sec, nous trouvâmes néanmoins dans son lit, en creusant à deux pieds de profondeur, de l'eau meilleure que celle de Suès. Comme cette vallée ne manque point d'eau, elle contient beaucoup d'arbres & même quelques bosquets, ce qui frappe singuliérement les passagers venant du Caire, & qui dans toute la route n'ont apperçu aucune verdure.

Hammam Faraûn, est le nom d'une source chaude, qui sort par deux ouvertures, d'un rocher au pied d'une haute montagne. Cette source sert de bains aux malades du voisinage, qui y font des cures de quarante jours, pendant lesquelles

ils

SECTION VI.

ils fe nourriffent uniquement du fruit appellé *Laf-faf*, qui croît aux environs. Un vafte cimetiere, qui fe trouve près de ces bains, me fit douter de la bonté de ce régime. La tradition du paffage des Juifs, & de la perte de l'armée du Pharaon d'Egypte dans cet endroit, a donné le nom à ces bains & au bras de mer voifin, appellé *Birket el Faraün*. Les Arabes croyent que ce Pharaon fait pénitence à la fource de ces bains, & vomit la vapeur foufrée qu'on y remarque.

Cette côte orientale du golfe Arabique eft affez unie: mais la côte oppofée à l'occident, n'eft qu'une chaîne de hautes montagnes, féparée & interrompue par deux vallées; de forte qu'il faudroit paffer par une de ces vallées pour parvenir de l'Egypte à la Mer rouge.

Nous tournâmes peu à peu vers le nord-eft en fuivant le droit chemin du *Mont-Sinaï*, & nous entrâmes dans une vallée étroite, creufée dans le roc par les torrens. Les montagnes, dans lefquelles nous nous enfonçâmes, & qui ne difcontinuent point, font des blocs pelés d'une pierre à chaux, parfemée de veines de granit. Dans plufieurs de ces montagnes, j'ai rencontré quantité de coquillages pétrifiés, dont l'original, avec l'animal vivant, fe trouve communément

Tome I.   N

dans le golfe Arabique. Une de ces montagnes, est toute couverte de pierres à feu. Le granit devient plus commun, à mesure qu'on approche du Mont-Sinaï.

Notre chemin étoit souvent escarpé : il passoit à l'ordinaire par des gorges pierreuses, & quelquefois par des vallées plus larges, fertiles lorsque l'eau n'y manquoit pas. Telles sont celles *d'Ufaïtu*, *d'El Humer* & de *Warfân*. Nous rencontrâmes aussi *Nasbe*, habitation de quelques Bedouins de cette contrée. L'eau ne se trouvant pas toujours près de l'endroit où nous étions campés, les valets étoient obligés d'aller la chercher de fort loin. Nous eussions souhaité de les accompagner, pour voir un peu le pays mais nos conducteurs ne voulurent jamais nous le permettre.

Après avoir traversé la vallée de *Warfâ* nous nous détournâmes un peu du grand chemin, pour trouver l'habitation de notre schec de la tribu de *Leghât*, où nous arrivâmes le soir Comme elle devoit être près du *Dsjebbel el Mokatteb*, je me flattois de voir tout de suite cette fameuse montagne: mais les discours du schec me firent bientôt perdre cette espérance. Dans la description de la montagne, que je n'ai p

examiner qu'à mon retour, on verra ce qui m'est arrivé à cette occasion.

Ce schech avoit fait annoncer son arrivée à quelques-uns de ses amis, qui vinrent le voir au nombre de dix ou douze. Je le laissai régaler ses hôtes, & je parcourus quelques collines du voisinage. Par hazard je vis, dans un endroit écarté, une misérable tente, qui étoit l'habitation de notre schech, dans laquelle se trouvoient sa femme & sa sœur, occupées à moudre du bled. Une de ces femmes sortit de la tente pour me présenter un morceau de gomme, & ne refusa pas le peu d'argent que je lui offris à mon tour. Un peu plus loin, je rencontrai le fils du schech, qui gardoit des chevres, & avec lequel je m'entretins assez long-tems. J'admirai le sens, la gravité & l'assurance de cet enfant, qui ne se laissoit pas embarrasser par la présence d'un étranger. Il m'invita, d'une maniere fort cordiale, de venir dans sa maison pour boire de l'eau excellente, puisée le même jour. Je remarquai combien les langues se moulent sur les mœurs : une tente, dont le nom arabe est *Cheime*, est appellée par ces Bedouins du nom *Beit*, maison, parce qu'ils n'ont d'autres maisons que des tentes.

Parmi les amis de notre conducteur, la plupart portoient le titre de schech, quoiqu'ils eussent l'air commun, & ne fussent pas mieux habillés que les autres Arabes. Je jugeai que ce titre ne signifie pas plus, dans cette contrée, que celui de monsieur parmi nous.

Etant décidés de pousser jusqu'au Mont-Sinaï, nous partîmes le 12 Sept. de l'habitation de notre schech de *Beni Leghât*. A mesure que nous avancions, le pays devenoit plus montueux. Nous traversâmes cependant par quelques vallées assez agréables, telles que celles de *Chamele*, de *Dabur*, de *Barak*, & de *Genne*. Avant d'arriver dans celle *d'Israïtu*, qui, quoique entourée de montagnes pelées & escarpées, présente quelques vues riantes, il fallut traverser une montagne difficile & élevée.

Dans cette vallée, nous rencontrâmes une dame Arabe avec un domestique. Par respect pour nos schechs, elle quitta le chemin, descendit de son chameau, & passa à pied à côté de nous. Une autre femme, entiérement voilée & marchant à pied, ne pouvant nous éviter dans un passage étroit de la vallée de Genne, s'assit & nous tourna le dos. Je la saluai en lui souhaitant la paix : mais mes conducteurs m'apprirent,

SECTION VI.

que c'étoit par respect pour les étrangers qu'elle nous avoit tourné le dos, & que j'avois commis une impolitesse en la saluant.

A la distance de près de sept milles d'Allemagne de l'habitation du schech de la tribu de *Leghāt*, se trouvoit celle de notre schech de la tribu de *Saïd*. Ce dernier ne voulut pas non plus passer si près de sa famille, sans la voir. Il fallut donc encore quitter le grand chemin, & faire un détour d'une demi-lieue, pour suivre notre conducteur. Les Arabes dresserent notre tente près d'un arbre dans la vallée de *Farân*, & nous laisserent le soin de nous amuser dans cette solitude, pendant qu'ils visitoient leurs amis dans les jardins de dattiers, dispersés dans la vallée. Nous étions peu éloignés du camp de notre schech, qui consistoit en neuf ou dix tentes. On nous dit, que dans notre voisinage on trouvoit les ruines d'une ancienne ville: mais quand les Arabes remarquerent que nous avions envie d'y aller, ils nous quitterent, sans vouloir nous donner de plus amples informations.

Cette célebre vallée de *Farân*, où nous étions alors, n'a point changé de nom depuis les tems de *Moyse*, & s'appelle encore *Wadi Farân, la vallée de Farân*. Elle a une journée

& demie de longueur, & s'étend depuis le pied du mont Sinaï jusqu'au golfe Arabique. Dans la saison des pluyes elle est si remplie d'eau, que les habitans se retirent sur la croupe des montagnes : elle étoit toute sèche durant notre séjour. Nous n'en vîmes qu'une partie assez stérile, où paissoient des chevres, des chameaux & des ânes. Le reste passe pour très-fertile & les Arabes nous dirent, que dans les cantons, où étoient allés nos *Ghafirs*, des jardins nombreux produisoient assez de dattes pour nourrir plusieurs milliers de personnes. Les fruits doivent y être, en effet, très-abondans : car les Arabes de cette vallée portent toutes les années à Suès & au Caire une quantité étonnante de dattes, de raisins, de poires, de pommes, & d'autres fruits d'une très-bonne qualité.

Quelques Arabes, qui vinrent nous voir, nous offrirent des dattes jaunes & fraiches, mais à peine parvenues à leur maturité. La premiere des deux femmes de notre schech, accompagnée de quelques autres femmes, nous vint aussi faire une visite, & nous donna des œufs & une poule. Ce schech avoit deux femmes, pour avoir soin de ses affaires dans deux établissemens différens : l'une dirigeoit un jardin de dattiers assez éloigné, & l'autre, notre voisine, gouvernoit le bêtail & les domestiques. Cette derniere ne voulut pas entrer dans notre tente ; mais elle s'assit assez près de nous, pour faire commodément la conversation. Elle se plaignit de son mari, qui la négligeoit pour sa rivale, & passoit tout son tems en Egypte à porter de l'eau, ou à transporter des marchandises. Rien ne lui paroissoit plus admirable, que notre loi qui défend la pluralité des femmes. C'étoit la premiere fois que j'ai eu occasion de m'entretenir sans gêne, avec une femme mahométane.

Etant partis le 14 Septembre de cet endroit, nous fimes encore deux milles de chemin dans la vallée de *Farân*, & nous arrivâmes au pied du *Dsjebbel Musa*. Nous montâmes encore un mille & demi, & nous campâmes près d'une grosse masse de pierre fendue, que *Moyse*, suivant les Arabes, avoit tranchée d'un seul coup de son épée. Dans ces montagnes nous rencontrâmes d'excellentes sources, & je bus pour la premiere fois depuis mon arrivée en Egypte, de la bonne eau avec un plaisir infini.

CHAPITRE VI.

Du Mont-Sinay, & du couvent de Ste. Catherine.

Les Arabes nomment *Dsjebbel Mufa*, la montagne de *Moyfe*, toute cette chaîne de montagnes, qui s'éleve au bout de la vallée de Farán; & *Tur Sina*, la partie de cette chaîne où est situé le couvent de *Ste. Catherine*. Cette conformité de noms, fondée apparemment sur la tradition, fait préfumer que la montagne où nous nous trouvions, est le *Sinaï* des Grecs, où *Moyfe* doit avoir reçu la loi. On comprend difficilement, il est vrai, qu'un peuple nombreux, comme les Juifs, ait pu camper dans ces gorges étroites, au milieu des ce rochers affreux & efcarpés. Mais il y a peut-être, des plaines de l'autre côté de la montagne, c'eſt ce que nous ignorons.

Après avoir monté deux milles & demi d'Allemagne, depuis le pied de la montagne, on rencontre le couvent de *Ste. Catherine*, placé ſur un ſol en pente. Le corps de logis de ce monaſtere a ſoixante pas doubles de longueur, & prefque autant de largeur. Au devant, il y a un

autre petit bâtiment, qui contient la seule porte du couvent, toujours murée quand l'évêque n'est pas présent. Tout ce qui entre dans le couvent est guindé par le toit, par le moyen d'une corde & d'une poulie : les hommes sont soulevés dans une corbeille, comme les provisions. Tout l'édifice est de pierres de taille : manière de bâtir, qui, dans ce désert éloigné, doit avoir coûté des fraix & des peines très-considérables.

Devant le couvent est un grand jardin, planté des plus beaux arbres fruitiers. Les Arabes nous assurerent, que les moines y entrent par une allée souterreine.

Il n'est pas permis à ces religieux Grecs, de recevoir un Européen sans un ordre de l'évêque du Mont-Sinaï, qui réside ordinairement au Caire. Cet évêque nous avoit promis une lettre : mais il étoit parti, à notre insçu, pour Constantinople. Par le secours de l'ambassadeur Anglois à la Porte, nous avions bien une autre lettre de recommandation d'un patriarche déposé, qui avoit passé trois ans dans le couvent de Ste. Catherine, croyant que cette recommandation pouvoit suffire pour nous faire admettre, nous la présentâmes à ces religieux, en la passant, par un petit trou de la muraille. Ils délibérerent fur notre admiſſion, & après nous avoir fait attendre long-tems ils nous répondirent, qu'ils ne pouvoient pas nous recevoir, parce que nous n'avions pas une lettre de leur évêque.

Pendant ces pour-parlers un grand nombre d'Arabes, qui nous avoient apperçus des montagnes voiſines, s'étoient attroupés autour de nous. On leur paye une ſomme fixée, pour chaque étranger qu'on reçoit dans le couvent. Quand l'évêque s'y trouve, on ouvre la porte, & le couvent eſt obligé de régaler tous les Arabes qui y viennent dans cette époque. Cette coutume eſt très-onéreuſe à ces pauvres moines, qui ne vivent que d'aumônes, & dont les proviſions, qu'ils ſont obligés de tirer du Caire ſont ſouvent pillées ſur la route. Les Arabes en général ſont des voiſins très-dangereux: ils tirent ſouvent ſur le couvent depuis les rochers d'alentour; ils ſaiſiſſent les moines, auſſi-tôt qu'ils ſortent de leur monaſtere, & ne les relâchent que pour une forte rançon. Nous fûmes témoins de l'inſolence d'un de ces Bedouins, qui dit mille injures à ces religieux, parce qu'ils ne voulurent pas lui donner tout de ſuite le pain, qu'il avoit demandé d'un ton rogue.

Section VI.

Pour ne point attirer quelqu'inconvénient à ces religieux, nous nous retirâmes, pour camper à un quart de lieue de là. Ils nous recompenferent de notre difcrétion par un préfent de fruits, qu'ils nous envoyerent tout de fuite. Les raifins parurent délicieux à des gens, qui comme nous, avoient voyagé long-tems dans des pays arides & incultes.

J'avois envie de choifir, parmi les Arabes qui s'étoient attroupés, un guide pour me mener fur le *Sinaï*. Nos *Ghafirs* ne voulurent pas le fouffrir ; ce qui occafionna une querelle entre eux & les autres Arabes. Enfin nos fchechs m'amenerent le lendemain un Arabe, qui avoit fait une partie de la route avec nous, & qu'ils qualifierent de *fchech de Sinaï*, pour lui procurer quelque profit par le droit qu'il s'arrogeoit d'accompagner les pélerins.

Sous la conduite de ce feigneur du Sinaï de nouvelle création & de nos autres fchechs, j'entrepris le même jour d'efcalader cette montagne. Elle eft fi efcarpée, qu'il eft impoffible que *Moyfe* y foit parvenu du côté où je l'ai vue. Pour rendre la montée praticable, les Grecs ont taillé des degrés dans le roc, & en quelques endroits ces degrés font de pierres murées. *Pococke* compte paſſé 3000 de ces degrés, juſqu'au ſommet de cette montagne, ou plutôt de ce roc nu & eſcarpé.

Après avoir monté 500 degrés depuis le couvent, on trouve une belle fontaine, qui avec le ſecours d'un peu d'art feroit un endroit aſſez agréable. Mille degrés plus haut, on trouve une chapelle dédiée à la vierge, &, après 500 autres degrés de montée, deux autres chapelles ſituées dans une plaine, dans laquelle on entre par deux petites portes maçonnées. Sur cette plaine il y a deux arbres, ſous leſquels les Arabes, dans les grandes fêtes, ſe régalent aux dépens des Grecs. Mes conducteurs mahométans, imitant les uſages des pélerins, baiſoient les images, & faiſoient leurs prieres dans les chapelles. Ils ne voulurent pas m'accompagner plus loin; ſoutenant que c'étoit la cime acceſſible de la montagne, pendant que, ſuivant *Pococke*; j'avois encore plus de 1000 degrés à monter pour y parvenir. Je fus donc obligé de deſcendre, & de me contenter d'avoir vu de loin la montagne de *Sté. Catherine*, où nos ſchechs refuſoient de me mener.

SECTION VI.

CHAPITRE VII.

Retour du MONT-SINAY *à* SUÈS.

LE 16 Septembre après midi, nous descendîmes le *Dsjebbel Musa*, & nous passâmes la nuit au pied de cette cime, dans l'endroit où commence la vallée de *Farân*. Le lendemain, n'ayant fait que trois milles dans la vallée, nous nous arrêtâmes derechef près de l'habitation de notre schech de la tribu de *Saïd*.

Nos *Ghafirs* nous quitterent encore pour aller voir leurs amis dans les jardins de dattiers. Pendant leur absence nous rencontrâmes un jeune Arabe, monté sur un dromadaire, qui s'étoit enivré dans un de ces jardins. Ayant appris que nous étions Européens & chrétiens, il se mit à nous badiner du même ton à peu près, qu'un jeune homme mal élevé & insolent pourroit prendre en Europe avec un Juif. Nous jugeâmes par cette avanture, que les Bedouins font du vin. Nous remarquâmes en même tems la sagesse de la loi de Mahomet, qui défend à ses sectateurs l'usage des liqueurs fortes, si propres à exalter encore les passions, déja naturellement violentes des habitans des pays chauds.

Il est vrai, que dans les villes plusieurs Mahométans ont l'habitude de s'enivrer : mais ils cachent ce vice & s'enferment dans leurs maisons, sans oser paroître ivres en public, ou par honte, ou par la crainte d'un châtiment. Ce jeune homme excepté, je n'ai rencontré dans tous mes voyages, aucun mahométan ivre & brutal.

Après le retour de nos *Ghafirs* nous partîmes le 20, & je pris le lendemain les devants, pour voir encore la montagne, dont je parlerai dans la description du cimetiere égyptien.

Le jour suivant nous vîmes une partie du chemin, que nous avions passé de nuit en allant au *Dsjebbel Musa*. Dans cet endroit, près d'un défilé nommé *Om er ridsjlein*, je trouvai des inscriptions en caracteres inconnus, dont on m'avoit parlé au Caire : elles sont gravées grossierement dans le roc, avec quelque fer pointu, sans ordre & sans régularité. Nos Arabes pensoient que le tems que j'employai à copier ces caracteres, étoit un tems perdu, ils n'avoient pas tout-à-fait tort, & je dirai mon sentiment sur ces inscriptions tant vantées en parlant du *Dsjebbel el Mokatteb*.

Le 25 Sept. nous fûmes de retour à Suès, où nous trouvâmes *Mr. Baurenfeind* assez bien rétabli. Pour arriver dans cette ville, il falloit traverser le même bras de mer, que nous avions passé en batteau en partant; mais il ne se trouva aucun batteau sur la côte orientale. Lorsque nous apperçûmes, que c'étoit le tems du reflux, nous hazardâmes de passer cette partie du golfe à gué. Nous réussîmes parfaitement bien, en prenant un peu vers le nord, du côté des ruines de *Kolsum* : nos chameaux marchant d'un pas sûr, & nos Arabes à pied n'avoient de l'eau que jusqu'aux genoux. C'étoit peut-être la premiere fois que des Européens ont tenté de faire ce trajet de cette maniere. Cette tentative nous apprit la grande différence de la hauteur des eaux du golfe, produite par les marées, & nous fûmes convaincus qu'on peut, pendant le reflux, passer à pied la mer Rouge.

Revenu à Suès j'eus envie d'examiner aussi une partie de la côte occidentale du golfe, & des montagnes qui le bordent. Mais je ne pus engager personne à m'accompagner dans ces courses, qui en effet, sont dangereuses : en s'éloignant un peu de la ville on risque d'être pillé comme au milieu du désert. A la fin un Arabe entreprit de me conduire : mais ce guide trembloit à la vue de toute créature humaine, qui apparemment nous craignoit autant à son tour. Gêné, comme je l'étois dans ces petites courses, je ne pouvois pas faire des observations fort intéressantes.

C'est alors que j'eus occasion de remarquer pour la premiere fois un phénomene qui me frappa singulierement ; mais qui avec le tems me devint familier. Un Arabe monté sur un chameau, que je vis venir de loin, me parut haut comme une tour, & se mouvoit en l'air : il marchoit cependant sur le sable comme nous. Plusieurs voyageurs parlent de cette erreur d'optique, qui provient d'une réfraction plus forte de l'atmosphere dans ces régions arides, chargée de vapeurs d'une nature différente de celles qui remplissent l'air des pays tempérés.

Il m'a été impossible d'apprendre quelque chose de positif touchant le canal, qui doit avoir joint le Nil au golfe Arabique. Je n'ai pu engager aucun Arabe à me mener dans la contrée, où ce canal étoit probablement situé, & qui est habitée par une tribu ennemie des habitans de Suès. Dans les environs de cette ville je n'ai pu appercevoir aucun vestige d'un canal, à moins qu'on ne regardât comme tel la vallée *Mosbeiha*, située entre *Bir Suès* & la ville. Après les pluyes, il s'amasse tant d'eau dans cette vallée, que les habitans en viennent prendre pour leur usage: les eaux écoulées, elle se couvre d'herbes.

CHAPITRE VIII.

De la Montagne des Inscriptions & d'un cimetiere Egyptien.

Depuis que *Mr. Clayton*, *évêque de Clogher*, avoit publié la relation d'un supérieur du couvent des Franciscains au Caire, on a beaucoup parlé en Europe de la découverte faite par ce religieux, d'une montagne entière, couverte d'inscriptions en caracteres inconnus. On se flattoit de trouver dans ces inscriptions des traces de l'ancien séjour des Juifs dans cette contrée, & dans cette espérance l'évêque de Clogher promit 500 livres sterling pour les frais du voyage d'un savant, qui voudroit entreprendre de copier ces inscriptions intéressantes.

Cependant peu à peu le merveilleux de cette découverte disparut, & les espérances s'évanouirent. On s'apperçut que plusieurs voyageurs avoient déja remarqué, sur le chemin au Mont-

Sinaï, des rochers chargés de caracteres singuliers, & que même un auteur grec en avoit parlé déja au troisieme siecle. *Momonys* avoit déja copié de ces inscriptions: *Pococke* & *Montagu* en copierent d'autres, & les communiquerent à plusieurs savans. On jugea, que ces caracteres ne pouvoient avoir été tracés ni par les Juifs, ni par les Arabes, à cause des figures mal sculptées qui accompagnoient ces inscriptions. Quelques-uns crurent y reconnoître un mèlange de caracteres coptes & arabes. Enfin un homme, fort versé dans les langues orientales, soupçonna que ces inscriptions devoient être *phéniciennes*: sentiment d'autant plus probable, que ce peuple a eu, dans des tems très-reculés, des établissemens considérables sur la côte orientale ou golfe Arabique.

On n'étoit pas plus d'accord sur la valeur de ces inscriptions, & sur les vérités historiques qu'on en devoit attendre. Les meilleurs observateurs jugerent, d'après leur position & leur gravure, qu'elles ne contenoient que les noms des voyageurs & la date de leur passage. On voit encore, dans les mêmes endroits, une infinité de mauvaises inscriptions en grec & en arabe, contenant les noms de gens qui crurent,

SECTION VI,

par ce petit moyen, annoncer leur exiftence obfcure à la poftérité.

Pour favoir à quoi m'en tenir, j'ai copié un bon nombre de ces infcriptions en caracteres inconnus, gravées fur les rocs qui bordent le chemin au Mont-Sinaï, & dont quelques-unes fe trouvent déja fur la montagne. J'ai une copie d'une autre, dont les caracteres different entiérement des miennes : cette copie a été faite, peu de tems avant mon paffage, par *Mr. Donati*, favant dont les papiers feront perdus, puifqu'il n'eft pas revenu en Europe. L'endroit le plus riche en infcriptions de cette efpece eft le défilé *Om er ridslein*, dont j'ai parlé : le prétendu *Dsjebbel el Mokkateb* pourroit être dans ces environs.

Après avoir bien examiné le local & la gravure de ces caracteres, je fuis de l'opinion de ceux qui croyent le contenu de ces infcriptions peu intéreffant : elles paroiffent l'ouvrage des voyageurs oififs, qui fe contenterent de gratter le roc brut avec un poinçon, & d'ajouter à une petite notice de leur paffage, des figures d'un deffin digne de ces peuples groffiers. Lorfqu'on veut tranfmettre aux races futures des événemens inftructifs, on prend plus de foin pour préparer les pierres, & l'on met plus de régularité dans l'écriture; comme j'aurai occasion de le marquer en parlant des ruines de Persépolis.

Malgré notre juste prévention contre les merveilles débitées au sujet de cette montagne, nous nous informâmes au Caire de sa situation, & nous trouvâmes, comme je l'ai dit, un schech de la tribu de *Leghât*, qui prétendit connoître ce fameux *Dsjebbel el Mokkateb*, & qui promit de nous y conduire. Nous étions chargés de voir ces inscriptions, & nous ne voulûmes pas manquer de satisfaire notre curiosité.

Arrivés le 19 Sept. au soir à l'habitation de notre schech, il nous mena le lendemain, accompagnés de nos autres *Ghafirs*, à cette montagne, qu'il nous avoit dit se trouver dans son voisinage. Étant montés par un chemin très-rude & très-escarpé, nous fûmes tout étonnés de voir sur le sommet, au lieu d'inscriptions, un superbe cimetiere Egyptien. Nous donnâmes ce nom à cet endroit, quoique nous n'eussions rien vu de semblable en Egypte où les monumens de cette espece sont enterrés dans le sable. Mais lorsqu'on connoît un peu l'architecture & les hiéroglyphes Egyptiens, & qu'on examine les antiquités découvertes dans la haute Egypte

SECTION VI.

par *Norden*, on ne manquera pas d'attribuer à ce peuple les bâtimens dont nous avions les ruines sous les yeux.

Ce sommet du prétendu *Dsjebbel el Mokkateb* est rempli de pierres, debout ou renversées, de 5 à 7 pieds de hauteur, & chargées d'hiéroglyphes : plus on les examine, plus on est convaincu, que ce sont des pierres sépulcrales avec leurs épitaphes. Au milieu de ces pierres se trouve un bâtiment, dont il ne reste plus que les murailles, & dont l'intérieur contient aussi une quantité de ces pierres sépulcrales. A un bout de ce bâtiment étoit une petite chambre, dont le haut subsiste encore : elle est soutenue par des piliers quarrés, & ces piliers, comme les murs de la chambre, sont couverts d'inscriptions hiéroglyphiques. On trouve dans tout cet édifice des bustes dans le goût des anciens Egyptiens. Les pierres sépulcrales & les bustes sont d'un grès fin & dur : on sait que les Egyptiens employoient le granit ou des pierres analogues dans les ouvrages de cette espece.

Les Arabes nous laisserent examiner tranquillement ces curiosités, & faire même quelques notes. Mais quand je voulus copier quelques hiéroglyphes, ils accoururerent tous, pour me dire, que le fchech de la montagne me défendoit ce travail, que je n'oferois l'exécuter fans fa permiffion. Le prétendu fchech étoit un Arabe de leur connoiffance, qu'ils étoient convenus de décorer de ce titre & d'inveftir de ce pouvoir, pour tirer de nous quelqu'argent. Le feigneur du *Dsjebbel el Mokkateb*, qui nous avoit dévancé fur la montagne pour nous y recevoir, nous dit, en s'approchant de nous, qu'il ne permettroit pas pour cent écus qu'on copiât la moindre chofe, & qu'il ne pouvoit pas fouffrir que les chrétiens enlevaffent des tréfors, cachés dans fon territoire. Les Arabes croyent, ou font femblant de croire, que les Européens ont le fecret de faire fortir de terre, & de tranfporter enfuite par l'air, les tréfors enfouis, pourvu qu'ils puiffent copier l'infcription qui doit les indiquer: cette opinion leur fert de prétexte pour rançonner les voyageurs. Sur cette imagination chimérique ils fonderent la prétention de partager avec nous les tréfors trouvés, ou de nous faire payer cent écus pour la permiffion de les chercher.

Défefpérant de faire entendre raifon à ces hommes intéreffés, je promis fecretement quatre écus à un de nos *Ghafirs* qui s'étoit toujours montré fenfé & honnête, pour m'accompagner

SECTION VI.

feul dans cet endroit à mon retour du Mont-Sinaï, & pour me donner le tems néceffaire pour copier ce que je défirois. J'ai déja remarqué plus haut que cet Arabe tint fa parole, & que j'exécutai mon deffein.

Les hiéroglyphes dont j'ai donné la copie, font auffi beaux que ceux qui fubfiftent en Egypte. Une fingularité qu'on y remarque, c'eft que la chevre, animal fi commun dans cette contrée, fe trouve dans toutes les infcriptions, au lieu que ceux d'Egypte repréfentent fréquemment le bœuf & jamais la chevre. On ne peut donc pas fuppofer que ces monumens furent dreffés par les habitans de l'Egypte même, mais par une colonie d'Egyptiens, ou par un peuple, qui avoit adopté les arts & les mœurs des Egyptiens. Les Arabes, qui dans des tems reculés, avoient fubjugué l'Egypte fous les rois pafteurs, ont pu rapporter, quand ils furent chaffés de leur conquète dans leurs déferts, les arts & les mœurs du peuple conquis.

Quoi qu'il en foit de cette conjecture, il n'eft pas aifé à expliquer pourquoi ce cimetiere, qui doit avoir appartenu à une ville opulente où fleuriffoient les arts, fe trouve au milieu d'un défert fur une haute montagne efcarpée, & fi loin des pays cultivés. Cette contrée est plus peuplée, il est vrai, qu'elle ne le paroît au premier aspect, puisque les Arabes affectent de faire passer les voyageurs par des chemins éloignés des habitations : mais on ne peut pas concevoir qu'il y ait jamais eu une ville opulente & florissante au milieu de ces rochers arides. Il est plus probable, que les habitans de quelque ville maritime, sur les bords du golfe Arabique par quelque vénération particuliere pour la montagne en question, n'ont pas regretté la peine de transporter leurs morts à la distance d'une bonne journée, pour pouvoir les déposer dans un lieu sacré.

CHAPITRE IX.

De quelques Usages des ARABES DU DÉSERT.

LES Arabes, comme on sait, sont divisés en tribus. Quand ils en parlent ils disent *Beni* ou les fils d'un tel : ainsi *Beni Leghât* signifie la *tribu de Leghât*. Ces petites tribus ont leurs schechs particuliers, qui dépendent communément du grand-schech d'une tribu plus puissante.

Section VI.

En allant au Mont-Sinaï nous passâmes par les territoires des *Beni Leghât*, des *Beni Saualha*, & des *Beni Saïd*. Ces trois tribus ont des relations particulieres avec le *couvent de Ste. Catherine*, dont ils prétendent être les protecteurs ; mais dont ils sont plutôt le fléau. Les plus proches voisins de ce couvent, les *Beni Saïd*, sortis de la haute Egypte, ont sur-tout une très-mauvaise réputation.

Ces Arabes, quoique vivant dispersés, paroissent aimer la société, & se visitent souvent. Ils ont une sorte de politesse, mais elle est trop cérémonieuse. A notre arrivée chez le schech de la tribu de *Leghât*, nous fûmes témoins du cérémonial de leurs visites. Les amis de notre schech, avertis de sa venue, vinrent le saluer, & nous eûmes aussi notre part à leur politesse, puisqu'ils nous féliciterent en forme de notre heureux voyage au désert. Quand ils se saluent, ils se prennent réciproquement la main, s'embrassent, en se demandant amicalement : *comment te portes-tu ? Tout va-t-il bien ?* un schech entre dans une compagnie, tout le monde se leve, & le schech va faire le tour pour saluer & pour embrasser tous les assistans.

Quelques voyageurs se sont imaginés qu'une

partie de leur politeſſe confiſte à ſe demander réciproquement des nouvelles de la ſanté de leurs chameaux, & leurs autres animaux domeſtiques : mais nous avons vu que de telles queſtions les choquent. Deux hommes de la même profeſſion, qui ſe rencontrent, ſont portés naturellement à parler de leurs affaires : ainſi deux Bedouins, dont l'unique occupation eſt de ſoigner le bêtail, ſe font des queſtions relatives à cet objet, comme nos payſans s'entretiennent de leurs champs & de leurs prairies.

Leur maniere de vivre eſt à-peu-près la même que celle des autres *Arabes errans*, des *Kiurdes* & des *Turcomans*. Ils logent ſous des tentes faites d'une étoffe groſſiere, noire ou rayée de blanc & de noir, que leurs femmes fabriquent du poil de leurs chevres. Ces tentes ſont ſouvent partagées en trois appartemens, dont l'un eſt pour les femmes, l'autre pour les hommes & le troiſieme pour les beſtiaux. Ceux qui n'ont pas une tente entiere, ſe mettent à l'abri des injures du tems ſous un morceau de toile, tendue ſur quelques bâtons, ou dans les creux des rochers. L'ombre des arbres étant ſi agréable dans ces régions arides, les Bedouins cherchent avec ſoin des lieux ombragés pour y camper.

SECTION VI.

Les meubles répondent à la simplicité de ce logement : ils consistent dans une grande natte de paille, qui sert de table, de chaise & de lit. La batterie de cuisine est aussi aisée à transporter : elle consiste dans quelques pots, quelques plats, & quelques tasses de cuivre étamé. Les habits, & tout ce qu'ils possedent de précieux, s'enferme dans des sacs de cuir, qu'on pend dans l'intérieur de la tente. Le beurre se tient dans un sac de cuir, & l'eau dans des outres de peau de chevre. Le foyer de la cuisine se construit par-tout & sur le champ : c'est un trou creusé en terre, ou quelques pierres, rangées l'une à côté de l'autre. Au lieu de four, ils ont une plaque de fer, sur laquelle ils cuisent la pâte formée en gâteaux minces. Ils ne connoissent que les moulins à bras.

Leur nourriture est aussi simple que le reste. Ils aiment beaucoup le pain frais, & dans les courses qu'ils font dans le désert, ils tâchent sur-tout de ne pas manquer de farine. Leurs autres mets sont des dattes, le lait de leur bétail, sans en excepter celui des chameaux, le fromage & le miel. Quand ils se régalent, le principal mets est un chevreau, qu'on tue, rôtit & mange sur le lieu du rendez-vous. Quoique pauvres & fort empreſſés à vivre aux dépens des étrangers, ils ſont néanmoins hoſpitaliers entr'eux, & s'invitent ſouvent à manger. Nos ſchechs n'accepterent jamais un repas chez quelqu'un de leurs amis ſans tâcher de le rendre.

Les Arabes du déſert ſont habillés à-peu-près comme le commun de leurs confreres en Egypte. Ils n'en different que par les ſouliers qu'ils portent de cuir crud & d'une forme ſinguliere. Une grande partie marche pieds nuds ſur le ſable brûlant, qui rend à la fin leur peau entiérement inſenſible. Leur maniere de s'armer reſſemble encore à celle des Arabes égyptiens: montés ſur des chameaux, comme les autres ſur des chevaux, ils portent la lance, le ſabre, & quelquefois des fuſils.

L'habillement des femmes du déſert, quoique plus ſimple que celui des femmes du commun en Egypte, eſt cependant au fond le même. La femme d'un de nos ſchechs ſe diſtinguoit par une parure extraordinaire : c'étoit des anneaux de laiton d'une grandeur énorme, dont elle avoit chargé ſes oreilles. Au reſte ces femmes, ſeparées du monde & occupées des ſoins de leur ménage, paroiſſent moins ſcrupuleuſes que les

SECTION VI.

autres orientales : elles fe font moins de peine d'entretenir un étranger, & de fe préfenter devant lui le vifage découvert.

Il eſt permis, comme on fait, aux Mahométans d'avoir jufqu'à quatre femmes. Les Bedouins pauvres & toujours embaraffés de leur fubfiftance, fe contentent à l'ordinaire, d'une feule. Les plus aifés qui en ont deux, paroiffent avoir époufé plus d'une femme, afin d'avoir quelqu'un pour gouverner des établiffemens dans deux endroits différens. La conduite de notre fchech des *Beni Saïd*, & fes difcours, nous firent faire cette réflexion. La défunion entre fes deux femmes, nous fembla auffi prouver un des inconvéniens de la polygamie.

SECTION VII.
VOYAGE DE SUES A DSJIDDA ET A LOHEYA.

CHAPITRE I.

Départ de Suès.

Pendant notre absence, plusieurs petites caravanes s'étoient rendues successivement à Suès; & la grande, venant du Caire, arriva immédiatement après notre retour du Mont-Sinaï. Quoiqu'on n'ait point à craindre de pirates proprement dits, sur le golfe Arabique, les marins de ces parages sont si malhabiles, qu'ils n'osent gueres s'éloigner des côtes. Cette maniere timide de naviguer pourroit exposer un vaisseau seul au pillage des Arabes, comme on en avoit eu un exemple l'année précédente: les vaisseaux vont donc aussi en caravane; il en part toujours quatre à la fois pour pouvoir se prêter un secours mutuel.

Après l'arrivée de ces caravanes, Suès parut plus peuplé que le Caire, & cette foule, qui ne pourroit pas y subsister long-tems, ne pensa qu'à

SECTION VII. 223

partir fans délai. Nous étions recommandés à deux patrons des bâtimens, qui devoient faire le voyage. Quoiqu'accoutumés à vivre avec les Mahométans, le trajet à *Dsjidda* nous fit une peine que nous n'avions pas ressentie dans des courses plus dangereuses. Des Grecs nous avoient insinué que les Musulmans croyoient les chrétiens indignes de faire ce trajet, au milieu des pélerins qui s'approchent de la sainte cité; & que par cette raison, nous n'oserions marcher dans le vaisseau chaussés de pantoufles. Quelques-uns de ces pélerins nous regardoient en effet de mauvais œil, à-peu-près comme un Capucin, allant à Jérusalem, regarderoit un protestant. Mais n'oser marcher sans pantoufles sur le tillac, n'étoit pas une distinction humiliante pour les chrétiens, mais une loi générale pour tout le monde; le tillac dans ces vaisseaux étant regardé comme un appartement, où l'on entre toujours déchaussé.

Pour n'être pas confondu avec ces Mahométans, nous louâmes une chambre, dans celui de ces vaisseaux qui nous parut le meilleur. Dans une chambre vis-à-vis de la nôtre, logeoit un riche eunuque noir, allant à *Médine*, & chargé d'une provision assez inutile pour lui : il menoit un ferrail comme un feigneur turc. Une grande chambre au-deffous de la nôtre contenoit une quarantaine de femmes & d'efclaves avec leurs enfans, qui nous incommodoient extrèmement par leurs querelles & leurs criailleries continuelles. Chacun des autres paffagers avoit loué une place fur le tillac, qu'il entouroit de ballots & de paquets, en laiffant un petit efpace pour faire fa cuifine, pour s'affeoir, & pour dormir. Nos matelots grecs très-malhabiles, gênés par tous ces embarras, ne pouvoient manœuvrer que difficilement, & en marchant fur les effets des marchands; ce qui excitoit fans ceffe des difputes.

Notre vaiffeau, quoiqu'affez grand pour pouvoir porter au moins 40 canons, étoit exceffivement chargé : outre fa charge, il traînoit encore après lui quatre chaloupes, trois grandes & une petite, dont les trois premieres étoient remplies de paffagers, de chevaux, de moutons, & même de femmes équivoques.

Le patron, bon marchand du Caire, appellé *Schoreïbe*, n'auroit pas brillé parmi les marins en Europe; il s'abandonnoit aux foins d'un pilote très-médiocre. Il avoit placé entre fes deux compas, où les Européens placent la lumiere, une

groffe

SECTION VII.

groſſe pierre d'aimant, pour rendre, diſoit-il, aux aiguilles la force magnétique d'une maniere infenſible. J'eus de la peine à lui faire comprendre la néceſſité d'ôter cet aimant.

Il falloit néanmoins nous confier à des navigateurs de cette eſpece, qui n'oſoient pas ſe hazarder en pleine mer, & qui ſuivoient des côtes hériſſées d'écueils & de bancs de corail. Nous avions payé à notre Patron, immédiament après l'accord dreſſé, tout notre paſſage de Suès à Dsjidda : mais, ſuivant l'uſage du pays, nous fûmes obligés, avant de nous embarquer, de donner auſſi aux matelots une récompenſe, que par-tout ailleurs ils ne demandent qu'au lieu du débarquement.

Pour éviter toute difficulté avec les autres paſſagers, nous nous tranſportâmes les premiers dans notre vaiſſeau. Il y fallut attendre pluſieurs jours, parce que le Gouverneur doit examiner les vaiſſeaux, pour voir s'ils ne ſont pas trop chargés : il ne manque pas d'obſerver ſon devoir parce qu'on lui paye un droit, qui fait une partie de ſon revenu.

Enfin, après tant de délais, les quatre vaiſſeaux leverent l'ancre le 10 Octobre à minuit. Nous paſſâmes le long d'une côte qui eut été dangereufe, fi le vent n'eut pas été favorable : elle eft toute couverte de bancs de corail. Les vaiffeaux jetterent l'ancre tous les foirs, & nous avions la liberté de defcendre à terre, fi nous voulions nous hazarder dans le pays, pour voir quelque objet intéreffant.

CHAPITRE II.

Du Port de TOR.

LE port où nous mouillâmes fuivant la coutume, étoit autrefois un endroit confidérable ; mais aujourd'hui le petit fort nommé *Kalla & Tôr*, eft ruiné & n'a plus de garnifon. On voit cependant dans les environs quelques villages remarquables, dont les habitans, comme tous ceux de cette côte aride, vivent de la pêche.

Belled en Naffâra eft habité par des chrétiens grecs, qui ont dans le voifinage un couvent, où il ne fe trouve plus qu'un feul religieux. *Bir* a un puits, dont l'eau eft meilleure que celle de *Naba*; mais pas auffi bonne que celle dont les Arabes fourniffent les vaiffeaux, & qu'ils apportent des montagnes fur des chameaux. Tous les pilotes qui conduifent les vaiffeaux entre

SECTION VII. 227

Suès & Dsjidda demeurent dans le village de *Dsjebil.* On paye 500 écus par voyage à un tel Pilote, qui gagne encore quelque chose en chemin, en apprenant son métier à quelques jeunes gens qui l'accompagnent ; c'est à dire, à connoître les bancs de corail & de sable.

Mr. Forskal descendit à terre pour voir la prétendue *vallée d'Elim.* Le religieux du couvent grec le fit conduire dans cet endroit, rempli de dattiers. Mais comme notre ami tardoit à revenir il se répandit un bruit sur le vaisseau, que les Arabes l'avoient arrêté parce qu'il avoit voulu dessiner leurs montagnes. Aussi-tôt quelques marchands, qui étoient Janissaires, se mirent de leur propre mouvement, en chemin pour le délivrer & pour le ramener en sûreté. Heureusement ce bruit étoit faux & *Mr. Forskal* revint sans aucune mauvaise rencontre.

Dans cet endroit, nous eûmes occasion de voir l'ensemble des chaînes de montagnes, dont l'une commence près de *Tôr* ; qui aboutissent au *Dsjebbel Musa*, & qui forment une masse dont la *montagne de Ste. Catherine* est le sommet. Nous apperçumes distinctement cette derniere montagne, & nous vîmes combien elle s'éleve au dessus du *Sinaï.* Cet amas de rochers immenses rem-

P 2

plit toute l'extrémité entre les deux bras du golfe Arabique. Près des côtes, ces montagnes s'abaissent en collines, qui aboutissent à des plaines sablonneuses.

CHAPITRE III.

Navigation de TOR à DSJIDDA.

Nous observâmes la méthode de mouiller tous les soirs, jusqu'au *Râs Mahommed*. Mais depuis ce cap, jusqu'aux côtes de l'Arabie, il falloit nécessairement naviguer en pleine mer pour traverser la Mer rouge dans toute sa largeur. Les Européens regarderoient ce trajet comme le plus sûr, puisque dans cette route il ne se trouve aucun écueil; mais les Turcs se croyent perdus, aussi-tôt qu'ils ne voyent plus de terres.

Les exemples des malheurs arrivés par l'ignorance de leurs mariniers, sont capables, il est vrai, de les effrayer. De quatre vaisseaux partis un peu tard l'année précédente, deux avoient péri dans ces parages. Quelques personnes, qui avoient fait le voyage sur ces vaisseaux, nous raconterent les particularités de cet événement, propres à donner une idée de la marine es Turcs. Dès le commencement de la tempête tous les matelots & tous les passagers sauterent dans les chaloupes, & eurent le tems de se sauver sur le rivage: des deux vaisseaux abandonnés l'un se brisa contre un écueil, & l'autre coula à fond. Le patron du troisieme lâcha les cordes de ses chaloupes, ce qui le mit en danger d'être massacré par les passagers; mais leur ayant peint avec fermeté le danger où ils étoient, & leur ayant promis de les en tirer, pourvu qu'on lui fît place pour manœuvrer, ils l'aiderent si bien que le vaisseau fut sauvé.

Dans ce trajet nous risquâmes d'essuyer un plus grand malheur encore, que celui de faire naufrage. Le feu s'étant mis à deux différentes reprises, au linge que séchoient les femmes logées au-dessous de nous, le vaisseau eut été embrasé, si avertis par leurs cris aigus, nous ne fussions accourus au secours. La seconde fois le patron indigné envoya dans ce sérail un bas-officier, avec un bon bâton pour châtier les coupables; exécution qui d'abord causa un bruit diabolique; mais qui nous procura pour vingt-quatre heures une tranquillité charmante. Ces femmes étoient extrêmement incommodes & indiscretes. Surpris d'entendre si près de moi dans nos lieux, des voix féminines, je regardai par une fente, & je vis chaque fois trois ou quatre femmes toutes nues qui se lavoient.

Il ne se présenta rien de remarquable sur cette route, excepté quelques petites isles désertes, & le sommet de quelques montagnes éloignées. Le dernier objet que nous observâmes sur la côte d'Egypte, étoient les fameuses *montagnes des Emeraudes*, appellées encore par les Arabes *Dsjebbel Sumrud*.

Le 17 Octobre nous eûmes une éclipse du soleil, que *Mr. Forskal* avoit annoncée à notre patron : auquel, comme aussi aux principaux marchands, je montrai ce phénomene, en les faisant regarder par des verres noircis : tous nous témoignerent leur satisfaction. Parmi les Mahométans, un homme qui sait prédire une éclipse passe pour un savant universel, & sur-tout pour un habile médecin. *Mr. Forskal* fut consulté par plusieurs passagers, qui parurent tous malades subitement. Il leur indiqua quelques remedes innocens, & leur recommanda le régime. A la fin un pélerin se plaignit qu'il ne voyoit goutte de nuit ; mon ami lui conseilla d'allumer une chandelle. Cette plaisanterie lui valut plus que le plus profond savoir en médecine, & ces Musulmans étoient si contens de voir que *Mr. Forskal* se prêtoit à leurs manieres, qu'ils le prirent tous en affection.

Lorsque nous fûmes arrivés près de la petite isle *Haſſani*, près de la côte d'Arabie, les Turcs témoignerent leur joye, d'avoir échappé aux dangers d'un paſſage si formidable. On tira le canon, on fit des décharges de mouſqueterie : on illumina, avec des lampes & des lanternes, le vaiſſeau & les chaloupes : enfin tout retentiſſoit de cris de joye & d'allégreſſe. Les matelots firent la ronde avec une boîte, pour demander une récompenſe : chacun leur donna quelque bagatelle, & ils jetterent à la mer (non pas l'argent, mais la boîte, dans laquelle ils avoient amaſſé leur quête).

En continuant notre route, nous courûmes un grand danger en doublant un cap entouré de bancs de corail, parce que notre pilote étoit turc. Cet homme nous avoit fait demander souvent de l'eau de vie, sous prétexte qu'il ne pouvoit reconnoître les côtes & les montagnes, sans avoir éclairci sa vue en buvant quelque liqueur forte. Nous l'avions refusé crainte de nous faire des affaires avec les musulmans : nous éprouvâmes cependant qu'ils ne sont pas si scrupuleux,

P 4

puisque notre patron nous fit prier tous les matins, de lui donner un quart de bouteille d'eau de vie pour son pilote. Il est probable qu'il fut enivré par des marchands grecs, qui avoient ajouté à la dose que nous avions la coutume de lui fournir.

Bientôt après nous arrivâmes à *Jambo*, ville entourée de murailles, qui se présente bien depuis la mer, & qui a un port très-sûr. Comme nous n'avions pas apperçu une seule maison depuis *Tôr*, la vue de *Jamba* nous fit plaisir.

Les voyageurs qui étoient dans l'intention de passer par *Medine*, en allant à la Mecque, quittèrent ici le vaisseau. Trois personnes de notre compagnie descendirent aussi à terre, & prirent leurs sabres à l'exemple des autres passagers. Un habitant de *Jambo*, les prenant pour des turcs, les salua en leur disant : *Salam aleikum* ; & s'entretint familierement avec eux. Mais, ayant appris qu'ils étoient Francs, il se repentit d'avoir profané son salut avec des chrétiens, & vint tout furieux déclamer contre l'insolence des infideles, qui osoient mettre le pied en Arabie avec des armes. Les autres Arabes ne secondant pas cet extravagant, mes compagnons de voyage retournerent à bord sans autre accident.

SECTION VII.

Après avoir resté un jour dans le port, nous continuâmes notre navigation, en nous éloignant très-peu de la côte, toujours parsemée de bancs de corail. Nous vîmes la ville de *Mastura*, située au pied de la montagne du même nom : nous doublâmes le cap *Wardân*, & nous ancrâmes près de *Rabogh*, habitation fixe d'Arabes vivant sous des tentes ; nous y achetâmes des provisions en abondance.

Les Pélerins qui vont pour la premiere fois à la Mecque sont obligés si leur santé le permet, de mettre l'*Ihhrâm* aussi-tôt qu'ils ont passé le cap *Wardân*. C'est un linge dont on enveloppe les reins : le reste du corps est nu, & dans cet état ils font tout le voyage, jusqu'à ce qu'ils ayent visité la *Kaba*. Ils osent tout au plus, jetter encore un autre linge sur l'épaule, qui descend en écharpe. Plusieurs garderent cependant, sous prétexte d'indisposition, leurs habits ordinaires. Quelques dévots, au contraire, mirent l'*Ihhrâm*, quoiqu'ils eussent déja été à la Mecque ; de sorte que nous vîmes le soir la plupart de ces Musulmans habillés différemment qu'ils ne l'avoient été le matin.

Il peut paroître étrange, que *Mahomet* ait ordonné une nudité, si préjudiciable à la santé des pélerins; mais cette loi date du tems, où ſes ſectateurs n'étoient que des Arabes, & où il ne pouvoit pas eſpérer que ſa religion s'étendroit dans les pays ſeptentrionaux. Son intention étoit, de faire paroître les pélerins en toute humilité & habillés comme les Arabes du commun. Le peuple de cette province porte en effet, encore de ces linges pour tout habillement, & il eſt accoutumé à aller preſque nud; mais les Turcs habitués à porter de bons habits & même des peliſſes, ſont extrêmement incommodés de cet uſage. La ſuperſtition conſerve des coutumes & des loix locales, quand même l'obſervation de ces loix devient contraire à l'eſprit de leur inſtitution. Pluſieurs religieux gardent dans les pays froids, l'habillement des payſans des pays chauds, où leur ordre eſt né. Dans un climat rude, on fréquente au fort de l'hyver, des égliſes glacées & mal-ſaines, parce que les premiers fideles, vivant ſous le ciel doux de l'Aſie, ont pu s'aſſembler ſans inconvénient, pendant toute l'année, dans de tels bâtimens agréables par leur fraîcheur.

Enfin nous arrivâmes le 29 Octobre à la rade de *Dsjidda*. La même raiſon qui nous avoit engagés à être les premiers à nous embarquer à

SECTION VII. 235

Suès, nous empêcha de defcendre fitôt à terre. Tout le monde étoit empreffé à fortir du vaiffeau avec les marchandifes, & à prendre des mefures pour en dérober le plus qu'il feroit poffible, à la connoiffance des douaniers. On tâcha furtout d'introduire fecretement l'argent comptant qui paye deux & demi pour cent de droits. Un des paffagers ne fut pas heureux à cacher fon argent, il avoit mis autour de fon corps une longue bourfe, où il l'avoit enfermé: la bourfe creva, quand il defcendit dans la chaloupe, & fes écus tomberent dans la mer. Ceux qui fraudent la douane ne font pas punis pas la confifcation des effets: ils en font quittes pour la honte, lorfque tout le monde fe moque d'eux, comme c'eft la coutume. Dans plufieurs endroits de la Turquie, le châtiment de ces fraudeurs e de payer le double des droits.

Tous ceux qui revenoient de la ville, fe plaignoient de la rigueur, avec laquelle les douaniers avoient vifité toute cette année. Nous étions donc embarraffés, & nous ne favions pas comment cacher notre argent comptant: ce que nous fouhaitions de faire, pas tant pour épargner les droits, que pour ne pas expofer notre fûreté parmi les voleurs Arabes. Comme les Mahométans ignorent l'ufage des lettres de change, nous avions été forcés de porter avec nous, en fequins de Venife toute la fomme dont nous avions befoin dans notre voyage. Après bien des réflexions, nous prîmes le parti de mettre notre or au fond de la caiffe des médecines, & de ne laiffer que 200 fequins dans un autre endroit, où l'on ne manqueroit pas de les trouver en vifitant nos effets. Notre rufe réuffit, & perfonne ne penfa à remuer nos drogues.

Les trois autres vaiffeaux qui étoient partis avec nous de Suès, arriverent à *Dsjidda* affez long-tems après nous. Par l'ignorance des matelots le dernier avoit couru des rifques dans le paffage. Arrivé à la rade, il fut encore renverfé, parce que les mariniers, pour répondre à l'empreffement des marchands à tranfporter leurs marchandifes à terre, avoient furchargé le haut du vaiffeau. Le vaiffeau fut relevé, mais beaucoup de marchandifes, tombées dans la mer, fe gâterent: nouvelle preuve de l'habileté des Turcs dans la navigation.

CHAPITRE IV.

De la Ville de DSJIDDA, *& de ses environs.*

Nous entrâmes dans cette ville, avec de fortes appréhensions de n'être pas bien traités par ses habitans. Nous souvenant du mépris insolent qu'on a pour les chrétiens au Caire, & de la conduite emportée de l'Arabe de *Jambo* à l'égard de nos compagnons de voyage, nous craignîmes, avec quelque raison, d'essuyer plus d'outrages de la part des Musulmans, à mesure que nous approchions de leurs villes saintes. Mais nous nous trompâmes. Les habitans de *Dsjidda*, accoutumés à ne voir que des marchands chrétiens habillés à l'européenne, & ne remarquant rien d'étranger dans notre habillement, ne parurent pas faire attention à nous. Nous fréquentâmes librement, & sans être insultés, les cafés & les marchés: mais avertis qu'il n'étoit pas permis, à ceux qui ne sont pas Musulmans, de passer la porte qui va à la Mecque ni même d'en approcher, nous nous gardâmes, crainte d'être découvers, de nous promener dans le voisinage de cette porte.

Les lettres de recommandation, que nous avions apportées nous furent d'un grand fecours. *Mr. de Gæhler* qui avoit connu perfonnellement à Conftantinople le *Pacha de Dsjidda*, nous avoit recommandés à ce gouverneur. Nous avions des lettres de deux marchands confidérables du Caire pour deux des principaux marchands de Dsjidda. Un pauvre *fchech* nous en avoit donné une pour le *Kichja*, ou le lieutenant du Pacha; recommandation dont nous ne faifions pas grand cas, & qui néanmoins par l'événement, nous fervit plus que toutes les autres.

Ce fchech étoit fecrétaire d'un des premiers membres de l'Académie de *Dsjamea el Ashar* au Caire. Né dans la Turquie d'Europe, il avoit entendu parler de la fupériorité des Européens dans les fciences, & avide d'apprendre il vint nous voir fouvent. C'étoit un parfait honnète homme, fans fuperftition; enfin un véritable ami du genre humain. Nous lui enfeignâmes Mr. Forskal & moi les élemens de la botanique & de l'aftronomie. Lui de fon côté nous fut d'une grande utilité en nous exerçant dans la langue Arabe, & nous donnant des éclairciffemens fur bien des chofes que fans lui nous euffions ignorées. Dans fa jeuneffe il avoit donné quelques

SECTION VII.

leçons au Kichja. Il avoit déja, par la caravane précédente, prévenu fon ancien ami en notre faveur fans nous en avertir, & il nous donna encore une lettre pour lui.

Comme nous n'avions pas le tems de remettre toutes nos lettres en mains propres, nous envoyâmes par notre domeftique, les deux adreffées aux deux marchands, pour les engager à nous aider à trouver un logement. Mais, lorfqu'ils apprirent combien notre compagnie étoit nombreufe, ils s'excuferent par l'impoffibilité d'avoir une maifon affez fpacieufe. Si nous euffions été en petit nombre, nous euffions pu prendre des chambres dans un *Kan* public. Notre domeftique grec, ne fachant comment nous loger, s'adreffa à un de fes compatriotes, orfévre du *Scherif de la Mecque* & fort confidéré des premiers de la ville. Cet orfévre lui apprit que le *Kichja*, prévenu de notre venue, avoit donné des ordres pour nous rendre fervice. Il nous offrit même fa maifon pour une nuit, en promettant de nous trouver le lendemain une maifon entiere.

Sur cet avis nous nous hâtames de préfenter la lettre de notre *fchech* au *Kichja*, qui nous reçut avec beaucoup de politeffe. Nous allâmes le voir souvent, & par ses questions sur nos mœurs & sur nos usages, il nous fournit des occasions de lui donner & aux amis qu'il avoit chez lui, des idées plus avantageuses des Européens qu'ils ne paroissoient en avoir. Les Arabes regardent les Européens, comme nous regardons les Chinois : ils se croyent eux-mêmes la nation la plus sage & la plus habile, ils s'imaginent nous faire beaucoup d'honneur en nous accordant la seconde place. Ce *Kichja* se plaisoit à parler d'astronomie. *Mr. Forskal*, qui lui rendoit des visites assidues, l'engagea à former près de sa maison un jardin de plantes, & de faire venir de l'intérieur du pays, l'arbuste qui porte le baume de la Mecque. Les Arabes trouverent cette idée heureuse, d'autant plus qu'ils avoient de la peine d'obtenir du baume pur : pour l'ordinaire il est déja falsifié quand il parvient à Dsjidda.

Quelques jours après, nous rèmîmes notre recommandation au Pacha, qui avoit aussi quelque teinture d'astronomie, & qui voulut voir & connoître mes instrumens. Il leur donna la préférence sur ceux dont se servent les orientaux, & les montra à un *schech*, ou savant turc, qu'il avoit chez lui. Le pacha & son schech ne parloient que turc, langue qui ne m'étoit pas familiere.

liere. Nous avions bien plusieurs interpretes, entr'autres trois renégats François & Italiens au service du pacha: mais comme ils ignoroient les termes scientifiques des sciences, & dans leur propre langue & dans celle des Turcs, je ne pouvois pas me faire bien entendre de ce gouverneur, & notre conversation, sur ces objets n'étoit ni longue ni profonde. Avec le *Kichia*, j'étois réduit à parler Arabe, ce qui me coûtoit beaucoup, à cause du peu de connoissance que j'avois des termes scientifiques dans cette langue.

Le 1 Novembre, après avoir loué une maison, nous fimes transporter nos effets à la douane, avant d'entrer en ville; & nous n'eûmes pas de peine à remarquer que nous avions la faveur du *Kichja*. Cet officier, assis au milieu de ses commis dans un endroit élevé, ordonna d'examiner les marchandises des négocians piece par piece, mais il se contenta de faire ouvrir nos caisses sans y fouiller. Quand les douaniers agissent honnêtement, ils s'attendent à une récompense: l'orfévre du schérif, qui s'étoit chargé de notre dépense, leur donna en public une petite gratification.

Tome I.   Q

Le bruit de l'arrivée d'une compagnie d'Européens, parmi lesquels il y avoit un aftronome, parvint bientôt jufqu'à la Mecque. Dans ce tems, le frere du *fchérif* regnant de la Mecque s'approchoit de cette ville avec une armée pour l'attaquer. Un aftronome, eft toujours parmi les Mahométans un aftrologue. Le *fchérif* me fit donc demander par fon orfévre grec, fi la fouveraineté refteroit entre fes mains ou s'il feroit obligé de la céder à fon frere. Je m'excufai fur mon ignorance des évenemens futurs, & je lui fis dire que je ne m'appliquois à l'aftronomie que pour perfectionner l'art de la navigation. *Mr. de Haven* répondit hardiment, que celui des deux freres qui reffembloit le plus à *Haffan*, tige de leur race, feroit victorieux: fa réponfe fut agréable d'autant plus que le fchérif fe foutint fur le trône.

Un feigneur de Dsjidda me pria de lui indiquer le voleur de 200 fequins qu'il avoit perdus: je lui alléguai les mêmes raifons pour m'excufer. Il s'adreffa alors à un fameux *fchech* qui fut plus habile que moi. Ce fchech rangea tous les domeftiques de ce feigneur en file, & après de longues prieres mit à chacun un papier plié dans la bouche, en les affurant que les innocens pouvoient avaler fans crainte le billet; mais que le coupable en feroit étouffé. Tous avalerent le billet, hormis un feul qui, furpris & embarraffé, confeffa le vol & le reftitua.

On dit que c'eft *Sultan el Guri*, fouverain de l'Egypte, qui en 1514, entoura Dsjidda de murailles pour le défendre contre les Portugais, qui commençoient à devenir formidables fur la mer rouge. Cette muraille fubfifte ; mais fi ruinée qu'on la paffe dans plufieurs endroits fans defcendre de cheval. Le pont n'eft pas mieux défendu : une batterie ruinée eft garnie d'un feul canon hors de fervice. Quelques canons placés devant le Palais du pacha, ne font bons que pour rendre le falut aux vaiffeaux : ce palais eft auffi mal bâti, que la plupart des maifons des autres pachas de l'empire Ottoman. Il y a dans la ville plufieurs jolis bâtimens conftruits de pierre de corail : mais le refte des maifons ne font que des huttes d'un bois léger, telles qu'habitent à l'ordinaire les Arabes du peuple.

La ville manque abfolument d'eau : on n'y boit que celle que les Arabes amaffent dans des réfervoirs entre les montagnes, & qu'ils apportent peu à peu fur leurs chameaux.

Les gens de diftinction font habillés à peu-près comme les Turcs au Caire : mais les gens du peuple ne portent qu'une chemife fans culottes : les Bedouins des environs au lieu d'une chemife, ne mettent que l'*Ibhrâm*, ou le linge dont ils s'enveloppent les reins. Les femmes du peuple s'habillent comme celles des Arabes en général : de larges culottes, une longue chemife flottante, & un voile font toute leur parure. Nous avons deffiné une de ces femmes, qui vendoit du pain *V. Pl.* 7... Son éventail eft fait d'une efpece de natte, compofée de feuilles de palmier entrelacées, & fon parafol eft auffi d'une pareille natte. Parmi le peuple il y a beaucoup de pêcheurs, qui ne paroiffent pas gagner beaucoup.

Les environs de la ville font fablonneux & tout à fait ftériles. Si l'on vouloit ajouter foi à la tradition, ces lieux n'auroient fouffert aucun changement depuis la création : car dans un endroit peu éloigné de la mer, ils montrent encore le tombeau d'Eve. Mais j'ai vu des indices certains, que la mer s'eft retirée de cette plage, comme de tant d'autres. On trouve même, à une certaine diftance du rivage, des collines entieres de pierre de corail, parfaitement femblables aux bancs de corail qui environnent toute la côte.

SECTION VII. 245

En me promenant fur le port j'ai été témoin de la maniere finguliere, dont les Arabes prennent les canards fauvages. Le chaffeur fe déshabille, fe met de l'algue marine fur la tète, & marche vers l'oifeau, qui ne s'effraye pas de l'approche de l'algue, dont il voit fi fouvent flotter des paquets. L'arabe faifit alors le canard par les pieds.

Quand *Pococke* & d'autres voyageurs ont parlé de cette chaffe pratiquée à la Chine, on n'a pas cru leur relation véridique : rien cependant n'eft plus vrai.

CHAPITRE V.

Du gouvernement & du commerce de DSJIDDA.

DE tout tems Dsjidda a fait partie des domaines du *Schérif de la Mecque*. Ainfi quoique le fultan envoye un pacha dans cette ville, il n'en eft pas le fouverain abfolu. Le pouvoir eft partagé entre le fchérif & le gouverneur Turc. Ce dernier fe change prefque tous les ans, au lieu que fon lieutenant eft à vie, & refufe fouvent de fuivre les ordres du pacha, comme fit le

Kichja actuel dans une occafion pendant notre féjour à Dsjidda.

Le fchérif, pour adminiftrer fon autorité dans cette ville, y tient un lieutenant appellé *Vifir*, dont tous fes fujets dépendent uniquement. Ce *Vifir* doit toujours être pris dans les familles, qui feules peuvent afpirer aux grands emplois dans fes états : ou dans la famille même du fchérif, parmi ceux qui peuvent parvenir à la fouveraineté. Un homme iffu de la haute nobleffe arabe, ne comparoît pas devant un juge d'une naiffance inférieure à la fienne.

Le revenu de la douane fe partage entre le fultan & le fchérif : par cette raifon le Kichja & le Vifir fe tiennent toujours enfemble à la douane quand on examine les marchandifes. Les droits font fixés à 10 pour cent de la valeur des marchandifes, appréciées affez arbitrairement par les douaniers; de forte que les marchands payent fouvent 12 à 15 pour cent. On favorife les feuls Anglois, plus même que les fujets du fultan : ils ne payent que 8 pour cent, & ont la liberté de s'acquitter en marchandifes, pendant que tous les autres font obligés de payer les droits en argent.

Quoiqu'il fe faffe un grand commerce à

SECTION VII.

Dsjidda, cette ville n'est cependant que l'entrepôt de l'Egypte & des Indes, parce que les vaisseaux de *Suès* ne vont pas plus loin, & que ceux des Indes n'osent pas pousser jusqu'à *Suès*. Le patron d'un vaisseau de Surate ayant été poussé trop au nord pour pouvoir aborder à Dsjidda, continua sa route jusqu'à Suès, où il débarqua sa cargaison. Mais l'année suivante on le mit en prison à Dsjidda, & on le força de payer à la douane tous les droits que ses marchandises, portées en Egypte, auroient dû payer s'il les avoit débarquées à Dsjidda.

Sans cet entrepôt, le commerce de cette ville se réduiroit à très-peu de chose. Le pays d'alentour ne fournit guere d'autres marchandises que les amandes de *Taïf*, dont les Anglois chargent 5000 quintaux par année, pour les porter aux Indes. On en exporte aussi du *Baume de la Mecque*, qui vient des environs de *Medine*.

L'importation est d'autant plus considérable, puisqu'elle doit pourvoir aux besoins de Dsjidda, de Medine, & de la Mecque. Ces villes tirent de l'Egypte tant de bled, de riz, de lentilles, de sucre, d'huile, &c. que, sans le secours de cette contrée, cette partie de l'Arabie ne pourroit être habitée. De l'Egypte, leur viennent encore toutes les marchandifes d'Europe : celles des Indes paffent au contraire, pour la plus grande partie en Egypte.

Maillet qui a réfidé long-tems au Caire, s'imagina qu'il feroit avantageux aux nations Européennes de faire le commerce des Indes par la mer rouge : mais il eft douteux qu'on permît à leurs vaiffeaux de paffer le port de Dsjidda : ils devroient s'attendre à effuyer beaucoup de chicanes à Suès, parce que les propriétaires des vaiffeaux qui naviguent entre ces deux ports, font les négocians les plus accrédités du Caire. La multiplicité d'ailleurs des droits confidérables, qu'il faudroit payer dans ces ports, emporteroit bientôt les profits d'un tel commerce. On ne devroit pas craindre cependant, de ne pas obtenir la permiffion aux marchands Européens de s'établir à Dsjidda : un Anglois y a féjourné librement, pendant plufieurs années.

Un inconvénient inféparable de ce commerce, eft encore le mauvais état des finances du gouvernement. Manquant toujours d'argent, il exige des marchands des avances fur les droits à payer l'année fuivante, avec promeffe de les décompter : mais ces avances s'accumulent à l'ordinaire, & ne feront jamais rembourfées. Juf-

SECTION VII. 249

qu'ici les Anglois ne fe font pas foumis à cette vexation: mais leur fermeté les expofe continuellement à de mauvaifes affaires.

On ne bat aucune monnoye dans cette province: on n'y voit que des efpeces étrangeres, les mêmes qui ont cours à Conſtantinople & au Caire. Les groſſes efpeces ont cependant un cours plus haut à Dsjidda qu'en Egypte, à caufe de la grande abondance des petites pieces, plus communes en Arabie que dans le lieu de leur fabrication. Cette grande quantité de petite monnoye eſt apportée par les pélerins, qui en ont befoin pour leur dépenfe journaliere, & pour les fréquentes aumônes, qu'ils font obligés de faire en route & dans la ville fainte. Les petites pieces ne s'exportent plus, & inondent de cette maniere la province.

J'ai eu occafion de parler des marchands Janiffaires: ce font en effet des marchands qui, pour fe mettre à l'abri des vexations du gouvernement, s'enrôlent dans cette milice, & jouiſſent de fes privileges, quoiqu'ils ne faſſent aucun fervice, & ne tirent aucune paye. Un tel Janiffaire ne dépend pas du magiftrat civil; mais des officiers de fon corps, qui font fes feuls juges: il jouit encore de l'exemtion de tous les droits de douane pour un coffre & pour deux paniers, dans lesquels il eſt cenſé tranſporter ſes hardes & ſes vivres : mais les marchands Janiſſaires rempliſſent ce coffre & ces paniers de leurs marchandiſes les plus précieuſes. J'ai vu auſſi quelques patrons de navire & quelques pilotes, qui s'étoient enrôlés parmi les Janiſſaires, uniquement pour ſe faire valoir, & pour être protégés par ce corps puiſſant, qui prend toujours le parti d'un camarade : car ces Janiſſaires n'avoient aucune part aux privileges de leurs confreres Turcs.

Pendant notre ſéjour, ces Janiſſaires marchands, mécontens de la rigueur avec laquelle on examinoit leurs effets, menacerent de ſe défendre de cette prétendue injuſtice, avec le ſecours de leurs camarades. Le *Kichja* & le *Viſir* ſe firent accompagner à la douane par de forts détachemens des troupes du pacha & du ſchérif; ce qui contint les mutins. Mais après notre départ, tous les Janiſſaires bien armés s'attrouperent: le pacha fit pointer quelques canons contre la maiſon, où s'étoient aſſemblés les chefs de la révolte, & tout rentra dans l'ordre accoutumé.

CHAPITRE VI.

Navigation de DSJIDDA *à* LOHEYA.

Nous avions ordre de nous rendre dans l'*Yemen* le plutôt possible, & rien ne nous arrèta à Dsjidda que le vent du nord, qui retardoit l'arrivée des vaisseaux qui vont charger du café, avec lesquels uniquement nous pouvions continuer notre voyage au sud du golfe Arabique. A la fin quelques-uns de ces vaisseaux arriverent au commencement de Décembre, & on nous conseilla d'en choisir un, venu de *Mashate*, & tout prêt à repartir pour charger du café à *Hodeida*.

Nous nous hatâmes de l'aller voir; mais nous fûmes bien surpris quand on nous montra ce bâtiment, qui ressembloit plus à un tonneau qu'à un vaisseau. Il n'avoit que sept toises de longueur sur trois de largeur: il étoit sans tillac, & ses planches minces paroissoient cousues, sans être clouées. Le patron n'étoit habillé que d'un linge plié autour des reins, & ses neuf matelots, tous esclaves noirs d'Afrique ou du Malabar, n'avoient, pour couvrir leur nudité, qu'un linge large comme la main, attaché à une corde qui entouroit leurs hanches. Nos amis nous preſſerent de ne nous pas heurter à ces apparences, & de préférer cet Arabe de *Mashate*, dont les compatriotes paſſent pour bons mariniers & ſe ſervent de voiles ſemblables aux nôtres ; au lieu que les ſujets de l'*Imam* ſont d'ignorans navigateurs, & font uſage de voiles de nattes, très-lourdes & très-difficiles à gouverner. Nous ſuivîmes leur conſeil, & convînmes avec ce patron pour notre paſſage juſqu'à *Hodeida*.

Notre premiere intention avoit été d'aller en droiture par mer à *Mokha*, dans l'eſpérance d'y trouver des vaiſſeaux Anglois. Mais on nous fit craindre la lenteur de ce trajet, & eſpérer un voyage plus agréable par terre dans les états de l'*Imam*, où regne une ſureté parfaite. Nous avions cependant l'imagination frappée du danger de vivre parmi les Arabes, que nous nous figurions tous reſſembler à ceux du déſert. Raſſurés par nos amis, nous trouvâmes en effet le parti de débarquer à *Loheya* ou à *Hodeida* préférable, puiſqu'il nous fourniſſoit le moyen, de parcourir de bonne heure une partie de l'Arabie heureuſe. Le *Kichja* nous donna des lettres pour les *Dolas*, ou gouverneurs de *Loheya* & de *Hodeida* ; & les marchands auxquels nous avions été recommandés, nous en donnerent auſſi pour quelques-uns des principaux marchands de ces deux villes. Le pacha ordonna de laiſſer paſſer notre bagage ſans le viſiter.

Quoique nous euſſions fretté le vaiſſeau pour nous ſeuls, nous le trouvâmes chargé de marchandiſes : le patron s'excuſa en nous aſſurant, que ſans cette charge, ſon vaiſſeau trop léger ne pourroit pas tenir la mer. Nous avions chacun une petite place, où l'on avoit mis une natte de paille pour nous ſervir de chaiſe & de lit, où nous pouvions dormir à la belle étoile. Tout le reſte étoit occupé par des ballots, excepté un petit coin où l'on faiſoit la cuiſine : il étoit donc impoſſible de s'y promener, ou de prendre le moindre exercice. Le premier ſoir *Mr. Cramer* perdit ſa montre entre les planches & une natte de branches d'arbres, dont on avoit enveloppé tout le fond du vaiſſeau, pour garantir les marchandiſes de l'humidité : il la retrouva en bon état à *Loheya*; ce qui prouve que ces batimens couſus joignent mieux, qu'il ne paroît au premier coup d'œil.

Nous partîmes de Dsjidda, le 13 Décembre, & notre patron obſerva en route la coutume de jetter l'ancre tous les ſoirs, quoique la partie méridionale du golfe Arabique nous parût moins remplie de bancs de corail, que celle qui est située plus au nord. Si nous avions vu peu de villes & de villages entre Suès & Dsjidda, nous n'en vîmes pas davantage depuis cette derniere ville jusqu'à *Loheya*.

Notre navigation fut uniforme & heureuse. Nous observâmes quelques poissons volans, que les Arabes appellent des sauterelles marines. Le sixieme jour, nous rencontrâmes un vaisseau de *Hodeida*, parti de Dsjidda trois jours avant nous. Cette rencontre nous prouva la lenteur des vaisseaux d'*Yemen*, dont les voiles de nattes prennent si peu le vent, que ces Arabes ont souvent de la peine à sortir d'un port. Nous vîmes aussi plusieurs petits bâtimens chargés de café, qui n'alloient pas de conserve; de sorte que les Arabes doivent être moins poltrons, que ne le sont les Turcs.

Après sept jours de navigation, nous mouillâmes près de *Ghunfude*, assez grande ville, mais où il n'y a presque que des cabanes. Elle appartient au *schérif de la Mecque*, qui y envoie un gouverneur, dont la résidence est dans une petite isle assez éloignée de la ville. Il est obligé de faire tous les jours le trajet de cette isle dans la ville, pour se rendre à la douane. Tous les vaisseaux qui portent du café à Dsjidda, sont obligés de relâcher ici, & de payer un droit au schérif. En revenant ils ne sont pas tenus à s'arrêter : mais si l'équipage veut descendre à terre, il en obtient une permission générale en payant deux écus.

Le lendemain de notre départ de *Ghunfude*, où nous séjournâmes un seul jour, on nous montra *Hali*, où le schérif de la Mecque entretient une garnison. C'est la derniere ville de son domaine, & de la province de *Hedsjas* : les Arabes indépendans qui suivent, sont déja de la province d'*Yemen*.

Notre patron ayant besoin de provisions, nous eûmes bientôt occasion de faire connoissance avec ces Arabes indépendans, qui demeurent entre les états des *schérifs de la Mecque & d'Abu-Arisch*. Ils vivent sous leurs propres *schechs*, & professent une religion, qui paroît tenir de celle de leurs ancêtres avant Mahomet. Nous avions entendu parler du désir violent de ce peuple de s'approprier les habits des voyageurs : à l'exemple de notre patron, nous nous habillâmes aussi modestement & simplement, en mauvaises chemises, & nous descendîmes sans armes. Quelques hommes vinrent tout de fuite à notre rencontre : ils avoient, au lieu de turban, une corde autour de la tête pour ferrer leurs cheveux épars, & un linge autour des reins pour tout habillement. Croyant remarquer dans nos manieres quelques fignes de défiance, ils jetterent leurs lances, & nous dirent, que nous n'avions rien à craindre.

Comme notre intention étoit d'acheter des vivres, ils nous menerent à leurs tentes A notre approche, deux femmes venues à notre rencontre, baiferent refpectueufement les bras des fchechs, qui à leur tour baiferent la tête des femmes. Elles étoient à vifage découvert : leurs yeux étoient noircis avec de la mine de plomb, & elles avoient des ornemens noirs imprimés dans la peau du front, du menton & des joues. Ces beautés d'un teint brun & jaune, & prefque nues, nous demanderent tout de fuite du *Köchbel* pour noircir les yeux, & de l'*Elhenne* pour jaunir les ongles : nous fûmes bien mortifiés de n'avoir point fait provifion de ces drogues pour fatisfaire cet empreffement pour la parure, & pour aider le beau fexe à relever fi puiffamment fes charmes. On nous régala de lait & de beurre confervés dans des peaux de chevre, & on nous

fit

SECTION VII.

fit manger du mauvais pain. Ces Arabes ne furent pas choqués de notre précaution de les payer à bord. Quoiqu'errants continuellement dans les déferts, ils nous parurent plus civilifés que beaucoup d'autres tribus de Bedouins.

Le jour après cette entrevue, nous nous arrêtames près d'une montagne appellée *Konembel*, fituée au milieu de la mer : fuivant les Arabes c'eft un volcan éteint. Elle pourroit bien être un refte de l'isle brûlée, dont parlent *Arrien* & *Ptolomée*, & qu'ils placent dans ces parages. Nous vimes auffi de près la ville de *Dsjefan*, fituée près des côtes fur une langue de terre : mais nous n'y abordâmes pas parce que le *fchérif* de cet état a la réputation de recevoir mal les étrangers.

Le 29 Décembre nous atteignîmes le port de Loheya, & nous jettâmes l'ancre prefque à une lieue de cette ville.

SECTION VIII.
ROUTE DE LOHEYA A BEIT EL FAKIH.

CHAPITRE I.
De notre Séjour à LOHEYA.

Dans notre trajet de *Suès* à *Loheya*, nous avions beaucoup entendu parler des schechs indépendants, qui n'aimoient pas à donner aux étrangers passage sur leurs terres. Nous ne pouvions donc pas croire ce qu'on disoit de la facilité & de la sureté de voyager dans les états de l'*Imam* de *Sana*. Par cette raison nous souhaitions d'aller en droiture à Mokha par mer; quoique nous fussions las de voyager de cette manière, à cause des vents contraires. Deux marchands de Mokha venus avec nous, étoient décidés de continuer par terre leur route jusque dans leur patrie. Nous prîmes le parti de les accompagner en ville pour parler au gouverneur & pour apprendre de lui-même, si nous pou-

SECTION VIII. 259

vions avec sureté traverser les terres depuis *Lo-heya* à *Mokha*.

Dola, ou *Emir*, est le titre que les Arabes donnent aux gouverneurs des villes. On qualifioit d'*Emir* celui de *Loheya*, & il s'appelloit *Farhân*. Né en Afrique & d'un teint parfaitement noir, il avoit été amené dans sa jeunesse, en Arabie, & vendu à un homme de distinction, mort depuis peu, après avoir rempli l'emploi d'un des premiers ministres de l'*Imam*. Cet homme, après avoir donné une bonne éducation au jeune *Farhân*, lui fit obtenir une petite place, dans laquelle il se conduisit si bien, que son mérite l'éleva en peu de tems à l'emploi de Dola d'une ville considérable. Ce gouverneur étoit en effet un seigneur très-poli, plein de droiture, & un véritable ami des hommes.

Nous lui exposâmes notre cas en lui disant que nous étions Européens; que nous nous proposions d'aller par *Hodeida* à *Mokha* dans l'espérance d'y trouver des vaisseaux Anglois, pour passer aux Indes; & que dans l'incertitude des lieux où nous séjournerions en route nous avions apporté une lettre du *Kichja de Dsjidda* pour lui, & une autre d'un des premiers négocians de Dsjidda pour *Machsen el Makhawisch*, le principal négociant de *Loheya*. Quoique l'Emir eût connu à Mokha beaucoup d'Européens, ou *Fransji*, il n'en avoit jamais vu habillés à la maniere de l'orient, comme le font au contraire tous les *Naſſâra* ou chrétiens orientaux. Nous ſavions que les Muſulmans eſtiment encore plus les chrétiens que ceux qui profeſſent les autres religions. Lorſqu'il nous demanda, ſi nous étions *Fransji* ou *Naſſâra*, nous lui répondîmes, que nous étions l'un & l'autre : nous craignions qu'il prît les Européens pour des payens. Le négociant *Mæchſen* étant malade, l'*Emir* fit venir ſon ſecrétaire pour recevoir la lettre adreſſée à ſon maître.

Juſqu'alors ce gouverneur n'avoit connu d'Européens que des marchands venant des Indes. Il fut ſurpris, quand il vit par les lettres que l'un de nous étoit médecin, que l'autre cherchoit des plantes, & que le troiſieme obſervoit les aſtres. Frappé de cette nouveauté, & ne nous croyant pas preſſés, il nous propoſa de reſter quelque tems à *Loheya*, & nous offrit de nous tranſporter alors à Mokha avec ſes propres chameaux. Le négociant *Mæchſen* ayant beſoin d'un médecin, nous invita auſſi avec empreſſement de venir occuper une de ſes maiſons.

Section VIII.

Nous étions charmés de trouver les Arabes plus civilifés, à mefure que nous nous éloignions de l'Egypte, & de recevoir un accueil favorable de la nation, qui faifoit le principal objet de nos recherches. Nous étions plus réjouis encore de voir, que ce peuple nous fournifloit lui-même des occafions de parcourir à notre aife une partie du pays, fans caufer aucun foupçon de nos defleins. Pour cacher notre joye, nous oppofions encore la crainte des dangers, où nous expoferoit le voifinage de la guerre entre le *fchech Mekhrami* & le *fchérif d'Abu Arifch*. Mais l'*Emir* nous affura que nous n'avions rien à rifquer à *Loheya*, & que nous pouvions voyager en toute fureté, dans tout le territoire de *l'Imam* fon maître.

Nous n'héfitâmes plus de quitter le vaifleau. Notre patron n'ayant pas eu la précaution de fe faire payer d'avance le paflage, s'adrefla au gouverneur, pour le prier de nous obliger de lui payer en entier le paflage jufqu'à *Hodeida*. L'*Emir* eut la génerofité de lui répondre, qu'il le fatisferoit de fa bourfe, fi nous refufions de le faire: le négociant *Mœchfen* lui fit la même promefle. Nous ne mîmes pas à l'épreuve la bonne volonté de ces Arabes; mais nous fûmes très-senſibles à leurs offres & à leurs procédés.

Quand il fut queſtion de tranſporter notre bagage à terre, l'*Emir* le fit chercher par ſa propre chaloupe, & chargea, pour nous épargner tout embarras, le ſecrétaire du négociant de ſatisfaire les crocheteurs & les ſubalternes de la douane. Le ſoir, il nous envoya un beau mouton pour notre bien-venue, avec une lettre obligeante, dans laquelle il nous appelloit ſes convives, & nous aſſuroit de ſon amitié. Sa chaloupe étant lente, à cauſe des voiles de natte, il étoit impoſſible de finir le tranſport le même jour, & nous étions inquiets pour la ſureté de nos effets. L'*Emir* inſtruit de notre embarras, commanda tout de ſuite quelques ſoldats pour garder notre bagage.

Nous paſſâmes la nuit ſur le rivage, où notre négociant *Mæchſen*, qui crut avec raiſon notre marmite encore renverſée, nous envoya un excellent ſouper. Il ne nous manqua que du vin, & notre proviſion de mauvaiſe eau de vie, apportée de *Dsjidda*, étoit finie. Nous aurions pu trouver du vin & des liqueurs chez des Juifs de *Sana*, qui en fabriquent en abondance : mais on auroit été obligé de tranſporter ces boiſſons

SECTION VIII.

dans des vases de cuivre, ce qui eut été dangereux pour notre santé. On nous offrit une espece de *Busa*, qui nous causa des nausées. Il falloit donc se résoudre à se passer pendant quelques mois, de toute liqueur forte.

Le lendemain nos coffres furent portés à la douane ; on les ouvrit, & nous craignions un examen rigoureux : mais les douaniers se conduisirent honnêtement. Comme nous avions remarqué que l'*Emir* ne regardoit que nos instrumens & désiroit d'en connoître l'usage, nous lui expliquâmes ce qu'il souhaitoit de savoir : *Mr. Forskal* lui ayant montré plusieurs petits objets par un microscope, rien ne lui causa une surprise plus agréable, que de voir des insectes grossis d'une maniere si prodigieuse.

La maison destinée pour notre demeure, étoit bâtie à la mode des orientaux, avec une cour quarrée au milieu. Elle ne contenoit pas une seule chambre bien meublée : mais il y en avoit plusieurs, dans lesquelles on entroit par une galerie ouverte, qui régnoit tout autour. Ce logement n'étoit pas élégant, en comparaison des belles auberges en Europe : mais en Arabie, il étoit beau & commode. Au commencement, notre cour étoit toujours remplie d'une foule de curieux qui nous incommodoit: nous prîmes alors un portier, qui ne laiſſoit entrer que des gens avec leſquels nous avions des affaires à traiter.

CHAPITRE II.
De la ville de LOHEYA.

LA ville de *Loheya* n'exiſte que depuis trois ſiecles : ſon fondateur & ſon patron actuel, eſt un ſaint Mahométan, appellé *ſchech Sælei*, qui bâtit une cabane au bord de la mer, où eſt aujourd'hui *Loheya*, & y vécut en hermite. Après ſa mort, on éleva ſur ſon tombeau un *Kabbet*, ou maiſon de priere, qu'on embellit & qu'on dota peu à peu. Pluſieurs dévots ſe croyant heureux de pouvoir demeurer près d'un ſi ſaint perſonnage, conſtruiſirent des cabanes autour du tombeau. En même tems le port de *Marabea*, ville voiſine où réſidoit un gouverneur, ſe combla: les habitans quitterent leur ville, & vinrent achever l'établiſſement de *Loheya*, où l'on tranſféra auſſi le ſiege du gouverneur.

Je remarquerai à cette occaſion, que les Sunnites, ſecte dominante dans cette province,

SECTION VIII.

ont une vénération finguliere pour leurs faints, malgré le *Koran*, qui défend le culte des créatures. Dans cette partie de l'Arabie on traite la poftérité de ces faints, comme on traite à la Mecque les defcendans de Mahomet. Tout homme dont un des ancêtres eft réputé faint, a le titre de *fchech*, & il eft regardé comme eccléfiaftique par le droit de la naiffance. Les familles font donc intéreffées à établir par tous les moyens poffibles, la fainteté d'un homme, dont elle tire fon origine, & d'accréditer les miracles qu'on lui attribue. De cette maniere la fuperftition s'étend de plus en plus parmi les Mahométans, & les faux prodiges fe multiplient fans mefure.

Le terroir de *Loheya* eft aride & ftérile. Le port eft fi mauvais, que les plus petits vaiffeaux font obligés de mouiller à une grande diftance de la ville, & que, dans le tems des baffes marées, les chaloupes chargées ne peuvent pas en approcher. Malgré ce defavantage il fe fait à Loheya un affez grand commerce de café, qu'on apporte des montagnes de la contrée voifine, & qu'on amaffe dans un bâtiment exprès, pour l'écoffer & le vendre. Ce café n'a pas la réputation d'être d'une auffi bonne qualité, que celui qui vient de *Beit el Fakih*, & qu'on embarque à *Mokha* & à *Hodeida*. Mais il eft à meilleur marché, & il coûte moins pour le tranfporter à *Dsjidda*. Par cette raifon, plufieurs marchands du Caire demeurent à *Loheya*, & d'autres y viennent toutes les années pour faire des achats de café. On trouve auffi dans cette ville une quarantaine de *Banians* affez pauvres, qui exercent des profeffions.

Quoique *Loheya* manque de murailles, elle n'eft pas fans défenfe. Elle eft environnée de douze tours à diftances égales, gardées par des foldats. Ces tours reffemblent à celles qu'on voit en Allemagne dans quelques villes impériales : leurs portes font fi hautes, qu'on ne peut y entrer que par le moyen d'une échelle. En Turquie & même en Europe, il eut été dangereux d'examiner de près ces fortifications ; mais les foldats Arabes qui les gardoient, affis au bas à fumer la pipe & à boire du *Kifcher*, me laifferent faire tranquillement ma promenade. Quelques officiers m'inviterent même à m'affeoir avec eux, & à prendre des rafraichiffemens. Ils me firent beaucoup de queftions fur l'art militaire des Européens, & ils parurent furpris de ce que je leur difois. Je leur montrai notre in-

SECTION VIII.

vention d'écrire sans encre, & je traçai devant eux avec un crayon les lignes & les angles nécessaires pour lever le plan de leur ville, sans qu'ils se doutassent de mon intention : au contraire, ils appellerent leurs camarades des tours voisines, pour partager avec eux le spectacle de ces curiosités.

Une seule de ces tours bâtie tout nouvellement par l'*Emir Farhân*, peut porter du canon. Les autres sont si mal construites, que les Arabes de *Haschid* percerent à travers, il y a quelques années, & mirent le feu à la ville. Les habitans sentent la foiblesse de leurs fortifications : quand, après notre départ, quelques centaines de ces Arabes s'avancerent dans la province vers les côtes, un grand nombre de personnes quitterent Loheya, & se réfugierent sur une petite isle, avec leurs effets les plus précieux. Cette terreur étoit cependant prématurée; car aussitôt que l'*Emir Farhân* eut fait marcher ses troupes, cet ennemi peu formidable se retira.

Il y a bien quelques maisons de pierres à Loheya : mais la plûpart sont des cabanes, construites à la maniere des Arabes du commun. La carcasse est d'un bois mince, grossiérement travaillé ; les parois font d'argille , mêlée de boufe, & blanchies de chaux en dedans. On couvre le toit d'une herbe, fort commune dans cette contrée. Autour des murs, on place des lits faits de cordes de paille, appellés *Serir*, fur lefquels on eft néanmoins affis ou couché fort commodément. Une telle maifon ne peut pas contenir des appartemens ; elle eft petite, elle a rarement des fenêtres, & fa porte n'eft qu'une natte de paille. Lorfqu'un Arabe a de la famille & du bètail , il bâtit plufieurs de ces cabanes, & entoure le tout d'une haye fort haute. Les villes en Arabie ne peuvent donc jamais être peuplées à proportion de leur étendue.

Autour de la ville, on fait de la chaux en calcinant, en plein air & fans four, de la pierre de corail tirée de la mer. Au milieu des plus grands blocs brifés de cette pierre, nous vîmes fouvent des coquillages oblongs, dont l'animal étoit vivant. Ces mers abondent en beaux coquillages & en poiffons rares.

L'eau eft très-mauvaife à Loheya ; & l'on eft obligé de la faire venir de loin. Le peuple boit de celle d'un puits, qui eft éloigné d'une lieue de la ville : la meilleure, ou plutôt la moins mauvaife, vient de deux lieues & demie. Comme on n'y connoît point les chariots, les Arabes l'apportent fur des chameaux, ou fur des ânes; non dans des outres, comme en Egypte & en Turquie; mais dans des cruches de grès, de forme ovale, dont plufieurs pendent à côté du chameau. A deux lieues de la ville, il y a une petite montagne qui fournit beaucoup de Sel minéral.

CHAPITRE III.

Des habitans de LOHEYA.

PAR tout ce que nous avons vu, & par ce qu'il nous eft arrivé dans cette ville, nous avons jugé que fes habitans étoient curieux, intelligens, & polis à leur maniere. Tout le monde vouloit voir les Européens, & les chofes extraordinaires qu'ils faifoient. Après que nous eûmes pris un portier, ceux qui ne pouvoient alléguer aucune raifon de leur vifite, prirent le prétexte de confulter notre médecin. L'un d'eux le pria de lui tâter le pouls, & de lui dire ce qu'il lui manquoit: un autre demanda la raifon, pourquoi il ne pouvoit pas dormir.

Nous eûmes occasion de connoître leurs idées en fait de médecine. *Mr. Cramer* avoit donné à un écrivain, un vomitif, qui agit avec la derniere violence: les Arabes frappés de cet effet merveilleux, voulurent prendre, tous cet excellent remede, qui mit notre ami dans une grande réputation d'habileté. Un jour l'*Emir Bahr*, ou l'intendant du port, le fit appeller, & comme il tardoit de venir, l'Emir envoya un cheval sellé devant notre porte. *Mr. Cramer* s'inagimant que ce cheval étoit destiné à lui faciliter le trajet par les rues, voulut le monter: mais on lui dit, que c'étoit le malade qu'il falloit guérir. Heureusement nous découvrîmes un autre médecin parmi nous. Notre domestique ayant servi dans les houssards Suédois, avoit appris à connoître les maladies des chevaux: il offrit de guérir celui de l'Emir & y réussit. Cette cure le rendit fameux, & il fut souvent appellé pour guérir des hommes. Les médecins Arabes traitent indifféremment les hommes & les animaux, & étendent leur pratique à toutes les créatures.

Lorsque nous montrâmes à la douane, nos microscopes à l'*Emir Farhàn*, tous les Arabes présens étoient émerveillés, comme lui, de la grandeur de ces insectes. Un domestique ayant

SECTION VIII.

apperçu un de ces infectes groffis, dit qu'il n'y avoit que l'Europe qui pût produire des animaux d'une taille fi énorme, tandis qu'ils étoient fi petits en Arabie. Mais rien n'étonna plus les gens de diftinction même, que de voir marcher une femme, vue au travers d'une lunette aftronomique : ils ne comprenoient pas comment les habits de cette femme renverfée ne lui tomboient pas fur la tête. Ils s'écrioient à chaque moment : *Allah akbar*, Dieu eft grand.

Les enfans remarquant que nous cherchions des infectes, nous en apporterent une infinité à vendre. Les adultes nous donnerent auffi plufieurs indices d'un penchant auffi induftrieux, qui ménagé & encouragé pourroit faire de ce peuple une nation commerçante.

Il vint un jour deux Arabes pour nous voir manger. L'un étoit un jeune feigneur de *Sana*, très-bien élevé ; l'autre un homme confidérable de la province de *Kachtan*, où l'on voit peu d'étrangers, & où regne encore une grande fimplicité dans les mœurs. Quand nous les eûmes invités à dîner avec nous, ce dernier répondit naïvement : ,, Dieu me garde de manger ,, avec des infideles, qui ne croyent pas en Dieu.,, Lorfque je lui demandai quelques particularités de fa patrie, il me répondit : ,, Que t'importe ,, ma patrie, voudrois-tu venir la conquérir ? ,, Il étoit étonné de tout, de notre table, de nos cuillers, de nos affiettes, de nos fourchettes. Il fit quelques queftions fimples, qui exciterent des éclats de rire : il fortit alors en colere & fon compagnon de *Sana* eut de la peine à le ramener. Revenu il vit des poulets entiers ; ce qui furprit le fobre Arabe, qui croyoit que nous avions déja trop mangé. Lorfqu'il remarqua que néanmoins Mr. *de Haven* vouloit entamer encore ces poulets, il le prit avec violence par le bras, en lui difant d'un air fâché : ,, combien veux-tu donc ,, manger? ,, Il fortit en colere, & ne voulut plus rentrer. Le jeune homme de *Sana* nous fit des excufes, & nous pria de pardonner la fimplicité de fon compatriote.

Pour nous defennuyer, nous jouâmes quelquefois du violon M. Baurenfeind & moi, ce qui fit croire aux paffans que nous étions des muficiens. Un riche marchand envoya nous prier, de venir chez lui avec nos inftrumens. Nous le refufâmes, parce que les Arabes méprifent ceux qui font profeffion de la mufique. Ce marchand, ne pouvant plus marcher à caufe de fon grand âge, monta fur un âne, & foutenu par deux

domef-

Section VIII.

domestiques, vint chez nous pour satisfaire la curiosité qu'il avoit de nous voir & de nous entendre. Il étoit très-poli, & nous assura, qu'il n'avoit aucune aversion pour les chrétiens, puisque Dieu, le Créateur de tous les hommes, toléroit différentes religions. Après nous avoir entretenu, il témoigna quelqu'envie de voir nos violons & de nous entendre jouer. Nous jouâmes quelques airs graves, qui plaisent le plus aux orientaux, quoique notre musique en général ne soit gueres de leur goût. Il en parut satisfait, & voulut donner, en partant, à chacun de nous un demi-écu. Les Arabes acceptent tous les présens, quelques médiocres qu'ils soient: notre refus le surprit d'autant plus, qu'il ne comprenoit pas, comment on pouvoit s'appliquer à la musique sans avoir le but de gagner quelque chose par ce talent.

Ce marchand étoit du petit nombre de ceux qui avoient la barbe teinte en rouge ; coutume que les Arabes sensés parurent désapprouver. Il nous allégua pour raison qu'une barbe rouge étoit plus belle qu'une blanche : mais d'autres nous dirent, qu'il avoit la foiblesse de vouloir cacher son âge par cette parure bizarre. Cet homme disoit avoir plus de soixante & dix ans; des connoiſſances nous aſſurerent qu'il étoit près de quatre-vingt-dix. Nous avions remarqué cependant en général, que les muſulmans ſavent rarement leur âge au juſte. Ils comptent par époques, & tout ce qu'ils répondent, c'eſt, j'étois enfant quand tel événement eſt arrivé ; ou quand un tel a été gouverneur de la province ou de la ville.

Notre marchand nous invita ſouvent chez lui pour nous régaler, & devint aſſez familier pour nous conter ſes avantures. Il avoit eu, ſuivant ſon dire, ſucceſſivement près d'une centaine de jeunes & belles eſclaves, qu'il avoit vendues, mariées, ou miſes en liberté, après les avoir entretenues pendant quelque tems. Il en avoit encore deux de cette eſpece : il nous dit qu'il mourroit content s'il pouvoit encore oublier auprès d'elles ſon grand âge, & il offrit à notre médecin un préſent conſidérable, s'il vouloit lui procurer ce bonheur. Un autre marchand deja vieux à cinquante ans, avoit promis 100 écus à notre médecin, s'il vouloit lui donner des remedes, pour que de jeunes & belles eſclaves, qu'il avoit dans une maiſon à la *Mecque*, ne lui fuſſent pas entiérement inutiles. Mais il étoit ſi épuiſé par ſes excès, que ni les ſecours de *Mr. Cramer*, ni ceux qu'il avoit cherchés auprès des médecins des vaiſſeaux Anglois, ne purent jamais le ranimer.

Les femmes de *Loheya* portent en rue de grands voiles, dont elles ſe couvrent ſi bien le viſage, qu'on peut à peine diſtinguer un de leurs yeux. Elles ne ſe font cependant aucun ſcrupule de ſe découvrir en paſſant & de ſe montrer aux étrangers, ſur-tout ſi elles ſe croyent belles, & ſi elles ſont ſûres de n'ètre pas remarquées par leurs compatriotes. Mr. *Baurenfeind* a deſſiné une de ces femmes. *V. Pl.* 8. Elle avoit au front, aux joues, & au menton des ornemens noirs percés dans la peau, & les yeux noircis.

CHAPITRE IV.

Départ de LOHEYA.

APRÈS avoir examiné dans cette ville & dans ſes environs tout qui nous parut mériter quelqu'attention, nous ſouhaitâmes de continuer notre voyage pour viſiter les autres parties de l'Yemen. Il falloit alléguer une raiſon à notre ami *l'émir Farhân*, pour expliquer notre empreſſement de partir. Heureuſement nous apprimes qu'un vaiſſeau Anglois venoit d'arriver à *Mokha* : mais l'émir ſavoit bien que ce vaiſſeau ne repartiroit pas pour les Indes avant le mois de Juin. Nous lui dîmes donc, que nous avions à parler à nos compatriotes nouvellement arrivés, & que nous avions deſſein à cet effet de partir pour *Beit el Fakih*, de nous y repoſer un peu, & de continuer alors notre route juſqu'à *Mokha*. Il nous repliqua qu'il falloit que nous ne nous trouvaſſions pas bien à Loheya puiſque nous voulions le quitter ſitôt, quoiqu'aucun autre gouverneur ne s'intéreſſât autant à nous qu'il le faiſoit. Après lui avoir prouvé la néceſſité d'aller à *Mokha*, nous nous préparâmes à notre départ.

Nous avions fait une ample collection de curioſités naturelles, dont le tranſport par terre nous eût cauſé de trop grands fraix. Nous réſolûmes d'envoyer par mer nos caiſſes & tout le bagage dont nous pouvions nous paſſer à *Beit el Fakih*. Le gouverneur eut la complaiſance, d'accompagner nôtre envoi d'une lettre au *Dola de Mokha* pour le prier de laiſſer nos effets à la douane, ſans les toucher, juſqu'à notre arrivée.

Lorſque nous voulûmes prendre congé de notre ami *l'émir Farhân*, nous ne pûmes le voir parce qu'il étoit indifpofé. Quand il fut cependant que nous étions déterminés à partir le lendemain, il nous fit prier de venir chez lui le foir encore fort tard. Nous le trouvâmes avec plufieurs Arabes : il avoit devant lui un téléfcope anglois que je lui avois prêté ; une piece d'étoffe de foye, & un monceau d'écus. Il voulut me rendre mon téléfcope ; je le priai de le garder, & après s'être défendu affez long-tems, il l'accepta avec la plus vive fatisfaction. La piece de foye avec 20 écus étoient un préfent deftiné à notre médecin, & il nous preffa de recevoir les écus reftans pour payer nos chameaux & nos ânes de louage : lui & fa compagnie marquoient la plus grande furprife en nous voyant refufer les frais de notre tranfport, pendant que les voyageurs Turcs exigent des Arabes de telles rétributions. Notre domeftique qui avoit guéri un des chevaux du gouverneur reçut 10 écus de récompenfe.

Nous ne voulions rien accepter des Arabes fans le leur rendre, crainte de leur être à charge. Nous fimes donc encore préfent d'une montre à l'émir, qui n'en ayant jamais eu en propre, ne favoit comment la gouverner. Un marchand du Caire, établi à Loheya, promit de la remonter tous les jours. Nous nous féparâmes avec de véritables regrets de ce bon gouverneur.

Nous louâmes des chameaux pour notre bagage, & des ânes pour nous. En Arabie il n'eſt pas défendu aux chrétiens de monter à cheval; mais on en trouve rarement à louer. La monture ordinaire des voyageurs dans cette province ſont des ânes de la grande eſpece, courageux, forts & marchant d'un pas très-commode.

Comme on voyage dans l'Yemen avec autant de ſureté que dans aucun pays de l'Europe, nous n'avions pas beſoin d'attendre quelque petite caravane. Nous partîmes donc ſeuls de Loheya le 20 Février; nous fîmes prendre les devants aux chameaux, & quelques heures après, nous les ſuivîmes montés ſur nos beaux ânes.

CHAPITRE V.

Route par le TÉHAMA.

LA nature a partagé le pays d'*Yemen* en deux provinces différentes. La partie qui borde le golfe Arabique, eſt une plaine ſablonneuſe, qui s'éleve peu à peu en collines, & qui ſe termine par de grandes chaînes de montagnes. Cette plaine

SECTION VIII. 279

s'appelle le *Téhâma*; nous avions à la traverser, puisqu'elle s'étend jusqu'à *Beit el Fakih*.

Nous passâmes donc le premier jour de notre voyage par un pays aride & stérile, le long d'un bras de mer, qui s'étend assez loin dans les terres. Nous nous reposâmes près d'un village dans une cabane à café. Les Arabes appellent *Mokeya* cette espece de cafés, situés en pleine campagne, destinés à l'usage des voyageurs, comme nos cabarets en Europe. Ce sont de véritables huttes, qui contiennent à peine un *Serir* ou chaise longue de paille cordée, & où l'on ne trouve d'autre rafraichissement que du *Kischer*, boisson chaude faite de l'enveloppe des feves de café. On sert cette boisson dans de mauvaises tasses d'argile; mais les gens de distinction ont toujours des tasses de porcelaine dans leur bagage. L'eau fraiche se donne gratis dans ces huttes où le maitre qui habite quelque village voisin, ne vient que pendant le jour, pour servir les voyageurs.

Après une marche de six milles d'Allemagne, nous arrivâmes à minuit à un grand village, où réside un *sous-Dola* aves quelques soldats. L'émir *Farhân* nous avoit donné une lettre pour ce sous-gouverneur avec un ordre aux habitans de nous fournir un mouton, que nous ne voulûmes pas accepter. Mais ayant appris ensuite qu'un domeſtique de l'émir, qui voyageoit avec nous pour ſes propres affaires, avoit partagé avec le ſous-Dola la valeur de ce mouton, livrée en argent par les habitans, nous prîmes dans les autres villages, les moutons que l'émir ordonnoit de nous fournir.

Dans toute cette contrée l'eau nous parut rare & mauvaiſe. Nous trouvâmes cependant de grands villages, moins éloignés les uns des autres, qu'on ne devoit s'y attendre dans une plaine ſi aride. *Menegre* eſt un de ces villages, qui nous devint remarquable encore par la premiere *Manſale* que nous rencontrâmes. *Manſale* eſt une maiſon où les voyageurs ſont reçus gratis, s'ils veulent ſe contenter d'être traités ſuivant la maniere du pays; on les loge dans une hutte commune, meublée d'un *Serir*, & on leur ſert du *Kiſcher*, du pain chaud de millet, du lait de chameau, & du beurre. Quand le maître de cette *Manſale* fut averti de l'arrivée de quelques hôtes Européens, il vint voir ſi ſes domeſtiques nous traitoient bien: ſi nous nous étions arrêtés plus long-tems il vouloit faire tuer un mouton. Il nous fit cuire du pain de froment, qui eſt très-rare dans cétte province ; il fit apporter du lait de vache, quand il vit que celui de chameau nous rebutoit pas fa vifcofité. Nos domeftiques Arabes nous déconfeillerent d'offrir un préfent au maître de cette maifon, crainte de le choquer : mais fon domeftique vint nous joindre dans un endroit, où il ne pouvoit être apperçu, pour nous demander une petite récompenfe.

Après deux traites, nous nous repofâmes un jour entier à *Dahhi*, grand village qui a une mofquée, le tombeau d'un faint, & plufieurs maifons de pierres. Près de là nous vimes une tannerie & une fabrique de pots, qu'on cuit en plein air & fans four. Nous y vimes auffi fabriquer de l'Indigo, qui eft à bon marché, mais de mauvaife qualité. On confomme beaucoup de cette drogue, parce que les femmes du commun portent des chemifes & des caleçons de toile bleue.

De ce village il y a un chemin droit à *Beit el Fakih*, mais qui paffe par une contrée fi aride qu'on trouve rarement de l'eau & prefqu'aucun village. Nous choisîmes un chemin plus long, plus proche des montagnes, & nous nous trouvâmes bien de cette préférence : car nous rencontrâmes des petits bois, des villages plus fréquents environnés de buiffons, & beaucoup de puits : ces puits font profonds au moins de 160 à 170 pieds, mais bien placés dans des terreins en pente; situation commode pour les hommes & les bêtes, qui font obligés de monter l'eau en tirant une corde, à laquelle est attaché un fac de cuir. Ils tirent cette corde avec plus de facilité en defcendant la pente.

Deux grands villages, dépendants du *Dola de Beit el Fakih*, ne nous offrirent rien de remarquable. Mais dans deux endroits de cette route, nous vîmes des espaces parfemés de petits villages, portant tous le même nom: ce qui nous fit préfumer que de petites tribus ifolées s'étoient établies chacune dans un petit canton de cette province. Nous paffâmes auffi par deux de ces vallées, fi communes en Arabie, qui font remplies d'eau dans le tems des grandes pluies, & qu'on appelle des *wadi* ou des rivieres, quoiqu'elles foient entiérement à fec le refte de l'année.

Après avoir couché dans une de ces misérables huttes à café, nous arrivâmes le 25 Février de grand matin à *Beit el Fakih*, & nous fîmes tranfporter tout de fuite nos coffres à la douane; on ne les vifita cependant qu'à midi, en préfence du Dola. En attendant nous remîmes la lettre de notre marchand *Mechfen* de *Loheya* pour *Ambar Seif* un des principaux marchands de *Beit el Fakih*. Cet honnête homme nous reçut de la maniere la plus obligeante ; il loua pour nous une maison, il fit porter nos effets, & nous invita à dîner chez lui jusqu'à ce que nous fussions arrangés.

CHAPITRE VI.

De la ville de BEIT EL FAKIH.

CETTE ville est située dans une plaine, qui, quoiqu'assez stérile, est néanmoins bien cultivée : elle est ouverte, & les maisons ne se touchent pas. Parmi ces maisons il y en a beaucoup en pierres, & l'on bâtit tous les jours plus solidement : la plupart cependant sont construites encore selon l'architecture dont j'ai eu occasion de parler en décrivant Loheya. La ville de Beit el Fakih a une citadelle qu'on regarde comme importante dans un pays où les armées sont entiérement dépourvues d'artillerie.

Nous habitions une maison de pierre, dont le maître avoit été chassé de sa demeure par l'espece de fourmis, nommée *ard* par les Arabes. Cette fourmi, bien connue des naturalistes, bâtit des chemins couverts, par lesquels elle s'introduit dans les maisons, où elle dévore également les étoffes & les denrées : elle ne cause pas moins de dommage dans les jardins, où elle construit de ces chemins couverts depuis la racine jusqu'au sommet des arbres dont le suc flatte son goût, & les détruit, en mangeant les bourgeons & les extrémités des branches. Nos chambres en étoient pleines : nous nous servimes du remede ordinaire pour les éloigner, qui est de détruire leurs galeries à plusieurs reprises. Cet insecte les rétablit, il est vrai, avec une vitesse étonnante, sur-tout dans l'obscurité; mais à la longue il se rebute. Nous avions rencontré en chemin quantité de buissons couverts de terre, qui montroient une infinité de ces galeries; l'arbuste attaqué de cette maniere, étoit toujours mort.

La ville de *Beit el Fakih* n'est pas ancienne, & elle n'existe que depuis quelques siecles : elle doit son origine, comme Loheya, à un saint mahométan, appellé *Achmed ibn Musa*, où elle en tire son nom, qui signifie, *la maison ou la demeure du savant*. On montre le tombeau de ce saint hors de la ville sur une colline sablonneuse, où est aujourd'hui une belle mosquée. Au commencement, quelques dévots bâtirent des huttes autour de ce tombeau. A mesure que le

SECTION VIII.

port de *Ghalefka* devint impraticable, les habitans de cette ville se transporterent aussi autour de ce tombeau, pour la commodité de leur commerce. La ville étant devenue considérable, le seigneur de ce district bâtit, pour sa défense, une citadelle dans un endroit où l'on avoit découvert de l'eau. Actuellement la ville se trouve plus près de la citadelle, & les environs du tombeau sont presque déserts.

Ce saint est un grand faiseur de miracles ; voici le plus remarquable. Un pacha Turc, captif en Espagne depuis vingt ans, & attaché avec de pesantes chaînes à deux grosses pierres, avoit imploré en vain le secours de plusieurs saints. A la fin il se souvint du grand *Achmed*, & l'invoqua à son tour. Le saint tendit alors sa main hors du tombeau, & dans le même instant, le pacha arriva d'Espagne avec ses chaînes & ses pierres : ce miracle se fit la nuit de la fête du saint, même devant un grand nombre de témoins. On montre encore les pierres & les chaînes auprès du tombeau. Un tel miracle, de si fraîche date & opéré si publiquement, leur paroît prouvé avec la derniere évidence.

Une ville aussi récente ne peut pas contenir des antiquités intéressantes. J'ai cependant copié une ancienne inscription *Kufique*, en préfence d'un grand nombre de spectateurs, dont aucun ne me soupçonna, comme l'avoient fait les Egyptiens, de vouloir chercher des tréfors. Tous ces spectateurs étoient très-polis, & principalement quelques *fchechs* ou favans Arabes, qui parurent flattés de ce que des étrangers s'occupoient de l'étude de leur langue. Dans cette ville, comme à Loheya, j'avois tiré beaucoup de lumieres d'une autre espece de favans Arabes, qui nous fréquentoient familiérement : on les appelle *Fakih*, & dans toute l'Arabie leur fortune ne paroît pas répondre à leur mérite.

La ville de *Beit el Fakih* est bien située pour le commerce, éloignée d'une demi-journée des montagnes, qui produifent le café, & feulement de quelques journées des ports de *Loheya*, de *Hodeida*, & de *Mokha* par où l'on exporte cette denrée, elle en devient naturellement l'entrepôt le plus confidérable. Ce commerce y attire des marchands d'Egypte, de Syrie, de Barbarie, de Perfe, de Habbefch, des Indes, & fouvent même des Européens. Il y a auffi, comme dans toutes les grandes villes de l'*Yemen*, beaucoup de *Banians*, la plupart natifs de Diu, auxquels on accorde le libre exercice de leur religion. Ils

Section VIII.

n'ofent pas cependant amener leurs femmes, ni brûler leurs morts; & cette gêne les engage de retourner dans leur patrie quand ils ont amaffé quelque bien.

Beit el Fakih eft la réfidence d'un Dola qui gouverne un grand diftrict. Ce Dola ne paroiffoit pas fe foucier de nous, & fon indifférence à notre égard, nous valut plus de liberté, que nous n'en avions eu à Loheya. L'*émir Farhân* ayant appris que *Mr. Forskal* faifoit feul des courfes aux environs, crut que nous nous expofions trop, & ne voulut plus fouffrir que nous nous éloignaffions de Loheya fans être accompagnés d'un de fes foldats. Cette attention nous gêna, & nous euffions fouhaité de n'avoir pas un témoin de toutes nos queftions & de toutes nos recherches; puifque nous trouvâmes les habitans de l'Yemen affez civilifés pour ofer voyager parmi eux, comme on pourroit faire en Europe; le Dola de Beit el Fakih nous obligea, en ne prenant pas trop de foin de nous, & en nous laiffant parcourir le pays fans efcorte.

SECTION IX.

VOYAGES DANS LES ENVIRONS DE BEIT EL FAKIH.

CHAPITRE I.

Voyage à GHALEFKA.

Pour profiter de la liberté dont nous jouiſſions à Beit el Fakih, je me propoſai de faire ſeul quelques courſes pour examiner les endroits ruinés aujourd'hui, mais célebres autrefois dont parle *Abulfeda*; j'eſpérois d'y découvrir quelques inſcriptions, propres à montrer les variations ſurvenues dans les mœurs & la langue de cette province: mon attente ne fut pas entiérement trompée.

Convaincu de la ſureté entiere qui regne dans le *Tehama*, je réſolus d'aller à *Ghalefka*, & de faire ce voyage dans l'équipage le plus ſimple & le plus éloigné d'un air d'opulence qui eût pu tenter les brigands. Je louai un âne, dont le propriétaire qui ſuivoit à pied, me ſervoit de domeſtique. Un turban, un ſurtout ſans manches, chés, une chemife, une culotte de toile, à la mode des Arabes, & une paire de pantoufles, compofoient tout mon habillement. La coutume étant de voyager armé, je portois un fabre, & deux piftolets à la ceinture. Un mauvais tapis étoit, en même tems, ma felle, ma chaife, ma table & mon matelas; le linge, dont les Arabes s'enveloppent les épaules pour fe garantir du foleil & de la pluye, me fervoit de couverture pendant la nuit. Une cruche d'eau, indifpenfable dans ces contrées arides, pendoit à un crochet de ma felle. Depuis quelque tems, j'avois tâché de vivre à la maniere des Arabes: ainfi je pouvois me paffer de beaucoup de commodités, & je pouvois me nourrir de mauvais pain, la feule chofe qu'on trouve dans beaucoup d'auberges.

Le 7 Mars je partis de Beit el Fakih, & jufqu'à la diftance d'un mille de cette ville, je vis plufieurs villages. Mais le refte du chemin, pendant quatre milles & demi jufqu'à Ghalefka, je ne rencontrai que quelques puits fans aucune habitation. Les deux derniers milles, la route traverfe une contrée fi fablonneufe, que mon guide s'égara fouvent, à caufe des collines de fable que le vent enleve, tranfporte, & forme de nouveau. Il falloit même prendre des détours

Tome I.   T

pour éviter quelques-unes de ces nouvelles collines. Suivant mon calcul, Ghalefka eſt éloigné
de Beit el Fakih de deux milles & demi d'Allemagne, & autant de *Zébid*.

Ghalefka étoit autrefois une ville célebre, &
le port de *Zébid*, autre ville alors très-floriſſan-
te. Aujourd'hui ce port eſt entiérement impraticable : non-ſeulement parce que la mer s'eſt
retirée & que les bancs de corail augmentent,
mais ſur-tout à cauſe de la quantité prodigieuſe
de ſable fin que les vents pouſſent dans ces
parages, & qui a formé depuis peu une haute
colline. Il ne reſte que les ruines d'une moſquée
dédiée à un ſaint, qui par ſes prieres avoit obtenu une belle ſource, dont les habitans croyent
encore lui être redevables. Ces habitans ſont
actuellement logés dans une vingtaine de cabanes, où ils ſe nourriſſent de dattes & de quelques moutons.

La mer ne leur fournit gueres de poiſſon
elle ne leur donne que du ſel, dont chacun peut
prendre tant qu'il veut, en payant au ſecrétaire
du Dola de Beit el Fakih une petite redevance
par charge.

Dans le cimetiere qui eſt près de ce pauvre
village, je trouvai deux pierres avec des inſcrip-

tions *Kufiques*; une grande debout, & une petite couchée fur un tombeau. Les habitans ne comprirent rien à mon empreſſement pour copier l'inſcription de la grande pierre: mais quand le lendemain je cherchai la petite, on l'avoit emportée pendant la nuit, j'ignore par quelle raiſon. Je m'adreſſai au *Hakim* ou juge du village, & je lui promis une bagatelle s'il vouloit me la faire voir. Il me mena par beaucoup de détours à une miſérable cabane, où eſt le tombeau d'un autre ſaint: nous y trouvâmes cette pierre qui, ſelon ſon dire, n'avoit point été cachée par les habitans, mais que le ſaint étoit allé chercher lui-même. Malgré la protection du ſaint, le *Hakim* m'offrit de me faire tenir la pierre à Beit el Fakih, ſi je voulois payer le tranſport.

CHAPITRE II.

Retour par HODEIDA *à* BEIT EL FAKIH.

LE lendemain je partis de *Ghalefka* accompagné de mon ânier. Le chemin paſſe toujours près des côtes de la mer par une contrée ſablonneuſe & ſtérile, où l'on ne voit que des dattiers en petite quantité. On rencontre beaucoup de huttes à café, & un seul village. A quelque distance de ce village il y a des maisons, répandues parmi les dattiers, qui ne sont habitées que dans le tems de la maturité des dattes. J'arrivai le même soir à *Hodeida*, qui est éloigné de *Ghalefka* de cinq milles d'Allemagne.

Le port de *Hodeida* est un peu meilleur que celui de *Loheya* : cependant les gros vaisseaux ne peuvent pas non plus y entrer. Le *Dola de Hodeida* dépend immédiatement de l'*Imam* : mais ce gouvernement ne s'étend que sur la ville, & les revenus du gouverneur consistent dans une part sur les droits de l'exportation du café. La demeure du Dola, la douane & les maisons des principaux marchands sont de pierre : le reste de la ville consiste en cabanes bâties à la maniere ordinaire. Vers la mer est une petite citadelle de peu de défense. La ville a aussi son patron particulier, le *scheh Sadik*, qu'elle révere avec une dévotion digne d'un tel saint.

En arrivant à *Hodeida* je rencontrai *Mrs. de Haven* & *Cramer*, qui étoient venus pour remettre les lettres de recommandation de nos amis de *Dsjidda* au Dola & à un marchand considéré. Ils avoient été reçus, logés, & traités de la maniere la plus obligeante. Mais moi, ne voulant pas perdre mon tems en vifites, je repartis dès le lendemain 9 Mars pour Beit el Fakih.

Dans cette faifon on ne voyage que de nuit dans le Téhâma. Une telle manière de voyager me privant de l'avantage de voir les objets dignes d'être remarqués, je préferai de m'expofer à la grande chaleur, plutôt que de fuivre l'ufage.

On rencontre en chemin beaucoup de huttes à café, mais très-peu de villages. A un mille & demi de Hodeida il y a un puits de bonne eau, qu'on vient chercher depuis cette ville, puifque celle de la ville eft très-mauvaife. Après avoir paffé, en approchant de Beit el Fakih, quelques villages de peu d'importance, j'arrivai dans cette ville le foir du même jour. Elle eft éloignée de Hodeida, fuivant mon calcul de fept milles d'Allemagne, que j'ai fait dans un jour par les plus grandes chaleurs & fur un âne de louage.

CHAPITRE III.

Voyage à ZEBID.

COMME j'avois trouvé les Arabes fort honnêtes, & qu'il ne m'étoit rien arrivé de fâcheux dans une premiere courfe, je me hâtai d'en faire d'autres de cette efpece. Je partis dès le 11 Mars pour *Zebid*, afin de voir les reftes de cette ville fameufe, autrefois la capitale du Téhâma, & de découvrir quelques anciennes infcriptions cachées, à ce qu'on m'avoit dit, à *Tahæte*, petite ville voifine. Un Arabe lettré, mais pauvre, m'accompagna dans ce voyage, qu'il étoit bien aife de faire fans dépenfe pour aller voir à Zebid un ancien ami. J'étois charmé de l'avoir pour compagnon, & fa converfation me fit un plaifir fenfible.

Après avoir rencontré plufieurs cabanes à café & traverfé quelques hameaux peu confidérables, nous parvînmes à un grand village appellé *el Mahad*, fitué dans une belle vallée, qui reçoit des eaux de la montagne de *Rema*. Ces eaux forment, dans la faifon pluvieufe, une riviere qui fe partage en plufieurs branches, & fert à l'arrofement des terres. Il croît beaucoup d'Indigo dans cette vallée. Il y avoit anciennement dans le voifinage une grande ville, nommée auffi *el Mahad*; dont il ne refte plus aucune trace.

Quand on approche de *Zebid*, on apperçoit des tas de pierres, qu'on prétend être une par-

SECTION IX. 295

tie des ruines d'une grande & ancienne ville appellée *el Haud*. J'arrivai de bonne heure à Zebid ; & je fis en peu de tems les cinq milles d'Allemagne qu'on compte entre cette ville & Beit el Fakih.

Zebid est située près de la plus grande & la plus fertile vallée de tout la *Téhâma*. Cette vallée étoit alors à sec : mais dans la saison des pluyes il y coule une grande riviere, qui conduite comme le Nil, par des canaux sur des terrains assez éloignés, fertilise les campagnes.

Zebid étoit autrefois la résidence d'un souverain, & la ville la plus commerçante de tout le Téhâma. Mais depuis que le port de *Ghalefka* s'est comblé, son commerce se trouve transporté à Beit el Fakih & à *Mokha* ; de sorte que cette ville ne présente plus que des restes de son ancienne splendeur. De loin elle a quelque apparence, qu'elle doit à la grande quantité de mosquées & de *Kubbets* dont elle est remplie. Plusieurs de ces mosquées doivent leur origine à des pachas Turcs qui résidoient dans cette ville pendant le peu de tems où la Porte Ottomane a possédé cette partie de l'Arabie. Mais Zebid paye bien cher cette magnificence extérieure, parce que ses habitans sont appauvris par les richesses du clergé nombreux qui deſſert ces fondations pieuſes. On m'aſſura qu'en partageant en cinq parties le revenu total du territoire, le clergé tire trois de ces cinquiemes, que l'Imam prenoit un cinquieme par les impôts, & qu'il ne reſtoit aux habitans qu'un cinquieme pour leur ſubſiſtance.

Les Turcs ont laiſſé un monument utile de leur domination : c'eſt un aqueduc qui conduiſoit l'eau depuis les montagnes dans la ville. Mais on a négligé cet ouvrage au point qu'il n'en reſte que les ruines ; de ſorte que les habitans ſont actuellement obligés de ſe contenter de l'eau de leurs puits, qui cependant eſt aſſez bonne, & aſſez abondante pour arroſer quantité de beaux jardins qu'on voit aux environs.

Abulfeda donne huit portes à *Zebid* ; il n'en ſubſiſte plus que cinq, dont la riviere ronge peu à peu une partie. Les murs de l'ancienne ville ſont détruits, & les ruines mêmes ſe vendent par de pauvres gens, qui ramaſſent ces pierres pour en fournir ceux qui font de nouveaux bâtimens. Les maiſons qui ſubſiſtent occupent à peine la moitié de l'ancienne enceinte.

Une académie, où la jeuneſſe du *Téhâma* & d'une partie de l'*Yemen* va étudier les ſcien-

SECTION IX. 297

ces cultivées parmi les mufulmans, rend encore Zebid remarquable. Cette ville eft d'ailleurs la réfidence d'un dola, d'un mufti & d'un cadis de la fecte de *Schafey* ; outre deux autres cadis de la fecte de *Zeïdi*, dont eft l'Imam & la plus grande partie de fes fujets.

Je rencontrai dans une auberge le plus grand hâbleur & l'homme le plus vain que j'aye vu parmi les Arabes: c'étoit un *fchérif* ou un feigneur de la plus haute nobleffe, qui étant pauvre & fainéant, couroit le pays pour vivre aux dépens des gens riches de fa religion. Ayant été en Egypte, en Syrie, & jufqu'en Habbefch il fe vantoit de parler plufieurs langues étrangeres, dont il n'avoit appris que quelques proverbes. Je voulus tirer de lui quelques lumieres fur les pays qu'il avoit parcourus: mais il ne fut m'apprendre que les noms d'une infinité de fchechs, de pachas, de dolas, dont il prétendoit avoir été reçu avec les honneurs dûs à fa qualité de *fchérif*. Il m'ennuya avec fa généalogie, dont il me parla fans ceffe pour me prouver fa haute naiffance. Il méprifoit des *fchérifs* Turcs & les *feïds* Arabes, parce qu'ils s'allioient à des femmes étrangeres : dans fa famille, difoit-il, jamais un homme n'avoit époufé une roturiere. Il donna à une pauvre femme, qui faifoit notre café, le titre de *fchérifa*, dont on qualifie les dames de la plus haute qualité, & m'entretint long-tems de la belle généalogie de cette femme. Il appelloit fon fils, jeune garçon de dix ans, toujours *fchérif Achmed*, quoique ce fils lui fervît de domeftique. Le pere n'avoit loué pour lui & pour ce jeune homme qu'un feul *Serir* où ils couchoient enfemble; pendant que chaque voyageur, qui n'eft pas réduit à la mendicité loue au moins une chaife, comme dans les auberges en Europe on loue une chambre. Malgré fes airs de grandeur, il injurioit fouvent ce fils en l'appellant *Kælb ibn Kælb*, chien fils de chien.

Après avoir fait à Zebid les recherches que je me propofois, nous en partîmes le 12 Mars, & nous fimes deux milles & demi d'Allemagne pour arriver à *Tahæte*, qui étoit autrefois une ville, mais qui n'eft aujourd'hui qu'un village peu important. Le chemin paffe toujours par le *Wadi Zebid*, lit de riviere ou vallée, où nous vîmes de belles campagnes par-tout où les torrens n'avoient pas emporté la terre : on y cultive beaucoup d'Indigo, & je comptai près du village plus de 600 grands vafes dans lefquels on préparoit cette couleur.

SECTION IX. 299

Il y a dans ce village encore plusieurs mosquées & maisons de priere, bâties sur les tombeaux de quelques saints ou de gens riches. Le principal de ces saints est *Ibn Haffan* : son tombeau est enluminé toutes les nuits par des lampes, & un de ses descendans tient dans le village une *manfale* ou auberge franche. Je logeai dans une auberge ordinaire : le maître de la manfale vint m'inviter à aller chez lui, & comme je ne voulus pas me déplacer, il m'envoya un bon souper. Quoiqu'on m'eût dit, que les maîtres de ces manfales ne recevoient rien de personne, celui de *Tahate* accepta avec reconnoissance un petit présent en argent.

N'ayant rien trouvé de remarquable dans ce village, nous repartîmes le 13 Mars pour Beit el Fakih. En chemin je ne rencontrai gueres de maisons, excepté le grand village de *Murra*, situé dans la belle vallée *el Mahad*. Ce village renferme beaucoup de *Kubbets*, & une grande *manfale* où l'on nourrit tous les jours trente à quarante personnes.

CHAPITRE IV.

Voyage à KAHHME.

Persuadé de plus en plus, par mon expérience, de la facilité de voyager dans l'*Yemen* agréablement & fans rifque, je me préparai tout de fuite à une autre courfe. Ce qui me fit de la peine, c'étoit l'approche de *Ramadan*, qui commençoit cette année le 16 Mars.

Je craignis de trouver les mufulmans, voifins de la fource de leur religion, plus exacts obfervateurs encore de leur jeûne que les peuples plus éloignés. Les Arabes en Egypte qui nous avoient accompagnés dans le mois de Ramadan, avoient obfervé leur carême en voyage avec autant de rigueur que dans leurs maifons. Pendant tout le jour ils ne mangeoient & ne buvoient abfolument rien, & ils fe mettoient de mauvaife humeur quand ils nous voyoient prendre le moindre rafraîchiffement. Une telle gêne ne m'eut nullement accommodé. Mais je découvris, à mon grand étonnement, que les Arabes de l'Yemen n'étoient pas fi fcrupuleux, & qu'ils fe nourriffoient en voyage comme à l'ordinaire fans s'embarraffer du carême, dans l'intention, difent-ils, de jeûner autant de jours dans un autre mois ; de quoi ils ne se souviennent pas toujours réguliérement.

Assuré que, malgré le Ramadan, je pouvois vivre à mon ordinaire, je partis le 19 Mars, accompagné de mon seul ânier, pour *Kahhme*, où je comptois de trouver des antiquités dans les ruines de la ville de *Lélue*. Je passai par des villages, qui deviennent plus fréquents à mesure qu'on approche des montagnes : le plus considérable est *el Achsa*, fameux par le tombeau du saint *schech el Achsa*, le fils du saint *Achmed ibn Musa*, qui, comme je l'ai dit, est le patron de Beit el Fakih. Je traversai aussi une vallée dont la riviere se joint à celle de *Rema*, qui dans la saison pluvieuse coule jusqu'à la mer, où elle se jette près de *Schurem*.

Immédiatement après mon arrivée à *Kahhme*, je cherchai les antiquités de *Lélue* : mais je ne trouvai qu'un vaste cimetiere, rempli de pierres pentagones de huit pouces de diametre, & de la longueur de quatre à cinq pieds. Voyant ces pierres si régulieres, je crus d'abord que l'art leur avoit donné cette figure. Mais j'apperçus bientôt une colline du voisinage, toute composée de ces pentagones, dont les habitans s'étoient servis pour orner leur cimetiere. Toutes les couches de cette colline font pofées verticalement l'une à côté de l'autre, & l'une au-deffus de l'autre; elles paroiffent être jointes par une efpece de ciment léger. J'en vis de femblables dans d'autres endroits en Arabie. Après mon retour en Europe, j'ai lu dans un manufcrit de Mr. *Kœnig*, que ce favant Danois a découvert en Islande des montagnes compofées de ces pierres pentagones, rangées par couches verticales, & hautes de trois aunes fur une demi-aune d'épaiffeur. Cette efpece de pierre eft connue des naturaliftes fous le nom de *bafalte*.

Après avoir examiné le peu de curiofités que me préfentoit *Kahhme*, je m'en retournai à Beit el Fakih pour entreprendre quelque nouvelle courfe.

CHAPITRE V.

Voyage aux montagnes qui produifent le café.

PENDANT mon abfence Mr. *Forskal* n'avoit pas été oifif dans les fertiles montagnes à café, où il étoit allé faire des obfervations de botanique. La defcription riante qu'il avoit faite de cette contrée, avoit déja engagé *Mrs. Cramer & Baurenfeind* d'aller joindre notre ami dans ces montagnes. Je pris auffi le parti d'aller trouver mes compagnons de voyage, afin de refpirer un air frais & de boire de la bonne eau. Le trajet n'étant que d'une demi-journée, je ne rencontrai rien de remarquable.

J'apperçus de bonne heure la petite ville de *Hadie*, fituée fur une des premieres hauteurs; il fallut y monter par d'affez mauvais chemins : les Turcs avoient conftruit une chauffée qu'on a laiffé dégrader. Mes compagnons, que je comptois rencontrer dans cette ville, étoient fur la montagne dans les jardins. Je les joignis après deux heures de marche, près du village de *Bulgofe*, un de ceux qui fubfiftent par le produit du café. Dans ces endroits, on ne peut plus fe fervir ni d'ânes ni de mulets; il faut grimper ces montagnes efcarpées par des chemins étroits & difficiles. Malgré cet inconvénient, cette route, entourée de jardins & de plantations de cafiers, me parut charmante, en comparaifon des plaines arides du *Téhâma*.

Près de *Kahhme* je n'avois vu qu'une petite colline de bafalte : ici une grande partie des montagnes paroît compofée de cette pierre. Les rochers détachés forment un beau coup-d'œil, furtout dans les endroits où l'eau fe précipite de quelque sommet : ces cascades paroissent alors soutenues par des rangées de petites colonnes droites. Cette pierre est d'une grande utilité aux habitans de la contrée : ils employent ces colonnes, faciles à séparer, pour faire des degrés dans des chemins escarpés, & pour construire les murs, nécessaires pour soutenir les plantations de cafiers sur le penchant des montagnes.

L'arbre qui produit le café, est si connu en Europe, que je puis me passer d'en donner la description. Tous les cafiers étoient en fleurs à *Bulgose*, & répandoient l'odeur la plus agréable : on les plante sur des terrasses qui forment des amphithéatres charmans. La plupart n'ont de l'eau que par les pluyes : on en arrose quelques-uns au moyen de grands réservoirs pratiqués sur les hauteurs, dans lesquels on amasse l'eau de source, pour la distribuer sur les terrasses, où les arbres sont plantés si serrés, qu'à peine les rayons du soleil peuvent percer ces bosquets. On nous dit, que ces arbres arrosés artificiellement portoient deux récoltes par année ; mais que le fruit ne mûrissoit bien qu'une fois ; de sorte que le café de la seconde récolte, ne parvenant pas à sa parfaite maturité, étoit toujours inférieur à celui de la première.

Comme

SECTION IX.

Comme dans cette contrée les pierres sont [pl]us communes que dans le *Téhâma*, on y bâtit [de]s maisons de pierres, tant celles qui forment [le]s villages, que celles qui sont dispersées dans [le]s montagnes. Quoiqu'elles ne soient pas com[pa]rables à nos bonnes maisons en Europe, elles [ne] laissent pas d'avoir une belle apparence ; celles [su]r-tout, qui, placées sur les hauteurs, sont en[vi]ronnées de beaux jardins, & d'arbres plantés [e]n amphithéatre.

A *Bulgose* nous étions déja bien élevés au-des[su]s de la plaine ; à peine cependant à la moitié de [la] hauteur de *Kusma*, où demeure le dola de ce [d]istrict, sur la cime de la plus haute de ces mon[ta]gnes. On jouit de toute part de coups-d'œil [r]avissants. Mr. *Baurenfeind* dessina une de ces [v]ues singulieres. *V. Pl. 9*.

Nous passâmes la nuit à *Bulgose*. Plusieurs [A]rabes de ce village vinrent nous visiter, & après [q]u'ils se furent retirés, nous eûmes là visite de [n]otre hôtesse, accompagnée de quelques jeunes [f]emmes & filles, toutes curieuses de voir des Eu[r]opéens. Elles parurent moins gênées que les fem[m]es des villes : elles ne portoient aucun voile [s]ur le visage, & nous parloient en toute liberté. [C]omme l'air est plus frais dans ces montagnes, le

Tom. I.   V

sexe y a le teint plus beau & plus blanc que dans la plaine. *Mr. Baurenfeind* deffina une jeune villageoife qui alloit puifer de l'eau, & dont l'habillement confiftoit dans une chemife de toile, rayée bleu & blanc. Le haut & le milieu de cette chemife, comme auffi le bas des caleçons, étoit orné d'une broderie en différentes couleurs. *V. Pl.* 10.

Le 22 Mars nous defcendîmes des montagnes à *Hadie*, endroit fort connu des Européens, qui viennent de Beit el Fakih, pour paffer quelque tems dans cette petite ville, à caufe de la fraîcheur de l'air & de la bonté des eaux. Elle eft cependant mal bâtie, & n'a rien d'intéreffant que fon commerce en café, que les montagnards apportent certains jours de la femaine. Après avoir payé les droits dûs au dola, on empaquete ce café, & on le tranfporte fur des chameaux à Beit el Fakih, ou en droiture à *Hodeida*.

Nous admirâmes encore une vue extraordinaire & riante, depuis la maifon du fous-dola à *Hadie*, & nous revînmes le foir à *Beit el Fakih* par le même chemin, que nous avions pris en allant à la montagne.

IX.

SECTION X.

VOYAGE DANS LA PARTIE MON-
TUEUSE DE L'YEMEN.

CHAPITRE I.

Départ de BEIT EL FAKIH.

Nos recherches furent plus faciles à Beit el Fakih que dans tout le reste de l'Yemen. Les habitans accoutumés aux manieres des Européens, voyoient que nous ne pouvons pas, comme les Orientaux, rester continuellement assis à la même place. Ils n'étoient donc pas surpris de nos courses, & quand nous leur disions que l'exercice étoit nécessaire à notre santé, ils se contentoient de cette raison.

Nos amis, que nous consultions sur nos démarches, ne comprenoient pas pourquoi nous prenions plaisir, *Mr. Forskal* & moi, à faire des courses dans la saison des grandes chaleurs, pendant qu'eux, accoutumés au climat, ne sortoient pas de leurs maisons sans nécessité. Dans la supposition, que nous étions venus en Arabie pour paſſer aux Indes, ils nous conſeillerent d'éviter tout voyage fatiguant, & de ménager notre ſanté. Enfin quand ils nous virent négliger leurs conſeils, & dépenſer beaucoup ſans rien gagner par le commerce, ils s'imaginerent que nous ſavions faire de l'or, & que les excurſions de *Mr. Forskal* avoient pour but, de chercher dans les montagnes les plantes néceſſaires pour le grand œuvre. Mes obſervations aſtronomiques me donnerent à mon tour, la réputation d'exercer la magie.

Heureuſement pour nous, ces belles réflexions ne ſe faiſoient, que dans le petit cercle de nos connoiſſances. Le dola paroiſſant nous oublier, ne s'étoit pas encore informé du but de notre ſéjour dans ſon gouvernement. Je voulus mettre à profit ces inſtans de liberté, pour connoître un peu l'intérieur de l'Yemen, après avoir viſité les environs de Beit el Fakih dans le Téhâma. Comptant de voir la partie méridionale des montagnes, dans le voyage que nous projettions de faire de *Mokha* à *Sana*, je me décida de viſiter *Udden* & *Taæs* : mais l'expérience m'apprit qu'on m'avoit trompé ſur la ſituation de ces villes, ſituées plus au ſud qu'on ne me l'avoit indiqué.

SECTION X.

On voyage en toute fureté dans le Téhâma de nuit comme de jour: mais on n'aime pas être en route de nuit dans la contrée montagneufe, où on pourroit courir des rifques fi l'on s'engageoit feul même de jour dans des chemins auffi écartés que ceux que j'avois deffein de parcourir. Je ne favois pas d'ailleurs la langue des montagnards, affez différente de celle des habitans des villes. Toutes ces raifons m'engagerent à prier *Mr. Forskal*, qui avoit appris fur les montagnes à café, quelque chofe du langage de la contrée montueufe, de m'accompagner dans cette courfe. Mon ami efpérant de tirer parti de ce voyage pour fes recherches botaniques, déféra tout de fuite à ma priere.

Les préparatifs de notre voyage étoient auffi fimples, que ceux dont j'avois fait ufage jufqu'alors. Nous louâmes deux ânes, dont le propriétaire, marchant à pied, nous fervoit de guide, de domeftique & fouvent d'interprete. Nous avions déja, à la mode des Arabes, une barbe refpectable, qui jointe à nos habits longs, nous donnoit un air tout à fait oriental. Pour nous cacher mieux encore, chacun de nous prit un nom Arabe: ce qui nous déguifa fi bien que notre ânier même nous crut des chrétiens de l'orient, sans soupçonner que nous fussions Européens. —— Dans cet équipage, & suivis de notre ânier, nous partîmes le 26 Mars de Beit el Fakih.

CHAPITRE II.

Route jusqu'à la ville d'UDDEN.

Nous traversâmes, plusieurs villages, dans la plaine & après avoir fait cinq milles & demi d'Allemagne, nous arrivâmes à *Robo*, grand village, où il y a toutes les semaines un *Suk*, ou marché. Nous y couchâmes la premiere nuit.

Le lendemain, après le trajet d'un mille nous entrâmes dans les montagnes. A côté du premier village nous vîmes aussi une eau courante; c'étoit la premiere que nous avions rencontré en Arabie. Cette riviere s'appelle *Wadi Zebid* avant qu'elle entre dans le Téhâma : son lit est très-étendu ; mais comme depuis long-tems il n'étoit pas tombé de pluye elle n'avoit que 20 à 24 pieds de largeur. Dans cet endroit, elle a assez de courant; mais, dès qu'elle entre dans le Téhâma, elle se répand dans la plaine & se perd entiérement dans le sable.

SECTION X. 311

Nous passâmes le même jour à côté du mont *Sullâm*, où suivant la relation d'un Arabe du pays, je comptois trouver des hiéroglyphes, ou des inscriptions taillées dans le roc. Mais c'étoient quelques figures gravées par un berger oisif, aussi maussades que celles du *Mont-Sinaï*. Nous couchâmes à *Machfa*.

La route que nous suivions, n'est gueres fréquentée par des voyageurs. Les chemins sont très-mauvais & peu sûrs, parce qu'on ne rencontre presque point d'habitation. Cependant depuis quelques années, il y a moins de danger : le seigneur d'*Udden* a mis à *Machfa* quelques soldats avec un sous-dola, qui est responsable des vols faits dans son district : cette police a fait disparoître les voleurs.

Machfa est un de ces villages, où toutes les semaines il se tient une foire. Les maisons y sont plus mauvaises encore que dans le Téháma. Elles n'ont point de murs, & consistent dans quelques chevrons couverts de roseaux. Nous eûmes de la peine à nous loger dans une de ces cabanes; si petite qu'on ne pouvoit gueres se tenir debout au milieu, & que deux personnes couchées par terre l'occuperoient entiérement. Elle n'auroit pû contenir un seul *Serir* : aussi ces montagnards s'asseyent & se couchent par terre. Comme l'air est plus froid dans cette contrée que dans le Téhâma, les habitans se mettent tous nuds dans un sac, où leur transpiration les réchauffe. Nous ne trouvâmes dans toutes les auberges de cette route aucune autre nourriture, que du mauvais pain de *Durra*, espece de gros millet & quelquefois du lait de chameau : mais l'eau est par-tout délicieuse.

Le 28 Mars nous passâmes dans des chemins extrêmement tortueux, par un canton où les terres commencent à être plus fertiles & mieux cultivées. Les maisons bâties en pierre, avec des toits en plate-forme y sont beaucoup meilleures. Celles des paysans n'ont cependant d'autres murs, que des pierres posées à sec les unes sur les autres, sans être liées par du mortier : ils couvrent les toits de terre.

Nous traversâmes un village où il y avoit foire, & cette circonstance nous fit hâter nos pas puisque nous voulions éviter la foule. Près de cet endroit, au pied d'une haute montagne, nous vîmes un sable luisant, consistant en débris de *Mica* : ce brillant fait croire au peuple que cette montagne contient une mine d'or. Nous apperçûmes aussi sur des hauteurs les tombeaux de plu-

Section X. 313

fieurs faints, & près d'un de ces tombeaux un puits avec une auge de bois, dans laquelle quelques dévots verfoient continuellement de l'eau, pour abreuver les bêtes qui paffoient. Nous couchâmes dans une hutte à café, à côté d'un village qui n'eft habité qu'un feul jour de la femaine, celui où fe tient la foire; de forte que nous n'y trouvâmes aucun autre habitant que l'hôte du café.

On attendoit depuis long-tems la pluye dans ces quartiers. Pour en profiter, le payfan avoit conftruit des digues le long des hauteurs, pour diriger le cours de l'eau fur fes champs. La pofition des champs eft favorable à cet arrofement : on les met en terraffes, foutenues par des murailles féches, qui ont auffi leurs digues pour contenir l'eau néceffaire à la végétation. Si cette méthode eft bonne, on ne peut que blâmer celle de ces montagnards pour abattre les arbres. Ils font du feu au bas de la tige, & l'entretiennent jufqu'à ce que l'arbre tombe par fon propre poids.

Le lendemain nous rencontrâmes une petite riviere, qui fe jette dans celle de *Zébid*, & plufieurs ruiffeaux dont cette contrée paroît abonder. Nous vîmes pour la premiere fois, depuis notre départ de Beit el Fakih, des arbres à café, dont il y a des plantations le long du chemin. Nous nous raprochâmes de la riviere *Zébid*, dont un bras fec, rempli de rofeaux de 20 pieds de haut, nous fervoit de chemin, qui étoit agréablement ombragé par ce berceau de rofeaux. Le foir nous arrivâmes à *Udden*.

La ville d'*Udden* eft ouverte & petite. Elle contient 300 maifons, toutes bien bâties de pierres. L'*Imam* n'y entretient point de dola : elle eft gouvernée par un *fchech* héréditaire, qui eft vaffal de l'Imam. Ce fchech habite un palais fitué hors de la ville fur une haute montagne.

Excepté les environs d'*Udden*, tout le pays, que nous avons parcouru dans cette route, eft affez mal peuplé. Mais le territoire de cette ville l'eft d'autant plus, à caufe du grand produit des cafiers, dont le fruit eft fort recherché, puifque le café d'Udden paffe pour être le meilleur de toute l'Arabie.

CHAPITRE III.
Route depuis UDDEN *à* DSJOBLA.

ETANT partis le 30 Mars d'*Udden*, nous traverfâmes une contrée toujours plus peuplée.

SECTION X. 315

Nous vîmes, près d'un village, un champ planté d'assez mauvaises cannes de sucre.

A moitié de la journée il falloit passer une montagne très-escarpée. Le chemin qui y conduit avoit été pavé; mais depuis long-tems on a négligé de le réparer. Je vis sur cette montagne une nouvelle preuve du soin que prennent les Arabes, pour la commodité des voyageurs. Nous rencontrâmes pour la premiere fois, un *Madsjil*, c'est-à-dire, un réservoir, rempli de la plus belle eau fraîche, à l'usage des passants. Ces réservoirs sont bâtis en cône, maçonnés, & toujours accompagnés d'un vase propre à puiser l'eau. Un voyageur fait mieux cependant d'avoir sa propre tasse, & mieux encore s'il porte avec lui une cruche. Dans toutes les parties fertiles de l'*Yemen* nous avons trouvé quantité de ces *Madsjils*, à côté des grands chemins.

Comme les orages sont assez fréquents dans ces montagnes, on a bâti sur celle que nous traversâmes, quelques petites maisons, en forme de voûtes, pour servir d'abri aux voyageurs surpris par une tempête imprévue.

Le thermometre, que nous avions avec nous, comparé à celui que *Mr. Baurenfeind* observa en même tems à Beit el Fakih, nous montra une grande différence entre la température de l'air de ces contrées montueuses, & de celui de la plaine. Un thermometre plus simple & plus naturel nous l'avoit déja montré, c'est l'habillement du peuple : pendant que les habitans du Téhâma étoient presque nus, les montagnards portoient encore des pelisses de mouton.

Nous vîmes, chemin faisant, plusieurs villages situés dans un pays cultivé. Les côteaux étoient couverts de champs semés de seigle, qui, placés en terrasses, présentoient un aspect très-agréable. Cette partie de la contrée, quoique d'ailleurs très-fertile, ne produit pas du café.

Les Arabes de l'Yemen, & principalement les montagnards, arrêtent souvent les étrangers pour leur demander d'où ils viennent & où ils vont. Comme ces questions viennent uniquement du desir d'apprendre des nouvelles, il eut été malhonnête de n'y pas répondre. Nous disions à l'ordinaire que nous venions d'*Escham*, du nord; expression qui leur faisoit croire que nous étions Turcs originaires de la Syrie. Lorsqu'on nous demandoit expressément si nous étions Turcs, nous nous donnions pour des *Nassâra*, & alors on nous croyoit Grecs ou Arméniens. Nous cachions notre patrie, pour être à l'abri de la curiosité importune. L'hôtesse d'un café nous prit pour des ecclésiastiques Turcs, & se recommanda à nos prieres. A *Dsjöbla* un homme me salua sous le nom d'*Adsji Achmed*, & crut m'avoir connu depuis plusieurs années.

Dans toute cette route on ne nous inquiéta nulle part ni pour des passeports, ni pour des droits de passage, & nous ne fûmes exposés à aucune de ces difficultés, par lesquelles en Europe même, on arrête si souvent la marche des voyageurs. Malgré le *Ramadan*, nous trouvâmes dans les huttes à café les plus isolées, notre nourriture ordinaire, & dans les villes nous osâmes en plein jour acheter librement des vivres.

La ville de *Dsjöbla* est la capitale d'un district & la résidence d'un dola: située sur les bords d'un précipice profond, elle peut contenir 600 maisons hautes & bien bâties. Ses rues sont pavées, ce qui est rare en Arabie. Les Juifs demeurent, comme par-tout en Yemen, hors de la ville dans un quartier séparé.

Cet endroit étoit déja célebre il y a plusieurs siecles: je n'y ai pu cependant découvrir aucune inscription remarquable. On me montra les ruines de quelques mosquées, mais qui ne me parurent pas d'une grande antiquité. La ville n'a ni château ni murailles. A quelque diftance on voit une place entourée d'un mur où doit être enterré un pacha Turc: ce qui prouve que la Porte Ottomane avoit pouffé fes conquêtes jufques dans cette contrée montueufe.

CHAPITRE IV.

Route de DSJOBLA par TAÆS à HÆS.

LE 31 Mars nous continuâmes notre route par des chemins qui ferpentoient dans un terrein fort inégal. Nous couchâmes dans une fort grande *Simferä*, nom arabe des *Kans* ou *Karavanferai*, fitué fur le flanc d'une haute montagne.

Depuis ce *Kan* nous prîmes un guide pour nous mener fur une montagne voifine & beaucoup plus élevée encore, où nous devions voir un très-ancien château arabe. Nous trouvâmes en effet, fur le fommet, les ruines d'un bâtiment confidérable en pierre de taille, avec des murs garnis d'embrafures & flanqués de tours. Il fubfifte encore deux réfervoirs très-bien maçonnés. Tout le bâtiment annonce par fa conftruction une haute antiquité, & les Arabes l'attribuent à un certain

Affâne Jæhheli. Ce mot *Jæhhel* signifie un ignorant, & les Arabes aiment à désigner, par ce terme, leurs ancêtres payens, pour les distinguer des autres idolâtres qu'ils appellent *Kafr* ou infideles. Je ne trouvai aucune inscription dans ce château: mais depuis la hauteur on jouit d'une vue superbe sur une quantité de petites villes & villages qu'on découvre de loin.

Depuis la *Simsera*, où nous avions couché, nous descendîmes la montagne par la grande route qui va de *Mokha* à *Sana*: le chemin est bien entretenu, il est pavé & assez commode, quoique tournant autour d'une descente très-escarpée. Nous traversâmes ensuite une assez grande plaine, & nous passâmes près d'un grand nombre de villages, de huttes à café & de *Madsjils*.

Nous couchâmes dans une de ces huttes, si mal pourvue, que notre souper consista uniquement en mauvais pain que nous avions avec nous. L'hôte avoit même assez de peine à ramasser quelque nourriture pour nos ânes. Le lendemain nous vîmes de bonne heure la citadelle de *Taæs*; mais nous ne découvrîmes la ville qu'à midi, à notre arrivée.

Ne voulant pas être reconnus, & comptant de revoir *Taæs* dans notre voyage à *Sana*, nous n'entrâmes pas dans la ville, & nous prîmes le parti de continuer notre route pour nous rapprocher du *Téhâma*. Nous quittâmes bientôt la grande route de *Mokha*, & en tournant vers l'ouest, nous marchâmes dans des chemins pierreux & ferrés sans rencontrer aucun endroit remarquable.

La contrée que nous parcourûmes le lendemain 3 Avril, est peu habitée & peu fertile. Nous fûmes frappés de la quantité extraordinaire de pierres dont les champs labourables sont couverts. Quelques habitans croyent ces pierres nécessaires pour empêcher que les terres ne soient brûlées par le soleil : mais elles sont plutôt l'indice d'une culture négligée, qui l'est aussi à un point, que désespérant de trouver des vivres dans ce canton, nous avions pris avec nous nos provisions en pain & en œufs.

Nous traversâmes ensuite une plaine couverte de dattiers : mais rentrés bientôt dans les montagnes, nous parvînmes dans le territoire d'*Ibn Aklân*, où les champs, quoique moins pierreux, sont mal cultivés, & les murs qui devoient les soutenir, en grande partie écroulés. Cet air de désolation étoit l'effet de la guerre entre l'*Iuran* de *Sana* & le *schech* indépendant, de la famille d'*Aklan*, auquel appartient ce canton. Depuis cette guerre

SECTION X.

guerre le fchech reconnoît la souveraineté de l'Imam, & ne peut plus entretenir des troupes.

En avançant vers le Téhâma, nous rencontrâmes quelques villages & quelques petites rivieres. Nous passâmes une nuit dans une hutte à café isolée, dont le maître même se retira dans un village voisin. Nous voyant ainsi seuls, nous nous crûmes heureux d'avoir fait, sans accident, dans ces contrées inconnues, un voyage qui dans les pays les plus policés de l'Europe ne seroit pas exempt de danger.

Le 4 Avril nous eûmes de mauvais chemins par des collines, & nous passâmes à plusieurs reprises le *Wadi Suradsji*, riviere considérable & même rapide, quoique la pluye eût manqué depuis long-tems. Nous ne vîmes aucun village: il n'y avoit que quelques huttes à café.

Dans ce canton désert, sur les confins du Téhâma, *Mr. Forskal* découvrit, avec beaucoup de joye, l'arbre qui produit le baume de la Mecque. Cet arbre étoit assez grand, & tout en fleurs: ce qui mit mon ami en état de l'examiner & de le décrire à loisir. Il croît dans beaucoup d'endroits de l'*Yemen*, mais les habitans qui l'appellent *Abu Scham*, ou l'arbre odoriférant, ne savent en tirer d'autre parti, que de parfu-

Tom. I.   X

mer leurs demeures en brûlant son bois. O[n] avoit arraché pour cet usage beaucoup de bran[-]ches de cet arbre, sous l'ombre duquel nou[s] nous étions reposés.

En continuant notre chemin, nous passâme[s] quelques petites rivieres qui se déchargent dan[s] une grande. Nous eûmes au sud la vue d'un[e] grande chaîne de montagnes; mais nous ne vî[-]mes que quelques auberges, & point de villages jusqu'à ce que nous eûmes passé cette contré[e] montueuse; alors nous en recontrâmes u[n] grand rempli de *Kubbets*, & peu distant de *Hæ*[s] où nous arrivâmes le même soir.

La ville de *Hæs*, éloignée de 12 milles d[e] *Taæs*, & située dans le *Téhama*, est petite [&] mal bâtie. Elle est néanmoins la capitale d'u[n] district, & la résidence d'un dola, qui occup[e] une petite forteresse. On y fabrique beaucoup d[e] poterie, sur-tout de ces mauvaises tasses pou[r] boire le *Kischer*. Son district est peu étendu, [&] resserré d'un côté par celui de *Zébid*, & de l'au[-]tre par le territoire du *schech d'Ibn Aklan*.

CHAPITRE V.

Retour à BEIT EL FAKIH.

Nous partîmes de *Hæs* le 5 Avril, & nous arrivâmes le soir à *Zébid*, après avoir rencontré plusieurs villages & huttes à café. Nous passâmes à sec la riviere *Suradsji*, que nous avions vue le jour auparavant, encore si considérable dans les montagnes; mais en traversant les belles campagnes de la vallée, qui en est arrosée, nous apperçumes la cause de la perte de ses eaux, & en même tems leurs effets.

Notre route de *Zébid* à *Beit el Fakih* étoit la même que j'ai décrite plus haut. Le 6 Avril nous arrivâmes dans cette derniere ville.

En sortant des montagnes nous trouvâmes les chaleurs excessives. Pour nous reposer nous avions mis pied à terre dans l'auberge d'un village entre *Hæs* & *Zébid*; les murs de cette maison étoient construits de pierres brutes, posées les unes sur les autres sans aucune liaison de mortier; de sorte que, malgré la tranquillité de l'air, il y regnoit un vent coulis universel. Dans la chaleur insupportable qu'il faisoit, cette fraîcheur nous fut extrêmement agréable. J'eus l'imprudence de me coucher par terre, sans me couvrir de mon grand linge, & je m'endormis, accablé par la chaleur & par les fatigues du voyage. Mon imprudence me coûta cher : j'eus une fièvre violente avant d'arriver à *Zébid*, & qui continuant après mon retour à Beit el Fakih, me rendit incapable d'aucun travail.

En arrivant dans cette ville le 6 Avril, nous trouvâmes aussi *Mr. de Haven* indisposé. Il étoit attaqué du scorbut, & fort dégoûté de la vie que nous étions obligés de mener. Depuis long-tems nous manquions de vin & d'eau de vie : on nous déconseilla le café comme trop échauffant ; le Kischer, quoique réputé sain, est une boisson fade, & l'eau est très-mauvaise dans tout le Téhama. Notre cuisinier ne pouvoit pas nous préparer des mets, aussi simples que le sont ceux des Arabes, nation connue par sa sobriété. Par cette raison, nous mangeâmes tous les jours de la viande, quoique nos amis, connoissant mieux leur climat, nous eussent conseillé de nous en abstenir. Cet usage continuel d'une nourriture animale, a sûrement fait beaucoup de tort à notre santé, & a ruiné celle de nos compagnons qui se donnoient peu d'exercice. Tel étoit *Mr. de Have*

SECTION X.

qui ne quittoit fon fopha, que pour aller manger.

Cette année le premier jour du *Beiram* tomba fur le 14 Avril; jour où le dola fortit de la ville accompagné d'une grande multitude, pour faire la priere en plein air dans une grande place quarrée. La fête dure trois jours, pendant lefquels les Arabes fe régalent, & n'entreprennent aucun voyage ni aucun travail.

Le 17 Avril nous eûmes occafion de voir à Beit el Fakih un exemple du fang froid & de la fermeté des Arabes. Le feu prit à une maifon à l'extrèmité méridionale, &, comme le vent fouffloit du fud avec violence, en peu de tems la plus grande partie de la ville fut dévorée par les flammes. Cependant les habitans reftoient tranquilles: on n'entendoit dans les rues ni cris, ni lamentations, & quand on plaignoit leur fort, ils repliquoient: c'eft la volonté de Dieu. Nous occupions une maifon de pierre dans un quartier que les flammes épargnerent: montés fur notre toit, nous vîmes les toits des autres maifons remplis de fpectateurs, qui regardoient tranquillement l'incendie. Un favant pauvre, qui nous rendoit fouvent des vifites, vint nous voir, après avoir mis en fureté fes effets, &

nous indiqua d'un air indifférent le moment où sa maison s'embrasa. Dans un tel accident un Arabe, il est vrai, ne perd pas beaucoup : à l'approche du feu, il prend ses meubles sur le dos, & se réfugie dans un autre quartier, ou même en pleine campagne. Il ne perd que sa chétive cabane, qu'il rebâtit facilement & à peu de fraix.

SECTION XI.
VOYAGE DE BEIT EL FAKIH A MOKHA.

CHAPITRE I.

Route jusqu'à MOKHA.

LORSQUE *Mr. de Haven* & moi, nous fûmes assez rétablis pour pouvoir supporter les fatigues du voyage, toute notre compagnie se détermina à partir. Nous partîmes donc de *Beit el Fakih* le 20 Avril, & nous prîmes notre chemin par *Zébid*, où j'avois été déja en mon particulier.

On préfere dans le *Téhàma* de voyager de nuit, comme j'ai déja eu occasion de le remarquer : mais comme en suivant cette coutume, *Mr. Forskal* n'auroit pas pu herboriser, ni moi observer le pays, nous résolûmes de nous faire accompagner par un ânier, de prendre les devants, de voyager de jour malgré la chaleur, & de laisser suivre de nuit le reste de la compagnie, les domestiques & le bagage.

En conféquence de cet arrangement, nous partîmes feuls le matin, & nous paffâmes par la contrée qui eft arrofée par la riviere de *Zébid*, & par les canaux qu'elle fournit. Cette belle campagne a prefque deux milles de largeur. On labouroit quelques champs, & on les entouroit de levées de terre, pour y retenir l'eau pendant un tems fixé, & la faire couler enfuite fur les terres voifines. Depuis ces terres arrofées jufqu'à *Mokha*, on ne voit gueres de villages : tout le pays eft aride, fablonneux, & couvert de cette mauvaife herbe dont on couvre les toits dans cette province. Au milieu de ces plaines de fable, les chaleurs font exceffives : nous étions enchantés, quand nous pouvions nous mettre quelquefois à l'ombre, dans une miférable cabane à café.

Le fecond & le troifieme jour, nous ne rencontrâmes que des cabanes de cette efpece, jufqu'à notre arrivée à un grand village appellé *Maufchid*. Nous fûmes effrayés par le récit d'une petite guerre entre deux familles, dans laquelle un homme avoit été tué le jour précédent. Mais on nous affura, que ces querelles particulieres ne troubloient jamais la tranquillité publique. Quand un Arabe eft tué, fa famille peut s'accorder avec le meurtrier pour de l'argent; ou elle peut prétendre que le magiſtrat lui livre le meurtrier pour le tuer; ou enfin elle déclare, qu'elle veut ſe venger ſur l'aſſaſſin ou ſur ſes parens. Quelques années auparavant, un payſan de *Mauſchid* avoit été tué par un homme d'un autre village : & la famille du mort avoit préféré la vengeance. Malheureuſement, l'homme qu'on venoit de tuer étoit auſſi de cette famille, qui avoit deux morts à venger par un combat particulier, qui eſt uſité chez ces peuples. Le lendemain nous rencontrâmes, dans une hutte à café, un homme du parti victorieux, armé d'un gros bâton, qui nous témoigna combien il déſiroit de ſe battre, puiſqu'il s'agiſſoit d'une affaire d'honneur. La ſeule choſe qu'il regrettoit, c'étoit l'amende que ſa famille devoit payer pour ces deux morts, dont la vie ne lui importoit en aucune maniere.

Dans ce même village réſide un ſous-dola, avec quelques ſoldats du dola de *Hæs*. On exigea comme à *Zébid*, un péage pour chaque chameau chargé; ce qui me fit préſumer qu'on paye des droits en entrant dans chaque juriſdiction. Notre accord avec le chamelier, l'obligeoit à acquitter les droits pour nous : mais il concerta avec les visiteurs un moyen de s'en dispenser. Ils vinrent nous dire, qu'il falloit payer ou souffrir qu'on visitât notre bagage; quand nous voulûmes nous plaindre au juge du lieu, ils se désisterent de leurs prétentions. Ainsi, par toute la terre l'établissement des douanes paroît engendrer les vexations & les friponneries.

Nous rencontrâmes encore deux villages, & plusieurs huttes à café. Nous vîmes aussi près du chemin une saline, dont le sel se transporte dans les montagnes sur des chameaux; toute la route passe au travers des sables.

CHAPITRE II.

Arrivée à Mokha.

APRÈS un trajet assez desagréable, nous entrâmes dans cette ville le 23 Avril. Tous ceux qui arrivent à Mokha par terre, sont obligés de passer par la même porte, où les Européens sont soumis à l'humiliation de quitter leurs ânes, & de marcher à pied jusqu'à leur logement. Nous descendîmes donc, pendant qu'on visitoit nos bissacs. On ne nous demanda ni nos noms ni nos passeports, & on nous enseigna un *Kan*,

Section XI. 331

où logent les Turcs, & où nous pourrions trouver de nos compatriotes, suivant l'opinion des visiteurs.

A notre arrivée, il y avoit dans cette ville un marchand Anglois venu de *Bombay* : nous nous faisions de la peine de nous adresser à lui, crainte qu'il ne nous prît pour des vagabonds. Nous avions d'ailleurs des lettres de recommandation de nos amis de *Dsjidda*, de *Loheya* & de *Beit el Fakih* pour le dola, pour l'interprete des Anglois, *Banian* très-accrédité, & pour un marchand de Mokha appellé *Seid Salech*. Ayant remarqué avec quel mépris les Musulmans traitent les payens des Indes, nous n'étions pas empressés à faire connoissance avec ce Banian, qui se montra dans la suite parfaitement honnète homme. Nous connoissions déja le fils de *Seid Salech*, nommé *Ismaël*, avec lequel nous avions fait le trajet de Dsjidda à Loheya, & qui avoit recherché notre amitié. Cet *Ismaël* parloit d'ailleurs assez bien hollandois, ce qui nous prévint en sa faveur. Nous lui donnâmes donc pour notre malheur, la préférence sur les autres adresses.

Ces deux hommes, pere & fils, s'attachoient aux étrangers par des vues d'intérêt, & le fils s'étoit appliqué aux langues Européennes, pour pouvoir les duper. Ils avoient attiré de Batavia à Mokha un vaisseau hollandois, dont le patron tomba dans leurs filets & fut cruellement trompé. Par leurs intrigues, ils avoient éloigné de lui tous les autres négocians; de sorte qu'il se trouva entièrement à leur merci à l'égard de la vente de sa cargaison. Ils espéroient de faire aussi leur profit avec nous, & quand ils virent leurs espérances frustrées, ils tâcherent, par dépit, de nous causer tous les chagrins possibles.

Nous fimes donc à cet Ismaël notre premiere visite : il nous reçut parfaitement bien, nous régala de punch, & invita, pour nous tenir compagnie, un renégat des Indes, qui s'étoit fait musulman & marchand à Mokha. C'étoit un buveur, qui voulut nous enivrer, sans pouvoir y réussir. Ismaël nous conseilla de nous habiller à l'Européenne, & de ne pas montrer que nous savions l'Arabe afin qu'on ne nous prît pas pour des renégats. Il tâcha de nous dissuader de faire le voyage de *Sana*, en nous assurant, que les montagnards étoient un peuple féroce & grossier, & que l'*Imam* traitoit avec le dernier mépris, ceux qui avoient le malheur de n'être pas musulmans. Il nous prévint contre le peuple de Mokha, qui, suivant lui haïssoit mortellement les Européens,

& nous offrit la puissante protection de son pere, contre toutes les avanies que nous avions à craindre. Enfin tous ses discours étoient tels, que je voyois combien les voyageurs doivent être trompés, lorsqu'ils se fient légerement aux relations des habitans des pays qu'ils parcourent. Si nous n'avions pas sçu parler Arabe, nous serions revenus en Europe, remplis de fausses idées sur tout ce qui regarde l'Arabie.

Le seul service que cet homme nous rendit, ce fut de louer tout de suite pour nous une maison, assez spacieuse pour loger notre compagnie entiere.

CHAPITRE III.

Désagrémens à MOKHA.

PAR tout ce qui nous arriva, au commencement de notre séjour dans cette ville, nous dûmes croire qu'*Ismaël* s'étoit concerté avec les douaniers subalternes pour nous faire de la peine, afin de nous forcer à nous mettre aveuglément dans sa dépendance. Notre bagage fut porté directement à la douane, où le dola se trouva en personne. Nous demandâmes, qu'on visitât premierement les hardes qui nous étoient indifpenfables : mais les vifiteurs s'opiniâtrerent à commencer par les caiffes de curiofités naturelles, que nous avions envoyées par mer depuis Loheya, & qu'on avoit gardées fans les ouvrir. Dans une de ces caiffes, il y avoit des poiffons du golfe Arabique, confervés dans l'efprit-de-vin, & enfermés dans un petit baril. Nous priâmes les douaniers, de ne point ouvrir ce baril, à caufe de la mauvaife odeur des poiffons : mais non contens de l'ouvrir, ils le fouillerent avec un fer pointu, & le vuiderent à la fin entiérement. Les Arabes, qui ont une averfion décidée pour les liqueurs fortes, fe. prévinrent extrèmement contre nous, en fentant l'odeur de l'efprit de vin, & furent vivement choqués de l'infection qui empeftoit la douane.

Nous infiftâmes pour avoir au moins nos lits : mais on continua à fouiller nos caiffes en coquillages au rifque de les brifer. Les Arabes ne comprenant pas qu'un homme fenfé puiffe amaffer ces bagatelles fans quelque vue d'intérêt, nous accuferent de vouloir nous moquer du dola, en produifant des effets fans valeur pour dépaïfer les gens pendant que nous avions caché nos marchandifes précieufes.

SECTION XI.

Enfin parut un vafe où Mr. *Forskal* confervoit quelques ferpens dans l'efprit-de-vin. Cette vue effraya finguliérement les Arabes : un domeftique du dola dit, que ces Francs étoient venus apparemment pour empoifonner les mufulmans, &, que pour mieux réuffir dans leur deffein, l'un d'eux fe donnoit pour médecin. Le dola, homme doux & âgé, qui jufqu'ici n'avoit pas paru prévenu contre nous, entra alors en colere, & dit, par Dieu, ces gens ne pafferont pas la nuit dans notre ville. On peut juger quels propos nous effuyâmes de la part des douaniers & du peuple. La douane fut fermée brufquement, & nous ne pûmes obtenir aucune de nos hardes.

Pendant que nous étions à la douane, un domeftique vint nous avertir que, dans la maifon où nous étions entrés en louage, on avoit jetté nos effets & nos livres par les fenêtres, & fermé la porte. Nous allâmes voir quelle étoit la caufe de ce procédé : mais nous ne pûmes trouver ni Ifmaël, ni fon pere, ni notre hôte; tous avoient difparu. Un bourgeois, ami d'Ifmaël, nous infulta & nous dit des injures. Perfonne ne voulut nous loger, puifqu'on nous regardoit comme des vagabonds, qui feroient chaffés inceffamment de la ville. A la fin un bourgeois voulut bien nous louer sa maison, pourvu qu'il n'eût rien à craindre de la part du gouvernement. Nous le menâmes chez le *Kadi*, qui l'assura qu'il pouvoit nous recevoir sans risque. En Turquie les kadis ont la réputation d'être fort intéressés: mais dans l'Yemen nous les avons trouvés tous honnêtes gens, & très-empressés à rendre bonne & prompte justice.

Le négociant Anglois, envoyé par le gouverneur de *Bombay*, étoit Mr. *François Scott*: il avoit appris nos embarras, & quoique nous ne lui eussions pas encore fait visite, il nous invita à dîner, ce qui nous causa le plus sensible plaisir. Il nous témoigna beaucoup d'amitié, & nous vîmes alors trop tard combien nous avions eu tort de ne pas nous adresser d'abord à lui & à son interprete Banian. Cependant nous n'osions pas rompre avec Ismaël & son pere.

Lorsque nous ne pouvions rien obtenir de la douane, Ismaël nous conseilla d'offrir au dola un présent de 50 ducats : il nous insinua, que lui seul devoit être le porteur de ce présent, puisque le dola, disoit-il, ne fait pas aux Chrétiens l'honneur de leur parler. Nous n'avions pas dessein de faire un présent si considérable, encore moins de le lui confier. Après bien des réflexions

Section XI.

réflexions, nous résolûmes cependant de facrifier ces 50 ducats, que je devois porter le lendemain. Mais en allant, j'appris que le Dola exerçant fes troupes, avoit été bleffé au pied. Sur cet avis je retournai fur mes pas, dans l'efpérance que notre médecin feroit mandé, & que nous pourrions nous difpenfer d'un préfent.

Mais comme *Mr. Cramer* ne fut pas appellé par le Dola, & qu'on ne nous rendit de la douane que des bagatelles, nous vîmes bien qu'on s'attendoit à un préfent confidérable de notre part. Mr. *Forskal*, qui avoit toujours été renvoyé par les domeftiques du Dola, fous prétexte que leur maitre ne vouloit rien écouter de nous, que par l'entremife d'Ifmaël & de fon pere, fe chargea néanmoins de tâcher d'obtenir une audience de ce gouverneur. Quand il eut expliqué le fujet de fa venue, il fut admis, & fi bien reçu que le Dola lui fit des reproches de ce que nous ne nous étions pas adreffés directement à lui. Le lendemain il nous envoya, à fon tour, un préfent de quatre agneaux & de deux petits facs de riz : en même tems, il donna fes ordres pour nous livrer tous nos effets, fans les vifiter.

CHAPITRE IV.

Continuation de notre séjour & mort de Mr. de HAVEN.

Lorsque le Dola fut blessé, les principaux de la ville lui conseillerent tout de suite d'appeller le médecin Européen. Mais il craignoit que *Mr. Cramer*, par vengeance, ne lui donnât pas de bons remedes, ou qu'il ne fît usage de drogues échauffantes, que les Arabes regardent comme très-nuisibles. Le Kadi lui représenta cependant que personne ne s'étoit plaint de nous; que les serpens morts, conservés par un médecin, n'étoient pas à redouter, puisqu'ils entroient dans la composition de la thériaque; & qu'il ne falloit pas mépriser les Européens, parce qu'ils portoient avec eux des insectes & des coquillages, dont les Arabes ignorans ne connoissoient pas l'usage.

Ces représentations & le mauvais état de la blessure, qui avoit empiré entre les mains de quatre à cinq charlatans, engagerent le Dola à nous faire demander le 4 Mai, si nous étions encore fâchés contre lui, ou si notre médecin pourroit se résoudre à entreprendre de le traiter.

SECTION XI.

charmés de voir revenir ce gouverneur, Mr. Cramer lui fit offrir tous ses services. A peine notre réponse fut rendue au Dola, qu'il envoya un domestique avec un mulet pour chercher Mr. Cramer. Les Européens sont obligés de descendre de leurs montures, & de marcher à pied en passant devant la maison du Dola : non-seulement on fit traverser la place à Mr. Cramer, mais encore la cour de sa maison, monté son mulet, pour montrer au peuple que nous étions parfaitement réconciliés.

Nous eumes dans la suite de fréquentes occasions de voir le Dola, & de nous assurer de son amitié. Un jour Mr. Forskal lui raconta notre avanture avec ce bourgeois qui nous avoit insulté, quand on nous mit dehors de notre premier logement : le Dola lui promit satisfaction, & fit mettre le même soir ce bourgeois en prison. Ismaël, outré de voir son ami puni d'une insolence, dont lui-même étoit l'instigateur, vint nous menacer d'une émeute dont nous pourrions être les victimes. Mais Mr. Forskal sans rien craindre, alla chez le Dola, pour le prier de donner la liberté au prisonnier, & de lui recommander d'être à l'avenir plus honnête envers les étrangers.

Un tel changement dans notre maniere d'ê-
tre, nous eût rendu le féjour de Mokha plu[s]
agréable, fi notre repos n'eut pas été troub[lé]
par des maladies. Bientôt après notre arrivée [à]
Mokha, je fus attaqué d'une dyffenterie aff[ez]
violente, dont je fus guéri néanmoins au bo[ut]
d'une quinzaine de jours. L'indifpofition de *M[.]*
de Haven, dont il s'étoit déja reffenti à Beit [el]
Fakih, empira beaucoup à Mokha. Il étoit aff[ez]
bien le foir après s'être promené au frais ; ma[is]
il ne pouvoit fupporter les chaleurs de la jou[r-]
née. A la fin il hazarda quelques nuits de fuit[e]
de coucher fur le toît en plein air fans fe couvr[ir]
le vifage. Dans la nuit du 24 Mai, il prit froi[d]
& fe trouva le matin fi mal que deux dome[f-]
tiques le defcendirent dans fa chambre. [La]
fievre redoubla le foir avec des rêveries, & [il]
expira la nuit fuivante au milieu d'une profon[de]
léthargie.

Il étoit celui de notre compagnie qui s'a[p-]
pliquoit le plus à la littérature orientale. L[e]
public a perdu par fa mort, des découvert[es]
très-intéreffantes, & des recueils curieux qu[']il
avoit faits dans ce genre.

On ignore en Arabie l'ufage d'enterrer [les]
morts dans une biere ; nous en fîmes fai[re]

une pour notre ami défunt, afin de préserver ses dépouilles de tout accident. Un capitaine d'un vaisseau Anglois nous prêta six matelots pour porter le mort dans le cimetiere des Européens. Tous les Anglois assisterent à cet enterrement, plus décent & plus libre que les funérailles d'un consul au Caire, où le convoi fut troublé par un attroupement du peuple & par le brigandage des Bedouins. Dans cette occasion les Arabes de l'Yemen se montrerent honnêtes & raisonnables.

CHAPITRE V.

Départ de MOKHA.

APRÈS le décès de *Mr. de Haven*, nous pensâmes sérieusement à quitter cette ville, & à faire un tour dans l'intérieur de l'Yemen. Les sentimens de notre compagnie étant partagés, les uns défirant de rester une année encore en Arabie, les autres souhaitant de retourner en Europe, nous nous accordâmes à hâter notre voyage de *Sana*.

Nous eussions pu, *Mr. Forskal* & moi, faire en mauvais équipage quelques courses particu-

lieres : mais toute notre compagnie vouloit être
de la partie, il falloit marcher avec un certain
train. Pour voyager de cette manière, nous avions
besoin de la permission du Dola, qu'il étoit difficile
d'obtenir, parce qu'il ne devoit pas laisser partir
son médecin avant la guérison de sa blessure : nous
la demandâmes néanmoins ; mais le Dola nous
la refusa sous un prétexte honnête. Il nous dit
qu'il falloit écrire premiérement à *Sana* pour savoir si l'*Imam* vouloit nous recevoir, & que nous
ferions obligés d'attendre la réponse avant de partir de Mokha.

Ne pouvant obtenir la permission d'aller à *Sana*, nous follicitâmes au moins celle de nous
transporter à *Taes*, en attendant la réponse, par
des raisons de santé. Nous fûmes encore refusés.
Nous proposâmes au Dola de partir seuls & de
lui laisser notre médecin : mais les Arabes craignoient, que l'ennui de se voir séparé de ses amis
ne rendît *Mr. Cramer* négligent & ne le dégoutât
de la cure.

Lorsque nous nous plaignîmes aux principaux
de la ville de ces refus réitérés, ils nous dirent
que notre empressement à partir étoit difficile à
comprendre ; d'autant plus que nous exposions
notre santé en allant dans les montagnes, où ceux

qui y alloient en fortant des chaleurs du *Téhâma*, gagnoient des fiévres violentes.

Enfin, quand nous ne fûmes plus comment nous y prendre, un charlatan vint nous tirer d'embarras : cet homme promit de guérir en huit jours la bleſſure du Dola, qui ſe mit tout de ſuite entre ſes mains, & congédia notre médecin. Il nous accorda en même tems la permiſſion de partir pour *Taæs*, & nous donna une lettre de recommandation pour le Dola de cette ville. *Mr. Cramer* eut pour récompenſe un mulet avec la ſelle & la bride, & des étoffes des Indes pour un habit à la façon des Arabes. Le Dola nous témoigna encore ſon amitié, en nous faiſant accompagner par un de ſes domeſtiques. Nous nous ferions bien paſſés de ce dernier trait de politeſſe, puiſque ce domeſtique n'étoit qu'un honnête eſpion pour veiller ſur notre conduite, & nous empêcher d'aller plus loin qu'à *Taæs*.

Ne voulant pas expoſer notre argent comptant, nous le remîmes à l'interprete des Anglois, qui nous donna des aſſignations ſur ſes compatriotes les *Banians* de *Taæs* & de *Sana*. C'étoit la premiere fois que nous avions pu, parmi les orientaux, voyager avec des lettres de change.

SECTION XII.

VOYAGE DE MOKHA A TAÆS.

CHAPITRE I.

Route jusqu'à TAÆS.

EN quittant avec plaisir Mokha, dont le séjour nous avoit été si désagréable, nous passâmes le 9 Juin par une contrée déserte & extrèmement aride, & nous arrivâmes, après avoir fait quatre milles, à *Musa*, village situé à l'entrée des montagnes. Ce village est connu des Européens, qui y vont quelquefois faire des parties de plaisir. Il est cependant mal bâti, & les chaleurs y sont aussi violentes qu'à Mokha. Ses eaux sont bonnes, & les gens riches de la ville les font chercher à une si grande distance, parce que celles des puits des environs de Mokha, sont assez mauvaises.

Le lendemain nous marchâmes dans le lit d'une grande riviere, qui dans la saison pluvieuse se décharge dans la mer près de Mokha; mais qui à l'ordinaire se perd tout près de sa source

Section XII.

dans les fables du Téhâma. Nous rencontrâmes quelques villages, & près du dernier une petite maifon où l'on paye un droit pour toutes les marchandifes qui vont du côté de *Jafa*, contrée indépendante: celles qui paffent dans les états de l'*Imam* ne payent rien.

J'aurai occafion de parler plus bas du fameux faint de Mokha, *Schech Schædeli*. Nous vimes en chemin un de fes defcendans, qui étoit un fou de bonne humeur. Quelques jeunes gens de notre compagnie l'agacerent, & lui firent faire des bouffonneries. On ne le maltraitoit point, mais on ne le refpectoit gueres: on l'appelloit *Schech* à caufe de fa naiffance, fans lui marquer d'autres égards. Les Arabes font plus fages fur cet article que les Turcs, & fur-tout les Egyptiens, qui traitent de Schechs tous les fous, les refpectent, & les croyent faints après la mort.

Dans ce pays montueux, les chemins font fi mauvais qu'on ne voyage plus de nuit. Nous vimes un grand village, & près de là des montagnes fertiles, nommées *Kamara*, qui appartiennent au *Schech*, *Ibn Aklân*; mais dont les habitans ne font gueres foumis à leur feigneur. Depuis peu ils avoient tué deux hommes, & lorfque le Schech envoya des troupes pour les châtier, ils s'étoient retirés sur le haut des montagnes. Nous entrâmes, par bonheur, dans une de ces grandes auberges, appellées *Mattrach* par les Arabes : car immédiatement après midi, il s'éleva un orage violent, avec une pluye si abondante, que tous les chemins devinrent des torrens ; de maniere qu'il nous fut impossible de poursuivre notre route.

Le 12 Juin, après avoir traversé quelques villages & des campagnes fertiles, nous arrivâmes à *Dorebat*, ville distante de Mokha de 10 milles. Elle est la capitale des terres du *Schech, Ibn Aklân*, qui y réside. Sa situation sur la cime d'une montagne la rend forte. Au pied de la montagne se trouve un bourg, dont la prison, taillée dans le roc, passe pour la plus affreuse de l'Yemen. Nous vîmes, devant la porte de la prison ordinaire, des gens arrêtés pour de moindres délits, attachés à la même chaîne & assis en plein air. A côté est un corps de garde des soldats de l'*Imam*, que le Schech est obligé d'entretenir.

Depuis *Dorebat*, nous rencontrâmes quelques beaux villages, & une quantité de huttes à café & de *Madsjils* ou réservoirs construits en forme de colonnes. Un violent orage nous obligea encore de nous arrêter en chemin. Le lendemain nous, vîmes de loin, depuis une montagne, le château de *Taæs*, & le 13 nous arrivâmes dans la ville d'affez bonne heure.

Immédiatement après notre arrivée, nous envoyâmes la lettre du Dola de *Mokha* à celui de *Taæs*, qui nous fit venir tout de fuite chez lui. Il parut de fort bonne humeur, & nous fit offrir du *Kifcher*, des pipes & du *Kâad*, bourgeon d'un arbre que les Arabes mâchent comme les Indiens leur *Betel* : mais nous ne pouvions pas nous accoutumer au goût de cette drogue : le Dola nous raconta comment le bruit s'étoit répandu à *Taæs*, que nous avions apporté à Mokha plufieurs caiffes remplies de ferpens. Il nous fit conduire dans une maifon dont il avoit fait emprifonner depuis peu, le propriétaire, & il nous envoya deux agneaux avec un peu de farine. Nous lui offrîmes à notre tour une piece de toile des Indes.

Le lendemain, nous remîmes les autres lettres de recommandation de nos amis de Mokha : l'une étoit adreffée au *Baskateb* ou premier fecrétaire ; l'autre à l'intendant de la maifon *Achmed* ; une autre à un *Sejid*, homme de diftinction, & enfin une autre à un *Banian*. Par-tout nous fûmes parfaitement bien reçus. Le domeftique du Dola de Mokha prétendoit nous accompagner dans toutes ces visites, & d'assister à celles qu'on nous rendoit. Nous ne pûmes pas deviner si c'étoit par vanité, ou pour épier toutes nos démarches.

La température de cette contrée nous agréa parfaitement. Au lieu des chaleurs étouffantes, qui nous avoient accablés à Mokha, nous avions ici presque tous les soirs, des pluyes rafraîchissantes.

CHAPITRE II.

De la ville de TAÆS.

Cette ville est située au pied de la belle & fertile montagne de *Sabber*. Elle est ceinte d'une muraille de 16 à 30 pieds d'épaisseur, & flanquée de plusieurs tours. Dans son enceinte se trouve un rocher escarpé, haut de plus de 400 pieds, sur lequel est bâtie la forteresse de *Kahhre*. Les murailles sont revêtues de briques; mais leur intérieur ne consiste qu'en briques séchées au soleil.

Elle n'a que deux portes, garnies à la maniere des Arabes, chacune de trois tours. Il n'y en a que deux où l'on puisse placer du canon; la

SECTION XII. 349

garnifon étoit alors compofée de fix-cents hommes. Tous ces ouvrages font commandés par les hauteurs voifines: de forte que cette fortereffe ne pourroit réfifter qu'à une armée d'Arabes qui n'a jamais d'artillerie.

Le faint que la ville de *Taæs* a pris pour patron, eft le fameux *Ifmaël Mulk*, qui, fuivant la tradition, a été roi de cette contrée. Son corps repofe dans une mofquée qui porte fon nom : mais il n'eft plus permis d'approcher de fon tombeau, depuis que ce faint s'eft avifé d'opérer un miracle, défagréable aux gouverneurs. On nous raconta cet événement miraculeux de la maniere fuivante. Deux mendiants avoient demandé la charité au Dola de *Taæs*, qui ne la donna qu'à un feul ; l'autre courut au tombeau d'*Ifmaël Mulk* pour implorer fon fecours. *Ifmaël*, qui de fon vivant avoit été fort charitable, tendit la main hors de fon tombeau, & remit au mendiant une lettre, contenant un ordre au Dola de payer 100 écus au porteur. Après avoir examiné cet ordre avec la plus fcrupuleufe attention, on reconnut qu'*Ifmaël Mulk* l'avoit écrit de fa propre main, & fcellé de fon fceau ordinaire. Le gouverneur ne put fe difpenfer de payer l'affignation : mais pour se mettre à l'abri à l'avenir de pareilles lettres de change, il fit murer la porte du tombeau.

Près de la mosquée d'Ismaël Mulk est un jardin, qui doit avoir appartenu à Ischia son fils. On m'y montra un grand bassin, & une machine hydraulique, qui dans son tems doit avoir présenté un coup d'œil agréable : mais tout est déchu & presque ruiné.

Dans la ville même & aux environs on voit un grand nombre de mosquées désertes qui tombent en ruine, dont l'une, par le goût de son architecture inusitée dans cette province, paroît avoir été bâtie par quelque pacha Turc. Les dévots qui ont cru, en élevant ces bâtimens sacrés, transmettre leur mémoire à la postérité, se sont bien trompés : leur nom est oublié, à mesure que les mosquées s'écroulent.

Les derniers seigneurs de *Taæs* ont montré plus de bon sens dans le choix des édifices qu'ils ont élevés. Ils ont bâti de beaux palais pour eux & leur postérité, & se sont contentés d'un petit *Kubbe* pour leur servir d'oratoire & de sépulture. Par ce moyen ils ont épargné encore les terres, requises pour l'entretien des ecclésiastiques d'une mosquée inutile. Leurs palais subsistent & ornent la ville, qui d'ailleurs n'est pas trop bien bâtie.

Depuis la derniere guerre, on y voit beaucoup de maisons ruinées, & même des places désertes, converties en champs & en prairies.

Aux environs de *Taas* on voit encore les ruines de deux anciennes villes. L'une est *Thobad*, située près de la montagne de *Sabber* : il reste des morceaux de ses murailles & une grande mosquée. L'autre est *Oddene*, placée tout près de là sur une hauteur de la montagne de *Sabber*, vis-à-vis *Kahhre*. Cette derniere étoit la résidence des rois de cette contrée: on n'y voit plus que les débris de quelques mosquées. *Ismaël Mulk* ayant bâti son tombeau au pied du roc de *Kahhre* quelques dévots de ses sujets voulurent habiter près de leur saint: d'autres, suivant cet exemple abandonnerent *Oddene* pour bâtir *Taas*. Cette ville doit ainsi son origine à un saint, comme Loheya, Beit el Fakih & Mokha.

CHAPITRE III.

Dernieres révolutions de TAES.

UNE ville aussi moderne ne peut gueres fournir à l'histoire de l'Yemen. Elle a cependant essuyé, depuis quelques années, des révolutions qui méritent d'ètre racontées, parce qu'elles fervent à donner une idée des forces de l'*Imam*, & de la maniere de faire la guerre ufitée chez les Arabes.

L'Imam *el Manfor Hoffein* avoit donné le gouvernement de *Taæs* à fon frere *Achmed*, qui ayant été rapellé, ne voulut plus quitter fa place. Avec un corps de troupes de 2000 hommes, qu'il avoit à fa folde, il fe foutint pendant douze ans contre plufieurs armées, que l'Imam avoit envoyées pour le réduire à l'obeiffance. *Achmed* fit frapper une monnoye à fon coin, impofa des taxes fur les marchandifes allant de Mokha à Sana, & fe conduifit en fouverain du pays, dont il avoit été gouverneur. Il ne prit cependant ni le titre d'*Imam*, ni celui de Roi, & fe contenta de celui de *Sidi*, commun à tous les princes du fang de l'Imam.

A fa mort, *Sidi Achmed* laiffa fix fils, dont l'aîné *Abdulla* lui fuccéda, & vécut en paix avec l'Imam. En mourant, en 1759, il deftina pour fucceffeur fon fils unique *Abdul Kérim*, âgé de 13 ans. Trois de fes oncles *Ali*, *Jachja* & *Machfen*, entreprirent à la fois, de le dépouiller de fa fouveraineté. L'un s'empara de la forterefe de *Kahhre*, & chacun des deux autres, d'une porte

avec

avec les tours adjacentes. Mais ces trois princes ayant peu de revenus, ne pouvoient ni entretenir beaucoup de foldats, ni acheter des provifions. Ils manquoient fur-tout de poudre, & quand l'un pouvoit en attraper quelques livres, il ne ceſſoit de faire tirer fur fes freres, tant qu'elle duroit. Mais ils n'en vinrent jamais à un combat en forme.

Dans ces circonſtances, le jeune *Abdul Kérim* écrivit à fon oncle, l'Imam actuellement régnant, pour lui demander du fecours, & pour le prier de le maintenir dans la poſſeſſion de fes états. L'Imam, qui depuis long-tems avoit fouhaité de fe mêler de cette querelle, envoya une armée pour réduire les rebelles. Mais le *Näkib*, ou général *el Mas*, qui la commandoit, n'avoit point d'artillerie, réduit à attaquer la ville à coups d'arquebufe tirés d'une mofquée hors des murs, il n'avançoit pas dans le fiége.

Depuis plufieurs années l'Imam avoit un ennemi dangereux, dans la perfonne d'un *fchech* nommé *Abdurrab*, qui s'étoit emparé du territoire de *Hodsjerie*. Dans le tems du blocus de *Taæs*, ce fchech s'approcha de Mokha, & l'Imam crut alors néceſſaire de fe réconcilier avec cet ennemi. La paix fe fit par l'entremife des généraux, à condition que le schech donneroit du secours pour conquérir Taæs: mais ses troupes dépourvues de canon, étoient aussi peu en état de forcer la ville que celles de l'Imam. A la fin, l'habile *Abdurrab* employa un stratagême: il promit 1000 écus à douze soldats qui gardoient une tour, s'ils vouloient y faire une ouverture pour donner entrée à ses troupes. Par ce moyen la ville fut prise vers la fin de l'année 1760, & livrée au pillage.

Après la conquête de *Taæs*, l'Imam invita amicalement la famille de *Sidi Achmed*, & le schech *Abdurrab* de venir à *Sana*. Ce dernier, ayant de la répugnance d'aller voir son ancien ennemi, ne se décida à faire ce voyage que sur la parole sacrée de l'Imam, donnée par ses généraux. L'Imam traita ce héros Arabe avec la plus noire perfidie, & le tua d'une maniere ignominieuse. Il paya d'ingratitude ses deux fideles généraux, & ne pensa plus à rétablir *Abdul Kérim* dans la principauté de son pere. J'ai vu à *Sana* ce jeune prince, qui, en allant à la mosquée, se faisoit porter le parasol, comme les autres princes du sang. Deux de ses oncles, *Sidi Jachja* & *Sidi Machsen*, furent enfermés comme des rebelles. Le troisieme, *Sidi Ali*, ayant l'avantage d'être le

SECTION XII.

eaupere de l'Imam régnant, conserva sa liberté; mais il vit à Sana en simple particulier. Après ces arrangemens, l'Imam envoya à *Taæs* un Dola, comme dans les autres villes de ses états.

CHAPITRE IV.

Séjour à TAÆS.

LE Dola qui commandoit de notre tems dans cette ville, avoit été officier dans les troupes de l'Imam, & s'étoit avancé assez rapidement au grade de *Nakib*, sans devoir sa fortune à sa naissance, comme la plûpart des gouverneurs; son gouvernement, fort étendu, comprend aussi la montagne de *Sabber*, & le territoire de *Hodsjerie*, où se trouvent une multitude de *schechs*, dont les familles possedent depuis plusieurs siecles, de petites seigneuries presque indépendantes. Ces schechs, quoique obligés de payer quelques redevances à l'Imam, sont extrêmement fiers de leur noblesse, & méprisent les gouverneurs qui en manquent. Notre dola avoit eu déja plusieurs différends avec ces nobles orgueilleux, qui lui résistoient. Il avoit mis en prison un de ces schechs mutins, & retenu une esclave que l'Arabe menoit avec lui. Mais ayant été obligé, fur un ordre de l'Imam, de mettre l'un & l'autre en liberté, il conferva du reffentiment contre ces fchechs en général. Il détacha à la premiere occafion une demi-douzaine de foldats, qui, fuivant les ordres de leur maître, fe conduifirent avec infolence dans ces montagnes : mais les fchechs ne pouvant fouffrir ces infultes, les maffacrerent tous. Depuis lors perfonne de Taæs n'ofoit fe hazarder dans ces montagnes fans riquer fa vie. On difoit même que les fchechs ne s'appaiferoient que quand l'Imam enverroit un autre dola.

La magnifique montagne de *Sabber* produit, fuivant le dire des Arabes, toutes les plantes qu'on trouve dans le refte du monde. *Mr. Forskal* voyoit tous les jours cette montagne devant fes yeux, & avoit le chagrin de ne pouvoir pas obtenir la permiffion d'y aller herborifer. Il offrit, de faire venir à fes frais un fchech de la montagne, fous la protection de qui il n'auroit rien à rifquer dans fes courfes. Mais le dola refufa toutes fes propofitions, & lui permit feulement de faire une petite courfe fur la montagne de *Saurek*. Mon ami partit le 20 Juin, & revint déja le 22, parce qu'il avoit trouvé déferts les villages de ce diftrict, dont les habitans, à caufe des vexations insupportables du dola, s'étoient établis ailleurs. Dans cette misérable contrée Mr. *Forskal* n'auroit trouvé ni vivres ni sureté.

Nous eûmes occasion de voir la négligence avec laquelle les Arabes observent la lune, ou leur ignorance en astronomie. Dans le tems où les pélerins de la Mecque vont au mont *Arafa*, tous les musulmans célèbrent une fête nommée *Arafa* ou *Korbân*, pour laquelle on tue une quantité immense de chameaux, de bœufs & de moutons. Tout le monde crut que cette fête commenceroit le 21 Juin: comme elle dure 3 jours, & que pendant ce tems-là les paysans ne viennent pas en ville, chacun avoit fait ses provisions de moutons, de sucre & de farine pour faire des gâteaux dont on se régale. Dans cet intervalle, arriva un courier de *Sana*, avec la nouvelle qu'on y avoit apperçu la nouvelle lune un jour plus tard qu'on ne s'y étoit attendu, & que la fête se célébreroit le 22 Juin.

Le jour marqué, on en donna le signal par quelques coups de canon. Le dola, suivi d'une multitude de peuple, alla en procession à la place quarrée hors de la ville, où il a coutume de faire sa priere en plein air, dans les occasions solemnelles. En revenant on se rendit à l'endroit où les soldats faisoient la parade, & où les principaux de la ville s'exercent au *Dsjerid*. Le dola, en voulant montrer son adresse fut jetté à terre par son cheval : cependant chacun retourna chez soi, fit bonne chere, mâcha du *Kaad* & fit brûle des aromates dans sa maison.

Pour mettre à profit notre séjour à *Taæs*, j'a vois envie de faire quelques courses dans l'inté rieur des terres; mais je n'osois l'entreprendre, cause des troubles dont le pays étoit agité. J voulus me contenter de copier une inscription qu est dans la forteresse, & Mr. *Forskal* reprit le des sein de faire venir un schech de la montagne d *Subber*. Le dola nous accorda l'une & l'autre d nos demandes; mais à minuit il nous envoy dire, qu'il avoit reçu une lettre du dola de *Mokh* qui exigeoit que nous retournassions incessamment dans cette derniere ville. Nous sentîmes bie que cette lettre étoit supposée, & nous refusâm de partir. Cependant les chameaux arriverent grand matin pour nous transporter à Mokha mais nous les renvoyâmes. Avec des Turcs no n'aurions pas osé agir si librement.

Nous ne comprîmes rien à la conduite dola, sinon qu'il avoit dessein peut-être, à l'exer ple de celui de Mokha, de nous extorquer qu que préfent confidérable. Mais n'ayant pas envie d'entrer dans fes vues, nous tâchames d'obtenir une audience particuliere pour lui faire entendre raifon. Notre domeftique fut renvoyé plufieurs fois, fous différens prétextes. A la fin, à force de patience, *Mr. Forskal* parvint à parler au dôla, & pour le gagner lui demanda fimplement de nous permettre d'attendre ici la réponfe de l'Imam, fans faire mention de nos projets. Mais le gouverneur ne l'écouta pas, & lui dit: puifque vous n'avez pas voulu croire mes domeftiques, c'eft moi qui vous ordonne à préfent de partir demain pour Mokha.

CHAPITRE V.

Départ de TAÆS pour SANA.

NE voyant plus moyen de réfifter aux ordres du dôla, nous avions déja empaqueté nos hardes, lorfque notre fituation changea fubitement. Un exprès nous apporta une lettre du dôla de *Mokha*, dans laquelle étoient renfermées trois autres; l'une pour l'Imam, l'autre pour fon vifir, & la troifieme pour notre dôla de Taæs. Il nous mandoit que l'Imam nous permettoit de venir à *Sana*, & nous prioit d'apporter avec nous nos curiofités. Il faifoit part au dola de *Taæs* des ordres de leur maitre, & le prioit de faciliter notre départ pour *Sana*. Mr. *Forskal* porta tout de fuite cette lettre au gouverneur: mais n'ayant pas pu lui parler, il la remit à un domeftique.

Nous crûmes alors nos affaires en regle, & nous ferions partis fans nous adreffer encore au dola, fi fans fon entremife, nous euffions pu avoir des chameaux. Les loueurs de ces bêtes de fomme font une efpece de maitrife, & les voyageurs font obligés de s'adreffer au chef de la compagnie, qui répartit alors fur les propriétaires, felon leur tour, le nombre de chameaux qu'ils doivent fournir. Malheureufement le dola lui-même étoit à la tête de cette compagnie, & devoit, à fon tour, fournir les chameaux. Nous lui fimes favoir que nous nous préparions à partir. Il donna pour réponfe, que les chameaux étoient prêts pour nous tranfporter à Mokha, puifque les ordres, touchant notre voyage à Sana, regardoient uniquement le dola de Mokha.

Dans l'embarras où nous mit ce procédé du dola nous ne favions de qui attendre quelque fecours. On nous raconta, probablement à deffein, plufieurs traits d'équité & de générofité du Kadi, qui avoit ramené à la raison le gouverneur dans des cas semblabes au nôtre. Nous exposâmes donc nos griefs à ce juge, & nous lui montrâmes nos lettres de Mokha. Il trouva la conduite du dola très-déraisonnable, & lui écrivit sur le champ, de prendre garde, & de ne rien faire contre les ordres de l'Imam. Le dola répondit, qu'il ne s'opposoit pas à notre voyage à Sana, mais qu'il nous demandoit un jour pour écrire à la cour ses lettres à notre occasion. Nous offrîmes d'en attendre deux ou trois : malgré cela, des domestiques du dola vinrent le lendemain nous dire de sa part, de partir pour Mokha. Nous retournâmes chez le Kadi, qui, instruit de tout, avoit déja écrit le matin au dola : " n'agis pas d'une " manière intéressée avec ces gens-là, car ce sont " des étrangers. „ Le *Baskateb* nous dit le soir, que le dola avoit été bien fâché de ce que ses domestiques s'étoient servis de son nom, pour nous faire un message qu'il n'avoit pas ordonné. Mais nous savions à quoi nous en tenir à cet égard.

Le domestique du dola de Mokha nous devenant inutile, nous le renvoyâmes avec une bonne récompense. Mais puisque nous avions besoin d'un guide qui connût l'intérieur de l'Yemen, nous priâmes le Kadi de nous indiquer un tel homme; & il eut la politesse de nous envoyer un Arabe, qui nous accompagna ensuite jusqu'à Mokha, & dont nous fûmes parfaitement contens. Le dola, pour réparer ses procédés, voulut aussi paroître nous gracieuser, & ordonna à un de ses serviteurs de faire le voyage avec nous. Cet homme eut la naïveté de stipuler d'avance, devant plusieurs personnes de distinction, le salaire que nous devions lui donner.

Le Kadi, sans que nous l'eussions demandé, eut la générosité de nous remettre une lettre de recommandation pour le visir de l'Imam, dans laquelle il lui disoit: " si l'on t'a mandé quelque ,, chose au désavantage de ces Francs, garde-toi ,, de le croire. ,, Nous eussions souhaité de faire présent d'une montre à ce juge, dont la probité & la bienfaisance nous inspiroient la plus grande vénération & la plus vive gratitude; mais on nous avertit qu'il n'accepteroit rien, pour ne point paroître avoir pris notre parti par des vues intéressées.

Nous ne pûmes plus voir le dola avant notre départ: il évita notre visite sous prétexte de maladie. Nos amis nous assurerent cependant, qu'il étoit tombé réellement malade, à cause du cha-

Section XII.

grin que lui avoit donné notre réfiftance à fes volontés ; réfiftance, qui, à ce qu'on prétendoit, l'avoit avili aux yeux des habitans de la ville.

Les procédés de ce gouverneur ne nous avoient pas caufé moins de chagrin. J'attribue même aux agitations, dont *Mr. Forskal* fut tourmenté à cette occafion, le commencement de l'indifpofition, qui peu de tems après conduifit mon ami au tombeau.

SECTION XIII.

VOYAGE A SANA.

CHAPITRE I.

Route de Taæs à Jerim.

Depuis *Taæs*, d'où nous étions partis le 28 Juin, nous ne rencontrâmes les deux premiers jours, que de méchantes huttes à café, & peu de villages, une petite ville, & la plûpart de ces villages tombent en ruine. La contrée est mal cultivée & presque déserte; cet état de délabrement paroît l'effet des dernieres guerres pour la succession de Taæs.

Le troisieme jour nous parvînmes à la montagne de *Mharras*, que j'avois déja passée dans une de mes précédentes courses. Un orage violent qui nous surprit, nous montra, par les torrens descendus des montagnes, l'origine des ravins, dont on traverse l'un sur un pont de pierre solide & d'une seule arche.

On appelle *Mattrach* les grandes auberges qu'on trouve depuis le Téhâma jusqu'ici. Ce sont des maisons particulieres, dont le propriétaire ne fournit aux voyageurs que le couvert, pour l'ordinaire assez mal assuré. Depuis *Mharras* jusqu'à *Sana*, on rencontre à chaque demi-journée de chemin une grande *Simsera*, construite en briques cuites. Ces édifices, comme les *Karavanserais* en Turquie, ont été bâtis par des gens riches pour la commodité des voyageurs, qui y trouvent un logement sûr, mais aucun autre mets que du café, du ris, du pain & du beurre. Il faut apporter avec soi les autres provisions.

Le premier Juillet, après avoir traversé le mont *Mharras* sur un chemin pavé, nous vîmes une contrée plus fertile, & après avoir passé plusieurs villages & quantité de *Mâdsjils*, nous arrivâmes à *Abb*. Cette ville, située sur le sommet d'une montagne, est entourée d'une bonne muraille, & contient 800 maisons, la plûpart bien bâties. Elle a des rues pavées, & un bon nombre de petites mosquées. A côté d'une de ces mosquées est un grand réservoir, dont l'eau amenée par un aqueduc d'une haute montagne voisine, se distribue dans toutes les maisons de la ville.

A peu de distance, entre *Abb* & *Dsjobla*, se trouvent deux ruisseaux, dont l'un, qui coule à l'ouest, est la source de la riviere *Zébid* : l'autre, qui prend son cours vers le sud, forme la riviere *Meidam*, qui se jette dans la mer près d'*Aden*. Le partage de ces eaux, & l'origine de deux rivieres confidérables dans cette contrée, paroissent indiquer qu'elle est le point le plus élevé de la partie montueuse des états de l'Imam. La hauteur du mont *Sumâra*, que nous passâmes le lendemain, en est une nouvelle preuve.

Nous descendîmes la montagne d'*Abb* par de bons chemins pavés, & nous traversâmes un terrain fort inégal, parsemé de villages, de *Madsjils* & de maisons d'abri pour les voyageurs. Aucun endroit remarquable ne se présenta, excepté la ville de *Mechader*, située sur une montagne, & la résidence d'un dola.

Après avoir couché dans une *Simsera*, nous commençâmes à monter la montagne de *Sumâra*, beaucoup plus haute que celle de *Mharras*, par des chemins qu'on avoit rendus praticables aux chameaux, en les pavant & en les faisant tourner autour des hauteurs escarpées. A la moitié de l'élévation de la montagne, est le village de *Menfil*, qui a une superbe *Simsera* toute bâtie en pierre de taille. Nous eûmes sur le toit un appartement commode, dont *Mr. Forskal* qui étoit tombé dans un état de foiblesse extrême, avoit le plus grand besoin.

Section XIII.

Nous y restâmes le lendemain, & nous eussions souhaité d'y séjourner jusqu'à ce que notre ami eût été un peu mieux : mais nos chameliers ne crurent pas trouver dans ce village la nourriture nécessaire pour leurs bêtes de somme : ils nous proposerent de pousser jusqu'à *Jerim*, ville peu distante, & nous promirent de faire porter notre malade par des hommes, dans les chemins escarpés du mont *Sumâra*.

Ils nous persuaderent, & nous partimes le 5 Juillet. Je voulus prendre les devants & profiter de la fraîcheur : imprudence impardonnable dans des lieux où l'air est si vif. Je gagnai un gros rhume, des vomissemens, & une soif inexprimable, que je n'aurois pu étancher dans cette montagne déserte, si un paysan rencontré par hazard, ne m'eût pas prêté sa cruche d'eau. Je ne vis rien dans ce trajet, qui fût digne de mon attention qu'un château tombé en ruine & situé sur la cime du mont *Sumâra* : il appartient à la famille *Hassan*. Dans ces environs doivent demeurer deux tribus d'Arabes errants ; mais qui habitent actuellement des villages. Il n'y a plus de *Bedouins* dans les états de l'Imam.

On n'avoit pas pu engager les Arabes à porter un chrétien, & en conséquence on avoit attaché

Mr. *Forskal* dans son lit, sur un chameau. Quoi-qu'on l'eût transporté lentement, il arriva à *Jerim* dans un état déplorable. Nous sentîmes alors, que, malgré l'habitude de vivre comme les habitans de ce pays, nous ne pouvions pas nous passer de certaines commodités en cas de maladie.

CHAPITRE II.

De la Ville de JERIM.

Nous étions logés dans une auberge publique: mais la foule des spectateurs curieux de voir des Européens, devint si importune, que nous louâmes en ville un appartement plus tranquille, où nous pouvions attendre à loisir le rétablissement de notre compagnon de voyage. Nous fûmes convaincus alors de l'impossibilité de trouver des porteurs pour soulager un malade: notre domestique mahométan s'obstina à ne vouloir pas aider à porter Mr. *Forskal* d'une maison à l'autre; il fallut le faire nous-mêmes.

Jerim n'est qu'une petite ville, où réside un dola, dans un château situé sur un rocher. Les maisons y sont baties en pierres, & en briques
séchées

féchées au foleil. Au refte cette ville, ou plutôt ce bourg, ne me parut contenir rien de remarquable.

A la diftance de deux milles de *Jerim*, étoit fituée, fuivant la tradition des Arabes, une ville fameufe, nommée *Dhafar*, dont on ne voit plus que peu de ruines. Le premier magiftrat de *Jerim* me dit cependant, qu'on y trouve encore une groffe pierre avec une infcription, que ni les juifs, ni les mahométans ne peuvent déchiffrer. Dans cet endroit étoit apparemment la ville de *Taphar*, dont les anciens hiftoriens parlent comme de la réfidence des *Hamjariens*: fi l'on peut découvrir des infcriptions *Hamjariennes* ce fera peut-être dans ces décombres. Les Arabes foutiennent que *Dhafar* a été la réfidence de *Saad el Kammel*, roi de toute l'Arabie, héros fameux, & qui a vécu il y a 1800 ans.

Nous trouvâmes à l'eft du mont *Sumâra*, un climat tout différent de celui que nous venions de quitter à l'oueft. De *Taes* à *Menfil* il avoit plu prefque tous les jours, & nous avions vu la terre couverte de la plus belle verdure. A *Jerim* au contraire, il n'étoit tombé depuis trois mois aucune pluye, quoiqu'on eût entendu le tonnerre prefque tous les jours dans l'éloignement. Cette sécheresse étoit si favorable à la multiplication des sauterelles, qu'elles avoient dévoré la plus grande partie des fruits de la terre. Les habitans de *Jerim* résolurent de faire le 8 Juillet des prieres publiques, pour obtenir de la pluye : ils se rendirent à cet effet, en procession dans une place hors de la ville, destinée à ces solemnités. La procession étoit composée de beaucoup d'ecclésiastiques, en habits qui marquoient leur humiliation. Deux vénérables Schechs marchoient à la tête, portant des cassettes ouvertes remplies de livres. Toute la procession chantoit & répétoit de courtes prieres. A peine cette cérémonie fut finie, que nous eûmes le même soir un orage avec de la grêle & une forte pluye. Quelque tems après, les pluyes devinrent plus fréquentes : entre les tropiques elles ont leur période régulier, de chaque côté des grandes chaînes de montagnes.

On vendoit dans tous les marchés des sauterelles à vil prix ; car elles étoient si prodigieusement répandues dans la plaine près de *Jerim*, qu'on pouvoit les prendre à pleines mains. Nous vîmes un paysan qui en avoit rempli un sac, & qui alloit les sécher pour sa provision d'hyver. Quand de l'autre côté du mont *Sumara* il cessoit deux

Section XIII.

heures de pleuvoir, il venoit des légions de ces infectes du côté de *Jerim*; de sorte que nous vimes les paysans de *Mensil* courir par les champs pour les chasser, afin de préserver leurs campagnes d'une désolation entiere.

Dans les rues de *Jerim* nous vimes un époux allant au bain en cérémonie. Des jeunes garçons sautant au son d'un tambourin, précédoient la marche : des personnes de tout âge, tirant des coups de pistolet, les suivoient; & l'époux avec ses amis fermoient la procession. Le soir on vit paroître une quantité de flambeaux, qui formoient une assez jolie illumination.

Un jour nous eûmes le spectacle de deux gladiateurs, qui, pour quelques sous, faisoient voir leur adresse en pleine rue. Ils portoient des masques, les premiers que j'aye vu en Orient; & ils étoient armés d'un poignard & d'un bouclier. Ils ne se battoient pas à outrance, leur savoir consistoit en sauts, & en plusieurs tours de souplesse.

Tâchant toujours d'éviter la foule, je n'avois jamais vu les marchés en Arabie, quoiqu'ils fassent un des amusemens des habitans. Pour me distraire un peu, j'allai à celui de *Jerim*. Il s'y étoit assemblé beaucoup de monde, principale-

ment des payſans qui venoient vendre leurs den
rées. Je n'apperçus aucune boutique fournie d
marchandiſes de quelque valeur. Beaucoup d
tailleurs, de cordonniers, de forgerons & d'au
tres artiſans, étoient aſſis le long d'une rue, de
riere des murailles baſſes, & travailloient à leu
métier en plein air. Je vis auſſi des ventouſeurs
qui font des inciſions avec un couteau ordinaire
& appliquent ſur les playes des cornes de bouc
coupées vers la racine.

CHAPITRE III.

Mort de Mr. FORSKAL.

Les premiers jours après notre arrivée à Jeri
la maladie de Mr. Forskal parut diminuer. M
bientôt après, elle le reprit avec tant de violen
que nous déſeſpérâmes de ſa guériſon. Le
Juillet vers le ſoir, il tomba dans une profon
léthargie, & mourut dans cet état, le lendema
matin. Sa perte nous cauſa les plus vifs regre
A l'occaſion de ſes courſes botaniques, il av
appris, mieux qu'aucun de nous, la lang
arabe & ſes différens dialectes. Les fatigues &
manque de commodités ne le rebutoient poi

SECTION XIII.

il savoit se prêter aux mœurs & aux manieres des habitans; attention indispensable pour ceux qui veulent voyager avec fruit en Arabie. Enfin il paroissoit fait pour un voyage, tel que nous l'avions entrepris.

Il falloit notifier au gouvernement la mort de notre compagnon, & nous envoyâmes à cet effet, le domestique du dola de *Taæs*, au dola & au Kadi de *Jerim*. Ce dernier eut la politesse de nous indiquer un Arabe, qui pourroit nous vendre une place pour enterrer le défunt. Le marché que nous fîmes avec cet homme, n'eut pas lieu, parce que cette place se trouvant près d'un canal destiné à arroser des prairies, les possesseurs de ces fonds avoient menacé notre Arabe d'un procès, si l'eau venoit à manquer à cause du corps d'un chrétien. Nous trouvâmes tout de suite une autre place, pour le même prix.

Le dola témoigna ensuite qu'il désiroit de conférer avec quelqu'un de notre compagnie: il me dit, qu'en qualité de gouverneur il avoit le droit d'aubaine sur la succession des Juifs & des Banians, qui mouroient dans son gouvernement. Je lui répondis, que le défunt n'étoit ni Juif ni Banian, mais Européen; & que le dola de Mokha n'avoit formé aucune prétention fur la fucceffion d'un de mes compagnons, mort dans cette ville. Le fils du dola m'expliqua alors les intentions de fon pere, qui s'attendoit au moins, à un préfent confidérable. Je lui dis, que les Européens étant accoutumés de ne rien payer fans en exiger quittance, nous verrions ce que nous aurions à faire, fi l'on nous donnoit par écrit ce qu'on exigeoit de nous. Le dola inftruit que nous allions à *Sana*, & craignant apparemment nos plaintes, nous laiffa en repos.

Notre plus grand embarras fut de trouver des porteurs; quoique nous promîmes de les payer largement. A la fin nous pûmes engager fix hommes à porter le mort au milieu de la nuit, jufqu'au lieu de fa fépulture. Ils s'acquitterent de ce devoir en courant & en fe cachant le mieux poffible; tant ces gens ont de l'averfion pour toucher un chrétien.

Nous crûmes devoir enfevelir notre ami défunt fans une biere : mais nous euffions mieux fait de fuivre la mode Arabe, & de l'envelopper fimplement d'un linceul. Le cercueil fit croire au peuple, que les Européens enterroient des richeffes avec leurs morts. On nous apprit à *Sana* qu'on avoit déterré de nuit le corps de *Mr*

Forskal, & que le linceul dont il étoit enveloppé, avoit disparu après qu'on eut ouvert la biere. Le dola obligea les juifs à l'enterrer de nouveau, & leur laissa le cercueil pour leur peine.

CHAPITRE IV.

Route de Jerim à SANA.

APRÈS l'enterrement de notre ami, nous n'eûmes rien de plus pressé que de continuer notre route. Etant partis le 13 Juillet de *Jerim*, nous fîmes quatre milles par des chemins pierreux & & une contrée ingrate, & nous arrivâmes le même jour à *Damar*. Dans cette route, les gens qui vendent du *Kischer* sont si misérables, qu'ils n'habitent pas seulement des cabanes, & se tiennent en rase campagne.

Comme nous avions séjourné long-tems à *Jerim*, les habitans de *Damar* étoient instruits de notre passage. Il y passe rarement des Européens; aussi le peuple, fort curieux de nous voir, vint à notre rencontre à plus d'une demi-lieüe de la ville. A mesure que nous approchions, le concours augmenta ; de forte que, pour être plus tranquilles, nous louâmes une maison vuide, au lieu de defcendre dans une auberge. Notre précaution, nous fervit peu, & nous ne pouvions percer la foule pour parvenir à notre logement. *Mr. Cramer*, monté fur fon mulet, força le paffage : on cria alors contre l'infolence des infideles, & on commença à jetter des pierres contre les ouvertures des fenêtres. Nous voulûmes demander une garde au dola ; mais on nous dit qu'il n'avoit en tout que 30 foldats, & qu'il craignoit lui-même la populace. Enfin le premier magiftrat, venu pour confulter notre médecin, nous confeilla de ne pas faire attention à la pétulance des étudians, qui jettoient des pierres pour nous attirer aux fenêtres. Le tumulte ceffa bientôt, & la foule s'écoula.

La ville de *Damar* eft fituée dans une plaine fertile : capitale d'une province, elle a un dola qui réfide dans un vafte château. Dans fon territoire fe trouvent les plus beaux haras de l'Yemen. Elle a une célébre univerfité, où 500 jeunes gens font ordinairement leurs études. La ville eft ouverte, bien bâtie, & très-grande, puifqu'elle doit contenir 5000 maifons. Les juifs habitent un village féparé : mais les banians peu

Section XIII.

vent demeurer en ville au milieu des musulmans.

Dans aucune ville notre médecin n'auroit pu avoir plus de pratique. Ne voulant pas sortir à cause du tumulte, on lui appporta des malades dans leurs lits, & un habitant fit avec nous le voyage de *Sana*, uniquement pour être à portée de le consulter.

Près de la ville est une montagne qui contient une mine de soufre. Dans une autre un peu plus éloignée, on trouve ces belles cornalines si estimées des Arabes.

Notre domestique Européen se trouvant indisposé, nous le laissâmes à *Damar*, pour qu'il pût nous rejoindre à plus petites journées. A son arrivée, il se plaignit de ce que personne n'avoit voulu le loger en chemin : les Arabes craignoient de le voir mourir chez eux, & d'être obligés de l'enterrer.

Le 14 Juillet nous traversâmes une plaine, entourée de montagnes pelées & arides. Près du chemin se trouve, à un mille de *Damar*, la petite ville de *Mauahhel*, où résidoit l'Imam, que l'*Auteur du voyage de l'Arabie heureuse* avoit vu au commencement de ce siecle. Le chemin devint fort pierreux, & la campagne aussi marécageuſe que mal cultivée juſqu'à *Suradsje*. Depuis cet endroit juſqu'à *Sana*, tous les villages ſont entourés de jardins, remplis de vignes & d'arbres fruitiers. Nous eſſuyâmes de la grêle, accompagnée de violents coups de tonnerre, & nous ne rencontrâmes plus ni *Madjils*, ni maiſons deſtinées pour ſervir d'abri aux voyageurs.

Le lendemain nous eûmes des chemins plus mauvais encore, ce qui nous ſurprit à cauſe du voiſinage de la capitale. Nous vîmes *Hodafa*, village ſitué ſur un rocher eſcarpé, où il doit ſe trouver une inſcription remarquable ſur un ancien mur. On m'en avoit parlé à *Taas*, & j'appris d'un juif à *Sana*, que ces caracteres ne reſſembloient ni aux arabes ni aux hébraïques. Je les ſoupçonne auſſi *Hamâriens*, & je ſuis fâché de n'avoir pas pu les examiner.

Après avoir paſſé pluſieurs mauvais villages, nous vîmes à *Seijan*, village qui avec *Suradsje*, eſt de l'apanage des princes du ſang; nous y remarquâmes beaucoup de maiſons ruinées. Comme il ne tombe pas aſſez de pluye dans ce pays, on a ménagé au bas des collines, de magnifiques réſervoirs, d'où l'eau ſe diſtribue dans les champs avec beaucoup de fraix & de travail.

Eſpérant de pouvoir faire notre entrée à *Sana* le

SECTION XIII.

16 Juillet, nous mînes le matin nos habits turcs, un peu plus honnêtes que les habits arabes, que nous avions portés en voyage. Nous paſſâmes ſur un pont de pierre, une petite riviere qui ſe perd bientôt dans le ſable, & nous nous arrêtâmes près du village de *Hadde*, où l'Iman a un jardin, ou plutôt un verger, à un mille de *Sana*.

SECTION XIV.

SÉJOUR A SANA, A LA COUR DE L'IMAM.

CHAPITRE I.

Arrivée à SANA.

LE 16 Juillet de bon matin, nous avions fait prendre les devants à un domestique, avec une lettre adressée au *Fakih Achmed*, pour annoncer notre arrivée à ce *Visir* de l'Imam. Mais ce seigneur deja instruit du terme de notre voyage, nous avoit prévenu, & envoyé à notre rencontre un de ses principaux secrétaires, pour nous souhaiter la bien-venue. Ce député nous rapporta qu'on nous attendoit depuis long-tems, & que l'Imam avoit loué pour nous à *Bir el Assab*, fauxbourg de Sana, une jolie maison de campagne.

Nous apprîmes que le visir avoit aussi une maison de plaisance dans le même fauxbourg. Quand nous arrivâmes près de ce jardin, le secrétaire nous pria de mettre pied à terre. Nous crûmes que nous serions introduits chez le visir :

mais le secrétaire & nos domestiques musulmans, resterent sur leurs ânes, pendant que nous étions obligés de marcher à pied, encore assez loin avant d'arriver à notre logement. Nous ne nous attendions pas à cette cérémonie humiliante de la part des Arabes qui se piquent de politesse.

Nous trouvâmes dans notre maison de campagne de jolis appartemens; mais absolument vuides & dépourvus de tout. Nous étions donc aussi mal que dans aucun village de l'Yemen, & plus mal que dans un caravanserai, où nous aurions pu nous procurer au moins la nourriture. Il falloit donc attendre, jusqu'à ce que nous eussions fait chercher quelques vivres dans la ville. A côté de notre maison étoit un verger, où les arbres paroissoient être venus sans aucune culture.

Le lendemain matin, l'Imam nous envoya un présent, consistant en cinq moutons, en bois, en ris, en bougies & en épiceries. Celui qui vint nous offrir ces provisions, étoit chargé en même tems de nous faire des excuses, de ce que l'Imam ne pouvoit nous voir ces deux jours, parce qu'il étoit occupé à payer les troupes étrangeres qu'il avoit à sa solde. Ce délai nous eût été indifférent, si en même tems on ne nous eût pas enjoint de ne pas sortir de la maison, avant d'avoir eu notre audience. Nous eussions souhaité de mettre à profit notre séjour dans cette ville.

On avoit oublié de nous avertir, que l'étiquette nous défendoit aussi, de faire venir chez nous des gens du pays, avant d'avoir paru à la cour. Nous avions une connoissance à Sana, savoir un juif qui avoit fait avec nous le voyage du caire à Loheya. Ce juif, quoique d'une famille des plus riches & des plus distinguées de sa nation, s'étoit mis à notre service comme simple domestique, pour pouvoir voyager avec plus de sureté en notre compagnie, ou pour épargner la dépense. Aussitôt qu'il apprit notre arrivée, il vint nous faire visite, & nous amena le lendemain un des grands astrologues de sa nation. En même tems arriva le secrétaire du visir *Fakih Achmed*. Les deux juifs se leverent pour lui témoigner du respect : mais le secrétaire, irrité de ce qu'ils avoient osé enfreindre l'étiquette, les chassa de notre maison, & ordonna à nos domestiques de ne laisser entrer personne, jusqu'à ce que nous eussions paru devant son maître.

CHAPITRE II.

Audience de l'Imam.

Le 19 Juillet, le secrétaire du visir *Fakih Achmed* vint nous prendre, pour nous mener à l'audience de l'Imam, dans le palais *Bustan el Metwokkel*. Nous nous étions attendus d'être introduits en particulier chez ce souverain, & tout au plus en présence de quelques-uns de ses principaux courtisans. Nous fûmes donc étonnés de voir les préparatifs d'une grande cérémonie. La cour étoit si remplie de chevaux, d'officiers, & d'autres Arabes, que nous aurions eu de la peine à percer la foule, si le *Nakib Gheir Alla*, jadis esclave & alors grand-écuyer, ne fût venu avec un gros bâton à la main, pour nous faire place.

La salle d'audience étoit un quarré spacieux & voûté. Au milieu il y avoit un large bassin, avec quelques jets d'eau, qui s'élevoient à la hauteur de quatorze pieds. Derriere ce bassin, près du trône, se trouvoient deux larges gradins, de la hauteur d'un pied & demi chacun; sur le trône, étoit un espace couvert d'étoffe de soye, dans lequel, comme des deux côtés, on avoit placé de vastes coussins. L'Imam s'assit sur le trône entre les coussins, les jambes croisées à la maniere des orientaux; sa robe étoit d'un verd clair, à larges manches. Il avoit de chaque côté de la poitrine un riche lacis d'or, & sur la tête un large turban blanc. Ses fils étoient placés à sa droite, & ses freres à sa gauche. Vis à vis sur le gradin le plus élevé se tenoit le visir, & nous occupions le gradin au dessous de lui. Des deux côtés de la salle étoient rangés quantité des principaux Arabes.

Nous fûmes conduits tout droit à l'Imam, pour lui baiser le revers & la paume de sa main, comme aussi le pan de sa robe. C'est une faveur particuliere, quand les princes mahométans donnent la paume de la main à baiser. Dans toute la salle régnoit un silence profond: mais à peine un de nous eut touché la main de l'Imam qu'un héraut cria : "Dieu conserve l'Imam!„ Tous les assistans répéterent à haute voix les mêmes paroles. Occupé comme j'étois à méditer mon compliment en Arabe, cet appareil bruyant me troubla un peu; mais j'eus le tems de me remettre.

Comme le langage de la cour à Sana est fort différent de celui du Téhama, qui seul nous étoit

SECTION XIV.

un peu familier, & que nous parlions même imparfaitement, nous prîmes notre domestique de Mokha pour interprete : le visir, qui par un long séjour au Téhâma, avoit appris ce dialecte, rendit à l'Imam le même service. La conversation, par conséquent, ne pouvoit être ni longue ni intéressante. Nous ne crûmes pas devoir faire mention des vrais motifs de notre venue en Arabie: nous dîmes, que, voulant prendre le chemin le plus court pour aller aux colonies Danoises dans les Indes, nous avions tant entendu parler de la sureté & de l'abondance, qui régnoient dans les états de l'Imam, que nous avions désiré d'en être témoins oculaires, pour pouvoir en faire le récit à nos compatriotes. L'Imam nous dit, que nous étions très-bien venus dans ses états, & que nous y pouvions séjourner librement, aussi long-tems qu'il nous plairoit. Après avoir répété la cérémonie de baiser les mains de l'Imam, & avoir entendu les acclamations réitérées des spectateurs, nous nous retirâmes comme nous étions venus.

A notre retour, l'Imam envoya à chacun de nous une petite bourse contenant 99 *Komaſſis*, dont 32 font un écu. Cette civilité paroît devoir blesser la délicatesse d'un voyageur : mais quand on fait attention qu'un étranger, qui ne connoît pas la valeur des monnoies est obligé de faire une dépense journaliere pour ses provisions, & risque d'être trompé par les changeurs, on ne trouvera pas cette attention, de se pourvoir de petite monnoie, si déplacée. Ainsi nous acceptâmes ce présent, malgré notre résolution de n'être pas à charge aux Arabes.

CHAPITRE III.

Visite au Visir FAKIH ACHMED.

EN Turquie personne n'est admis à l'audience du Sultan, sans avoir fait visite au visir. La coutume est directement opposée en Yemen. Après avoir eu l'honneur d'être présentés à l'Imam dans la matinée nous fûmes invités l'après-midi chez le *Fakih Achmed*, à sa campagne près de *Bir el Assab*. On nous pria en même tems d'apporter avec nous les curiosités que nous avions montrées à l'*Emir Farhân* à Loheya, & à plusieurs Arabes de distinction dans d'autres villes. Ces raretés n'étoient autre chose, que des microscopes, des thermometres, des lunettes d'approche, des cartes géographiques, &c. Je ne voulus pas risquer de produire mes instrumens de mathématiques; je craignis qu'un *schech* n'engageât le visir à m'en demander pour son usage.

Le visir nous reçut avec beaucoup de politesse, & nous témoigna le plus grand contentement de tout ce que nous avions étalé à ses yeux. Il nous fit plusieurs questions, qui prouvoient ses connoissances, & une application aux sciences, peu commune parmi ses compatriotes. Il avoit profité du commerce avec les étrangers, Turcs, Persans & Indiens; & par ce moyen il avoit acquis des idées sur la géographie. Les Arabes s'imaginent que l'Europe est située au sud de leur pays, parce que les Francs y viennent des Indes. Mais le *Fakih* connoissoit très-bien la position des différens états de l'Europe, tout comme leur puissance & leurs forces sur mer & sur terre. On ne pourroit pas en attendre davantage d'un savant Arabe, qui n'avoit jamais vu une carte géographique.

Nous avions lu dans la plûpart des relations, que dans tout l'Orient un inférieur n'osoit pas se présenter devant son supérieur, sans lui offrir un présent. Nous désirions d'ailleurs répondre aux politesses dont on nous avoit comblés, &

de marquer notre reconnoissance pour les cadeaux qu'on nous avoit faits. Par ces deux raisons nous résolûmes de saisir cette occasion pour offrir à l'Imam & au Fakih, en les remettant au dernier, quelques pieces de mécanique, comme des montres & des instrumens peu connus en Arabie. Nous apprîmes bientôt après, qu'on ne s'étoit pas attendu à une telle galanterie, puisque n'étant pas marchands, nous n'avions aucune faveur à demander. Cependant le tout avoit été accepté très-gracieusement. Les Turcs regardent comme un tribut les présens des Européens : mais à la cour de Sana on parut penser différemment.

La maison de campagne du visir n'avoit pas une grande étendue : elle étoit même toute ouverte d'un côté ; le jardin étoit garni de beaucoup d'arbres fruitiers ; au milieu jaillissoit un jet d'eau, semblable à celui que nous avions vu dans la salle d'audience de l'Imam. On mettoit l'eau en mouvement, en l'élevant dans le réservoir, par le moyen d'un âne & de son conducteur. Ce jet d'eau n'étoit pas un embellissement : mais il rafraîchissoit l'air, ce qui est bien agréable dans les pays chauds. Nous en vîmes de pareils dans tous les jardins des principaux de Sana.

CHAPITRE IV.
De la Ville de SANA.

LA ville de Sana est située au pied de la montagne de *Nikkum*, sur laquelle on voit encore les ruines d'un château bâti par *Sem*, suivant l'opinion des Arabes. Près de cette montagne est le château ; de l'autre côté coule un ruisseau, & tout près le *Bustan el Metwokkel* jardin spacieux, construit par l'Imam *Metwokkel* & embelli par un beau palais, que l'Imam régnant y a fait bâtir. Les murs de la ville faits de briques séches, séparent ce jardin, qui est entouré d'un mur particulier. La ville proprement dite n'est pas fort étendue : il ne faut pas plus d'une heure pour en faire le tour à pied.

J'eusse souhaité de lever un plan exact de cette ville : mais par tout où j'allois, une foule de peuple suivoit mes pas par curiosité ; de sorte que je ne crus pas prudent de faire des opérations d'arpentage. Elle a 7 portes & beaucoup de mosquées, dont quelques-unes ont été bâties par des pachas Turcs. Elle paroît plus peuplée qu'elle ne l'est en effet : des jardins occupent une partie de son enceinte. Il n'y a que douze bains publics à Sana : mais on y trouve un grand nombre de magnifiques palais, dont trois des plus beaux ont été construits par l'Imam régnant. Celui de l'Imam *El Manfor*, & plusieurs autres, appartiennent à la famille des Imams qui est très-nombreuse.

L'architecture des palais arabes ne ressemble point à la nôtre. Ils sont cependant bâtis en briques cuites, & quelques-uns en pierres taillées; au lieu que les maisons du peuple, ne sont que de briques séchées au soleil. Je n'ai vu des vitrages, qu'à un seul palais près du château. Les autres édifices ont, au lieu de fenêtres, des volets ouverts dans le beau tems, & fermés quand il pleut. Dans ce dernier cas, il entre un peu de jour par une ouverture ronde, garnie de verre de Moscovie, & pratiquée au-dessus des volets. Quelques Arabes se servent de petites vitres peintes, qu'on tire de Venise.

On trouve à Sana, comme dans toutes les villes de l'Orient, de grandes *Simseræ* ou caravanserais, pour les marchands & les voyageurs. Chaque denrée & marchandise se vend dans un marché particulier : on ne voit que des femmes sur celui du pain, & n'ont que des boutiques portatives. Il en est de même des artisans des différens métiers, qui travaillent en pleine rue dans des réduits semblables. Les écrivains occupent aussi de ces boutiques portatives: ils y dressent des placets, copient des livres, & donnent en même tems des leçons d'écriture aux jeunes gens. Il y a un de ces marchés, où l'on peut troquer sur le champ ses vieux habits contre des neufs.

Le bois de charpente est en général fort cher dans tout l'Yemen; celui à brûler ne l'est pas moins à Sana. Comme toutes les montagnes des environs sont pelées & stériles, le bois vient de 2 à 3 journées; de sorte que la charge d'un chameau coûte ordinairement deux écus. On supplée un peu à cette disette par du charbon de terre: j'y ai vu aussi de la tourbe, mais de si mauvaise qualité, qu'il falloit la mêler avec de la paille pour la faire brûler.

Les fruits sont au contraire très-abondans à Sana. On a plus de vingt especes de raisins, qui ne mûrissant pas toutes en même tems, fournissent pendant plusieurs mois un rafraîchissement délicieux. Les Arabes en suspendent aussi des grappes dans leurs caves, & en mangent presque toute l'année. Les Juifs font un peu de vin, & ils en pourroient faire davantage pour le commerce, si les Arabes n'étoient pas si grands ennemis des boissons fortes. Un Juif convaincu d'avoir porté du vin chez un Arabe, est séverement puni, il n'ose pas même en faire parvenir trop ouvertement à un homme de sa propre nation. On séche beaucoup de ces raisins, dont l'exportation est assez considérable. Il y en a une espece qui paroit être sans pepins : elle contient cependant une graine molle, quoique imperceptible quand on mange le raisin.

Dans le château situé sur une colline, il y a deux palais. J'y vis quelques ruines d'anciens bâtimens, mais aucune inscription remarquable malgré l'ancienneté du lieu. Il y a ici un hôtel des monnoies, & des prisons différentes pour les personnes de tout rang. L'Imam régnant réside dans la ville : mais plusieurs princes de son sang demeurent dans le château. On me mena sur une batterie, comme à l'endroit le plus élevé, & j'y rencontrai une chose inattendue, un mortier allemand avec l'inscription *Jorg Selos Gos mich* 1513. Je vis encore sur cette batterie 7 canons de fer, en partie ensablés, en partie posés sur des affûts brisés. Ces 7 petits canons, avec 6 autres placés près des portes & qui servent pour annoncer des fêtes, composent toute l'artillerie dont la capitale de l'Yemen est pourvûe.

CHAPITRE V.

Des Environs de SANA.

LE fauxbourg de *Bir el Assab* touche presque à la ville du côté de l'est. Les maisons de ce fauxbourg sont dispersées parmi les jardins, le long d'une petite riviere. A deux lieues de Sana vers le nord, il y a une plaine, appellée *Rodda*, remplie de jardins & de ruisseaux. Cet endroit ressemble beaucoup aux environs de *Damask*. Mais Sana, que les anciens auteurs Arabes comparent à Damask, est situé sur une éminence presque aride. Après de longues pluyes un petit ruisseau passe par la ville; mais il est à sec le reste de l'année. Cependant des canaux tirés de la montagne de *Nikkum*, fournissent Sana & son château, de bonne eau fraîche dans toutes les saisons.

Les Juifs n'osent pas demeurer en ville: ils habitent un village particulier, nommé *Kaa el Ihud*, situé près de *Bir el Assab*. Leur nombre va à 2000: mais dans l'Yemen on les traite avec plus de mépris encore que dans la Turquie. C'est cependant parmi ce peuple, que les Arabes font obligés de chercher leurs meilleurs ouvriers, principalement des potiers & des orfevres, qui vont travailler le jour en ville dans leurs petites boutiques, & qui le foir s'en retournent dans leur village.

Parmi ces Juifs, il y en a qui font un commerce confidérable. Un de ces marchands diftingués, nommé *Oræki*, acquit la faveur de deux Imams, & fut pendant 13 ans fous le regne d'*El Manfor*, & pendant 15 ans fous celui de l'Imam actuellement régnant, intendant des douanes, des bâtimens & des jardins; emploi des plus honorables à la cour de Sana. Deux ans avant notre arrivée, étant tombé en difgrace, il ne fut pas feulement mis en prifon, mais obligé encore de payer une amende de 50,000 écus. Une quinzaine de jours avant notre arrivée à Sana, l'Imam lui avoit rendu la liberté. C'étoit un vieillard vénérable, rempli de connoiffances, & qui n'avoit jamais voulu s'habiller autrement que le commun de fa nation, malgré la permiffion de l'Imam. Le jeune Juif, notre ancien domeftique, qui étoit de fes parens, lui avoit parlé fi avantageufement de nous, qu'il rechercha notre amitié. Mais nous n'ofions pas voir fouvent un homme fi fraîchement forti de prifon.

SECTION XIV.

La disgrace de cet *Oræki*, avoit attiré à ses confreres une espece de persécution. A cette époque, le gouvernement fit démolir douze synagogues de quatorze dont les Juifs étoient en possession. Dans leur village, il y avoit des maisons aussi belles que celles des principaux de Sana. On abattit de ces maisons tout ce qui excédoit la hauteur de quatorze coudées & on défendit à tout Juif d'élever leurs bâtimens au-dessus de cette mesure. On brisa toutes les cruches de pierre où les habitans de ce village conservoient leur vin. Ils essuyerent enfin des avanies de toute espece.

On compte à peu près 125 *Banians*, qui demeurent à Sana. Ils payent 300 écus par mois, pour la permission d'habiter la ville ; au-lieu que le gros village de *Kaa el Ihud* ne paye que 125 écus par mois. Les héritiers d'un Banian mort, sont obligés de payer de 40 à 50 écus ; & si le défunt ne laisse pas de proches parens domiciliés dans l'Yemen, toute la succession est dévolue à l'Imam. Ces Banians nous raconterent, que deux hommes de leur nation avoient été traînés en prison deux mois auparavant, & forcés, pour obtenir leur liberté, de donner 1500 écus d'un héritage échu aux Indes, & dont ils n'avoient rien touché en Arabie.

CHAPITRE VI.

*Pompe de l'*Imam *revenant de la Mosquée.*

On fait que le fultan va tous les vendredis à la mofquée à Conftantinople. L'Imam obferve exactement cette coutume religieufe, & s'en acquitte avec beaucoup de pompe. Nous ne le vîmes qu'à fon retour, parce qu'on nous avoit dit, que fon cortege étoit alors augmenté par tous ceux qui avoient fait leur dévotion dans d'autres mofquées. En revenant, ce prince prend un long circuit pour mieux étaler fa magnificence.

L'Imam, forti de la mofquée principale, prit fa marche par une porte de la ville pour rentrer par une autre, précédé de quelques centaines de foldats. Il faifoit porter à côté de lui, comme tous les princes de fa nombreufe maifon, un *Medalla* ou grand parafol; diftinction réfervée aux fouverains & aux princes de leur fang. On nous dit, que dans les autres parties de l'Yemen tous les feigneurs indépendants, comme le *fchérif d'Abu Arifch*, les *fchechs de Jafa*, & ceux de *Hafchidu Bekil*, ne manquent jamais d'étaler cette marque de leur indépendance.

Outre les princes, cette fuite étoit compofée au moins de 600 feigneurs diftingués, tant eccléfiaftiques que féculiers & militaires, tous montés fur de fuperbes chevaux: une grande multitude de peuple à pied fermoit la marche. De chaque côté de l'Imam, on portoit encore un drapeau, furmonté d'une caffolette d'argent, remplie d'amulettes propres à rendre ce fouverain invincible. En un mot cette marche étoit magnifique, mais tumultueufe: on alloit, on couroit à cheval, on fe mêloit fans obferver aucun ordre.

On avoit placé près d'une porte, quelques paires de chameaux, portant des litieres, où fe trouvent fouvent dans de telles proceffions, quelques femmes de l'Imam : mais alors elles étoient vuides & on ne les avoit amenées que pour ne pas déroger à l'étiquette. Derriere ces litieres fe trouvoient encore une douzaine de chameaux, fans autre charge que quelques petits drapeaux attachés à leur felle, & qui fervoient d'ornement.

Les foldats firent hors de la porte, quelques décharges, auffi gauchement que dans aucune autre ville de l'Yemen. Leurs évolutions devant la palais n'étoient pas plus adroites, que celles que nous avions vu exécuter par les troupes des dolas dans les villes de province. Les portes de la ville reſterent fermées durant tout le ſervice divin.

CHAPITRE VII.

Audience de Congé.

LE bon accueil qu'on nous avoit fait à Sana, & qui ſurpaſſa notre attente, auroit pu nous engager à prolonger notre ſéjour. Pluſieurs des principaux courtiſans de l'Iman nous preſſoient même de paſſer encore une année dans l'Yemen. Mais nous avions perdu deux de nos compagnons, auxquels un long ſéjour en Arabie eut été plus utile qu'à nous-mêmes. Pluſieurs traits d'avarice de l'Imam, qui nous étoient revenus, & l'expérience acquiſe par nos tracaſſeries avec les dolas, nous inſpiroient de la défiance ; nous craignions de voir finir les bons traitemens que nous recevions actuellement. Nous avions d'ailleurs reſſenti l'influence de ce climat ſi étranger à notre conſtitution, & notre ſanté étoit dérangée par le changement perpétuel de la température de l'air. Nous penſâmes donc ſérieuſement à par-

SECTION XIV.

...ir pour les Indes avec les Anglois, afin de mettre en sûreté nos vies & nos papiers.

Nous avions bien la permiſſion de partir de Sana quand il nous plairoit; mais il falloit prendre congé en forme, & montrer en même tems à l'Imam les curioſités que le viſir avoit vues: ce qui retarda de quelques jours notre départ.

Nous fûmes mandés à la cour le 23 Juillet, & conduits dans la même ſalle, où nous avions eu notre premiere audience. Mais cette ſeconde fois, tout ſe paſſa avec la plus grande tranquillité. L'Imam étoit ſur le premier gradin, à côté du trône, aſſis dans un fauteuil fait de roſeaux entrelacés. Nous lui baiſâmes les deux côtés de la main & le pan de la robe, ſuivant l'étiquette arabe. Perſonne n'étoit préſent à cette audience, que le viſir, le ſecrétaire qui étoit venu nous prendre, & 6 à 7 eſclaves ou ſerviteurs. On ne permit d'entrer à aucun de nos domeſtiques, parce que le viſir nous crut aſſez habiles, pour nous expliquer dans la langue du pays. Tout ce que nous expoſâmes aux yeux de l'Imam, parut lui plaire beaucoup, & il nous fit, auſſi bien que ſon miniſtre, pluſieurs queſtions touchant les mœurs, le commerce & les ſciences des Européens. On apporta enſuite une petite caſſette remplie de médecines, que l'Imam avoit reçues d'un Anglois. On pria *Mr. Cramer* d'indiquer les noms & les vertus de ces drogues, & l'Imam fit mettre par écrit ces explications.

J'étois sorti indisposé, & m'étant tenu long-tems debout, je tombai dans une telle foiblesse, que je fus obligé de demander la permission de me retirer. Devant la porte je trouvai plusieurs des premiers officiers de la cour, assis sans ordre le long du mur sur des monceaux de pierres. Le grand-écuyer *Gheir Allah*, à qui j'avois eu souvent occasion de parler, m'offrit tout de suite sa place, & alla ramasser des pierres pour se faire un autre siege. Dans cette compagnie, je fus assailli de nouveau par de nombreuses questions, sur les mœurs & les coutumes Européennes. Ces Arabes désaprouverent hautement notre habitude de boire des liqueurs fortes. Mais quand je les eus assurés, que l'ivrognerie étoit défendue aux chrétiens, & qu'aucun Européen sensé ne buvoit plus de vin que sa santé n'en exigeoit, ils trouverent notre pratique plus conforme à la raison. Ils avouerent, qu'il étoit absurde de s'abstenir entiérement d'une boisson dont ils avoient une si grande abondance, & qui dans beaucoup d'occasions pourroit être pour eux un remede salutaire.

Je rentrai dans la salle ; & après que *Mr. Cramer* eût fini l'explication des drogues, & que nous eûmes répondu encore à différentes questions, nous prîmes congé, avec les mêmes cérémonies que nous avions observées en entrant. Après-midi nous allâmes faire nos adieux au visir *Fakih Achmed*, & à quelques autres personnes de distinction.

CHAPITRE VIII.

Départ de SANA.

Nous avions, il est vrai, de bonnes raisons pour retourner à *Mokha* par la même route par laquelle nous étions venus à Sana : elle est plus fréquentée, & elle m'eut fourni l'occasion de copier les inscriptions dont les Arabes m'avoient tant parlé. Mais j'avois été si souvent trompé par de telles annonces d'antiquités intéressantes, que je préférai à ces espérances incertaines l'avantage réel de parcourir une autre partie de l'Yemen, & de voir le Téhâma, dans la saison pluvieuse. Nous exposâmes donc au visir que nous désirions de prendre notre route par *Môsak* à *Beit el Fakih*: il n'approuva pas seule-

Tom. I. C c

ment notre deſſein, mais il nous dit que l'Imam nous fourniroit les chameaux & les ânes néceſſaires pour notre voyage.

Le 25 Juillet l'*Imam* envoya à chacun de nous un habillement complet, avec une lettre au dola de *Mokha* pour payer 200 écus à notre compagnie comme un préſent de congé. Nous craignîmes d'abord que ce prince ne s'imaginât, que nous fuſſions venus à la maniere des Turcs, pour tirer de lui de l'argent, ou que nous lui euſſions fait nos préſens dans des vues intéreſſées. Mais après avoir fait réflexion, comment nous avions été rançonnés à Mokha, nous crûmes pouvoir accepter cette aſſignation. Lorſque nous remîmes dans la ſuite, cette lettre au dola, il nous renvoya à ſon *Saráf* ou banquier: c'étoit un *Banian* qui nous paya en différens termes, mais toujours en rechignant.

Nous eûmes de la peine à croire l'offre du viſir ſérieuſe, quand il nous dit que l'Imam nous fourniroit les montures & les bêtes de ſomme. Nous craignîmes même, que cet arrangement ne retardât notre voyage, & nous euſſions préféré de louer à nos frais des chameaux & des ânes. Nous eûmes là deſſus une explication avec le ſecrétaire, dont les réponſes nous firent ſoup-

XI.

onner de la collusion entre lui & le loüeur des chameaux, ou le maître de poste Arabe.

Pour nous éclaircir, nous crûmes devoir encore nous adresser au visir, qui parut surpris de notre embarras, parce qu'il avoit remis à son secrétaire un écrit, signé de la propre main de l'Imam, par lequel il étoit ordonné de nous fournir, dans tous les districts où nous passerions, des chameaux & des ânes de relais, avec un mouton pour notre provision. Le secrétaire, qui, à cause de notre empressement de partir, n'avoit pas eu le tems de s'accorder avec les chameliers pour partager le profit, fut forcé de nous remettre cet écrit, avec quelques pieces d'étoffes que l'Imam nous envoyoit encore pour habiller nos domestiques. Il nous annonça encore quelques présens qui nous étoient destinés, mais qui ne pouvoient être prêts qu'après un certain nombre d'heures. Nous partimes & ce secrétaire aura apparemment gardé ces présens pour lui.

L'habillement que je reçus de l'Imam, étoit exactement comme celui des Arabes de distinction dans l'Yemen, dont on peut voir le dessein *Pl. 11*. Ils portent la chemise par dessus de larges culottes de toile. Le *Jambea* espece de coutelas recourbé, est attaché à une grosse ceinture; une veste à manches étroites est couverte d'un manteau fort ample. Le cordon que j'ai fait pendre sur le manche du Jambéa, n'est rien moins qu'un chapelet : c'est une espece de hochet, avec lequel les Arabes badinent pour occuper leurs doigts. Ils ne connoissent pas l'usage des bas : toute leur chaussure consiste en des bottines ou des pantoufles.

Les Turcs paroissent abuser de la maniere généreuse, dont l'Imam traite les étrangers qui voyagent dans ses états. Il vient souvent depuis *Djidda* de pauvres pelerins de cette nation, qu'on entretient plusieurs mois à *Sana*, & qu'on défraye en chemin. L'Imam leur fait même payer une somme encore, dans quelque port de mer, pour les mettre en état de continuer leur route. On leur donne ce viatique sur la frontiere, pour les empêcher de revenir, & d'être plus long-tems à charge à un pays si hospitalier.

Peu de tems avant notre arrivée, un Turc qui avoit accompagné à la *Mecque* un seigneur Egyptien son maître, vint par *Djidda* & *Hodeida* à Sana, dans l'espérance d'obtenir tout de suite un des premiers emplois dans les troupes de l'Imam. Les Turcs ont une si haute opinion de leurs talens militaires pour la cavalerie, qu'ils s'imaginent que les Arabes seront trop heureux s'ils peuvent engager un officier Turc. Mais l'Imam, après l'avoir entretenu pendant quelque tems à Sana, le renvoya à *Hodeida*, & lui fit donner une somme suffisante pour se rendre à *Basra*. A mon retour des Indes j'ai rencontré ce même Turc, qui avoit fait ce voyage avec un vaisseau de *Maskates*, & qui n'avoit pas trouvé ce trajet plus dangereux que celui de *Djidda* à *Hodeida*.

Route de SANA à BEIT EL FAKIH.

L E 26 Juillet, jour de notre départ de Sana, nous fîmes une petite traite, par un mauvais chemin entre des montagnes pelées, sans rencontrer beaucoup de villages.

Le lendemain le chemin fut encore pire, sur des montagnes couvertes de rochers. C'étoit la route la plus dure & la plus rude que j'aye vue dans toute l'Arabie. Je me vis entre des montagnes tristes & toutes pelées, formant des vallées profondes & où il n'y a que de misérables hameaux.

Nous descendîmes le 28 Juillet quelque tems par des pentes très-roides. Les montagnes commencèrent à être un peu couvertes de verdure; aussi rencontrâmes-nous plusieurs chameaux chargés de très-mauvais bois destiné pour Sana

SECTION XV.

RETOUR DE SANA A MOKHA.

CHAPITRE I.

Route de SANA *à* BEIT EL FAKIH.

LE 26 Juillet, jour de notre départ de Sana, nous fimes une petite traite, par un mauvais chemin entre des montagnes pelées, sans rencontrer beaucoup de villages.

Le lendemain le chemin fut encore pire, sur des montagnes couvertes de blocs de rochers. C'étoit la route la plus dégradée & la plus rude que j'aye vue dans tout l'Yemen. Elle côtoye des montagnes tristes & toutes pelées, formant des vallées profondes & où il n'y a que de misérables hameaux.

Nous descendîmes le 28 Juillet presque toujours par des pentes très-roides. Les montagnes commencent à être un peu couvertes de verdure: aussi rencontrâmes-nous plusieurs chameaux, chargés de très-mauvais bois destiné pour Sana.

Les villes sont encore pauvres & peu nombreuses. Nous fûmes assaillis le soir par des nuées de sauterelles : mais elles furent chassées par un orage accompagné d'une grosse pluye.

Nous allâmes jusqu'à *Môsbak*, petite ville située sur la cime d'une montagne escarpée. Les maisons où logent les voyageurs, sont au pied de la montagne. Nous fîmes présenter la patente de l'Imam au dola de cette ville, qui ordonna en conséquence des chameaux de relais, du fourrage pour nos ânes, un repas pour nos domestiques, & un mouton pour notre souper : il paya même notre gîte. Le revenu de *Môsbak* & de son territoire, forme l'apanage d'un des fils de l'Imam.

Notre journée du lendemain fut encore mauvaise : les chemins entre *Môsbak* & *Sehan* sont détestables. Sur la montagne nous rencontrâmes six grands réservoirs, où l'on ramasse l'eau de pluye, qui, se corrompant dans une certaine saison, devient extrêmement rebutante. C'est dans cette contrée que les Arabes croyent qu'on a le plus à craindre le ver des nerfs, appellé par quelques auteurs la *veine de Médine*. Si leur observation est juste, il faudroit chercher la cause de cette maladie dans l'habitude de boire des eaux corrompues.

Partis le 30 Juillet de *Sehan*, nous eûmes des chemins un peu meilleurs, & qui tournent sur le penchant des montagnes. Sur une de ces montagnes nommée *Harras*, nous arrivâmes à un défilé où le chemin se rétrécit au point, qu'à peine un seul chameau peut y passer de front. Des deux côtés il y a des roches très-escarpées, & les eaux de pluye, tombées le jour précédent, avoient creusé précisément dans l'endroit le plus serré, un trou de huit pieds de profondeur; de sorte, que le chemin étoit devenu absolument impraticable. Comme il ne se trouvoit aucune autre issue, tous nos Arabes étoient d'avis de retourner à *Sana*, pour prendre la route de *Taës*. Mais comme nous n'étions pas d'humeur de faire un si grand détour, nous résolûmes de combler ce creux & d'élever une chaussée. Nos Arabes se moquerent de nous de vouloir entreprendre un ouvrage de plusieurs jours; mais quand nous eûmes commencé à ramasser des pierres, nous parvînmes, à force de promesses, à les engager à nous aider. Après trois heures d'un travail opiniâtre, notre chaussée fut prête, & nous franchîmes heureusement ce passage. Nos Arabes soutenoient, que dans un cas pareil, le premier dola de l'Yemen eût préféré de retourner à *Sana*, au parti d'entreprendre un tel ouvrage. Ce fentiment ne nous prévint pas en faveur de l'activité & de l'induftrie de cette nation.

Nous rencontrâmes en chemin une famille errante, la première de cette efpece que j'aye vue dans l'Yemen. Ces gens n'avoient point de tentes, & vivoient fous des arbres, avec leurs ânes, leurs brebis, leurs chiens & leurs poules. J'oubliai de demander le nom de cette horde : mais leur état eft parfaitement analogue à celui de nos *Bohémiens* d'Europe. Ils ne font fixés dans aucun lieu : mais ils vont mendier & voler autour des villages, & les pauvres payfans leur donnent volontiers quelque chofe pour fe débarraffer de leur voifinage. Une jeune fille de cette troupe, vint nous demander l'aumône : elle avoit le vifage découvert.

A une petite diftance du paffage dangereux dont je viens de parler, nous vîmes la premiere plantation de cafiers. Nous n'en avions plus vu depuis nos courfes du mois de Mars ; mais cette denrée ne paroît pas enrichir fes cultivateurs. Les villages de la contrée à café commencent à être pauvres, & les maifons conftruites en murs secs, sont couvertes de roseaux ; telles enfin que celles des montagnes autour de *Beit el Fakih* & de *Dsjobla*. La riviere de *Sehan* étoit si enflée, que nous eûmes de la peine à la traverser avec nos ânes.

Nous couchâmes à *Samsur*, pauvre village, où je perdis ma boussole. En partant nous eûmes l'incommodité de passer, dans l'espace d'un mille, une douzaine de fois la riviere de *Sehan*, qui a beaucoup de sinuosités, & dont le cours entre des rochers, est fort rapide. La pauvreté des habitans de cette contrée est cause, que les chemins ne sont pas trop sûrs ; ce qui nous obligea de rester avec notre bagage. Nous y vîmes beaucoup de *Baumiers*, qui restent sans culture parce que les habitans en ignorent l'utilité.

Dans le cabaret à café de *Til*, nous rencontrâmes plusieurs pélerins revenant de la *Mecque* : entr'autres un Arabe de *Doan*, ville située à 25 journées à l'est de *Sana*, & à 12 journées de *Kerchin* ; par conséquent dans une contrée entiérement inconnue aux Européens. J'étois fâché que la courte durée de notre entrevue, & la grande différence entre le dialecte qu'il parloit & celui du Téhâma, ne me permissent pas de tirer de lui plus de lumieres sur sa patrie.

SECTION XV.

Depuis ce cabaret le pays devient meilleur : il se couvre de verdure ; la vallée contient plusieurs ruisseaux qui se déchargent dans la riviere de *Sehan*, & les montagnes sont parsemées d'un assez grand nombre de villages.

Nous vîmes un ruisseau qui se perd sous terre, & qui reparoît à une assez grande distance. Après être sorti des montagnes il finit par disparoître tout à fait, parce que ses eaux se distribuent dans les campagnes du Téhâma. Les champs dans ces montagnes étoient semés uniquement de *Durra*, espece de gros millet dont le petit peuple fait son pain. Les paysans se ménagent des niches dans les arbres, pour veiller sur leurs champs.

Les montagnes sur les confins du Téhâma sont composées de basalte, comme celles du côté des villages à café près de Beit el Fakih. Nous vîmes encore une petite riviere qui se perd bientôt dans les sables du Téhâma. Enfin parvenus dans la plaine nous arrivâmes à Beit el Fakih le 1 Août vers le soir.

CHAPITRE II.

Route de BEIT EL FAKIH *à* MOKHA.

Comme la plus grande partie de cette ville avoit été consumée par les flammes, au mois d'Avril dernier, nous ne pensions y trouver qu'une espece de désert. Nous fûmes donc bien étonnés de voir presque toutes les maisons, ou plutôt toutes les cabanes relevées. On y bâtissoit même plusieurs maisons de pierre plus propres à résister aux fréquens incendies.

Nous fîmes savoir notre entrée au dola, en le priant de tenir prêts les chameaux nécessaires pour la continuation de notre voyage. Nos domestiques Arabes vouloient aussi lui demander des vivres, pour se régaler & pour montrer au peuple de quelle maniere honorable nous revenions de la cour. Mais, comme nous avions été bien traités dans cette ville, nous ne leur permîmes de demander qu'un seul mouton.

Comme j'ai décrit la route depuis cette ville à *Mokha*, je n'ai qu'à rapporter quelques changemens produits dans cette contrée par la saison pluvieuse. Par la même raison, nous ne voulûmes

SECTION XV.

pas nous gêner à voyager de jour, pendant les grandes chaleurs.

Etant partis de *Beit el Fakih* dès le 2 Août au foir, nous rencontrâmes fur le chemin de *Jébid* deux hommes, qui conduifoient fix ânes chargés en grande partie d'argent, que les marchands avoient reçu d'Egypte pour du café, & qu'ils envoyent à Mokha pour acheter des marchandifes des Indes. Cette maniere hardie de tranfporter de l'argent, nous prouva combien peu on avoit à craindre les voleurs dans cette province.

Le 3 Aout, le dola de *Zébid* fut obligé de nous fournir des vivres & de nous préparer des relais de chameaux. Nous comptions trouver la riviere de *Zébid* bien enflée : mais fon lit étoit entiérement à fec encore auprès de la ville : on avoit inondé à côté une grande étendue de champs entourés de digues. Suivant les apparences, on ne laiffe pas couler l'eau dans le lit de la riviere, avant que la campagne ne foit fuffifamment abreuvée. Les payfans font ces digues d'une maniere fort fimple. Après avoir bien labouré le champ, ils attellent deux bœufs à une planche, qu'ils font traîner fur la furface : quand la planche eft bien chargée de terre, on la vuide dans l'endroit où doit être la digue, qui fe forme par charges réitérées.

Nous ne nous arrêtâmes plus, que pour nous reposer un peu à *Mauschid*, & nous arrivâmes à *Mokha* le 5 Août dans la matinée.

Les raisons de notre empressement pour revenir dans cette ville, étoient fondées sur la certitude que nous crûmes avoir du départ prochain du vaisseau Anglois, sur lequel nous comptions aller aux Indes. Mais plusieurs contretems retinrent pour quelque tems ce vaisseau à Mokha. Nous nous étions donc trop hâtés de retourner sous ce ciel brûlant, dont nous sentîmes bientôt les funestes influences. J'étois déja bien malade le 8 Août : quelques jours après *Mr. Baurenfeind* se mit au lit ; il fut suivi par *Mr. Cramer*, enfin par tous nos domestiques Européens. Nous avions eu le bonheur de retrouver notre ami *Mr. Scott*, qui nous procura des rafraîchissemens Européens, plus salutaires pour notre état que les meilleures médecines. Mais tous ses soins ne purent détruire ce germe de mort, qui se développant peu après me priva de tous mes compagnons de voyage ; comme je le raconterai en son lieu.

SECTION XV.

CHAPITRE III.

De la ville de MOKHA.

CETTE ville est située dans un terrain extrêmement sec & stérile. Ses fortifications consistent dans le mur dont elle est entourée, dans quelques tours sur le chemin de *Musa*, qu'on honore du nom de châteaux; & dans deux autres châteaux de même espece, aux deux côtés du port. Le plus grand de ces deux châteaux s'appelle *Kalla Tejar* & le plus petit *Kalla Abdurrab*, chacun du nom d'un saint qui y est enterré. Ils sont pourvus de quelques pieces de canon.

Les maisons de la ville sont de pierres, quelques-unes même très-bien bâties dans le goût de celles du fauxbourg de *Sana*. Il y en a cependant aussi, tant en dedans qu'en dehors des murs, qui ne valent pas mieux que les cabanes ordinaires du Téhâma. Parmi les dattiers, qui croissent en abondance aux environs de la ville, on a placé quantité de jolis jardins.

Mokha est surement une ville nouvelle, qui n'existe que depuis quatre siecles. Elle doit son origine, comme plusieurs villes du Téhâma, à un saint, au célèbre *Schech Schædeli*. Ce Schech acquit dans ce tems-là fi une grande réputation, qu'on venoit des pays les plus éloignés pour entendre fes inftructions. Quelques dévots bâtirent des cabanes autour de l'hermitage qu'il habitoit fur les bords de la mer: il fe forma dans cet endroit un village, qui s'agrandit peu-à-peu & devint une ville. Jufqu'ici l'hiftoire de fa fondation reffemble à celle de tant d'endroits du Téhâma. Mais l'origine de Mokha fut accompagnée de circonftances particulieres, qui méritent d'être rapportées, fur la foi de la tradition des Arabes; dont le fond paroît vrai, quoique altéré par le goût de cette nation pour le merveilleux.

Un vaiffeau Indien deftiné pour *Dsjidda*, jetta un jour l'ancre dans ces parages, il y a paffé 400 ans. Les gens de l'équipage ayant apperçu une cabane dans ce défert, eurent la curiofité d'aller la voir. Le Schech fit à ces étrangers l'accueil le plus obligeant, les régala de café, boiffon qu'il aimoit beaucoup, & à laquelle il attribuoit de grandes vertus. Les Indiens, à qui le café étoit inconnu, regarderent cette boiffon chaude comme un remede, qui pourroit fervir à guérir leur patron malade; *Schædeli* les affura, que par le fecours de fes prieres & par l'ufage de cette boiffon, le malade ne feroit pas feulement guéri,

mais

mais qu'il feroit encore un gain confidérable, s'il vouloit débarquer fes marchandifes. Et prenant en même tems, le ton d'un prophete, il dit qu'un jour on bâtiroit dans ce même lieu une ville, où les Indiens viendroient faire un commerce confidérable.

Le marchand frappé de ce langage fingulier, fe fit tranfporter à terre pour voir de près & pour entretenir cet homme extraordinaire. Il avala le café & fe trouva mieux. Le même jour un grand nombre d'Arabes vinrent entendre la prédication du folitaire: parmi ces Arabes il y avoit plufieurs marchands, qui acheterent la cargaifon entiere. L'Indien s'en retourna content, & répandit fi bien le bruit de la fainteté de *Schædeli*, que beaucoup de fes compatriotes fréquenterent enfuite cet endroit.

On a bâti une belle mofquée fur le tombeau du *Schech Schædeli*, qui eft actuellement hors de la ville. Le puits, dont le peuple boit, & une porte de la ville portent fon nom. Ses defcendans font honorés en fa confidération, & portent le titre de Schechs. Le peuple jure par lui: enfin le nom de *Schædeli* ne fera jamais oublié tant que Mokha fubfiftera.

Au refte, *Schædeli* n'eft pas feulement le pa-

D d

tron de Mokha ; il l'eſt encore de tous les Cafe-
tiers muſulmans, qui font tous les matins mémoire de lui dans leur *Pratha* ou priere. Ils ne
l'invoquent pas : mais ils rendent graces à Dieu,
d'avoir enſeigné au genre humain l'uſage du
café par l'entremiſe de *Schædeli*, & ils le ſup-
plient d'être favorable à ſes Schechs & à ſes deſ-
cendans.

Un marchand de la Mecque me fit ſur ces
ſaints une réflexion, qui me ſurprit dans la bouche d'un mahométan. " Il faut toujours à la
,, populace, me dit-il, un objet viſible, qu'elle
,, puiſſe honorer & craindre. C'eſt ainſi qu'à la
,, Mecque tous les ſermens ſe font au nom de
,, Mahomet, au lieu qu'on devroit s'adreſſer à
,, Dieu. A Mokha je ne me fierois pas à un
,, homme, qui affirmeroit une choſe en prenant
,, Dieu à temoin : mais je pourrois compter
,, plutôt ſur la foi de celui qui jureroit par le
,, nom de *Schædeli*, dont la moſquée & le tom-
,, beau ſont ſous ſes yeux. ,,

Mokha eſt la derniere ville de l'Yemen dont
les Turcs ayent perdu la domination. Les Arabes, à ce qu'on prétend, ne l'ont pas conquiſe,
mais achetée. Depuis que les Turs en ont été dé-
poſſédés, elle n'a eu d'autre maître que l'Imam.

SECTION XV.

Un dola, qui s'étoit enrichi dans ce gouvernement, avoit fait fortifier la ville & il l'avoit entourée d'un fossé qui est actuellement comblé. On soupçonna cet homme de vouloir se rendre indépendant ; mais l'on trouva moyen de prévenir ses desseins, & de le mettre en prison. Depuis ce tems un dola n'est gueres continué dans ce poste lucratif, au-delà de deux à trois ans. Après la mousson il est obligé de rendre compte de sa gestion à l'Imam, & d'attendre s'il conservera son emploi, ou s'il sera rappellé immédiatement à Sana.

Je ne sache pas que des chrétiens orientaux se soient jamais établis à Mokha : on y trouve bien quelques juifs qui habitent un village séparé, comme ceux des autres villes de l'Yemen. Il y a dans la ville près de 700 *Banians*, *Rasboutes*, & autres Indiens, dont quelques-uns commercent, & les autres gagnent leur vie en exerçant différens petits métiers. Quand ils ont fait une petite fortune ils s'en retournent dans leur patrie ; & par cette raison ils sont toujours regardés comme des étrangers.

CHAPITRE IV.

Bombardement de MOKHA *par les* FRANÇOIS.

JE n'ai rien pu apprendre de l'histoire de cette ville, excepté un événement arrivé il y a 25 ans. J'en ferai le détail suivant le rapport des Arabes, parce qu'il donne une idée des forces & de la politique de l'Imam.

Le dola de Mokha tire souvent des vaisseaux étrangers des marchandises des Indes, dont la valeur surpasse la somme due par ces étrangers pour les droits de douane, & pour les autres taxes. Il prend ces marchandises sur le compte de l'Imam, & promet toujours de payer cette dette, en la déduisant des droits de l'année prochaine. Mais, comme il prend continuellement de nouveaux à compte, la dette s'accumule & n'est jamais payée. Par cette maniere la compagnie Françoise des Indes se trouvoit dans le cas d'avoir sur lui une prétention de 82000 écus.

Comme cette compagnie voulut à la fin se faire payer cette somme sans perdre cependant son commerce à Mokha, elle fit accompagner en 1738 ses vaisseaux marchands par un vaisseau

Section XV.

de guerre : le capitaine à son arrivée, fit savoir au dola qu'ils étoient venus pour vendre leur cargaison ; mais qu'ils ne descendroient pas à terre avant que l'ancienne dette fût acquittée. Le dola tâcha de les amuser par de belles paroles, & de les engager à débarquer leurs marchandises. Mais les François voulant montrer ce qu'ils étoient en état de faire, mirent hors de service le grand château, avant que les Arabes s'attendissent à des hostilites réelles.

Après cette expédition, on entra de nouveau en conférence. Le dola s'excusoit toujours, en disant qu'il n'avoit ni argent, ni ordre de l'Imam pour payer cette dette ; & demanda un terme de quinze jours pour pouvoir recevoir des ordres de Sana. Ce terme expiré sans qu'on leur donnât réponse, les François jetterent une bombe sur la maison du dola, qui tua un Arabe. Cet avertissement n'ayant rien produit, ils jetterent encore quelques bombes sur la mosquée, pendant que le dola s'y trouvoit un vendredi, qui tuerent encore plusieurs personnes.

Les habitans dont un bon nombre avoit déja perdu la vie pour la dette de leur souverain, perdirent alors patience, & forcerent le gouverneur de prendre des arrangemens pour contenter l'ennemi. Après la conclusion du traité les François débarquerent tout de suite leurs marchandises, & continuerent leur commerce comme auparavant. Ils perdirent un seul homme de l'équipage, qui s'étoit endormi devant la porte de son logement en ville : un soldat Arabe, dont un parent avoit été tué par une bombe, le poignarda, croyant devoir venger son ami.

Ce dola qui étoit hors d'état de se défendre, avoit fait sans doute, tout son possible pour servir son maître. Malgré cela, l'Imam peu content, le rappella, & confisqua le palais qu'il avoit à *Sana*. Un marchand de Mokha, qui avoit avancé des sommes considérables pour satisfaire les François, n'étoit pas encore de notre tems, remboursé de ses avances.

Plusieurs Arabes se rappellent avec satisfaction cette petite guerre, & pensent encore avec plaisir à ces marmites de feu, comme ils me disoient, qui couroient par-tout après leur dola. Depuis ce tems, les Arabes ont conçu une haute opinion des talens militaires des Européens. Dans une ville turque, les autres nations chrétiennes n'eussent pas été, pendant de telles hostilités, à l'abri de la fureur de la populace. Mais à Mokha, les Anglois & les Hollandois jouirent malgré la guerre avec les François, d'une sûreté parfaite.

CHAPITRE V.

Du Commerce de MOKHA.

PLUSIEURS nations qui aujourd'hui ne fréquentent plus ce port, étoient autrefois dans l'usage d'y trafiquer. Les Portugais, si puissants il y a d'eux siecles sur le golfe Arabique, ont perdu depuis long-tems la coutume d'y envoyer des vaisseaux. Les Hollandois y paroissent rarement, & les François jamais en tems de guerre, quoiqu'ils continuent à payer le louage de leurs magazins. Ce sont aujourd'hui les Anglois, qui se sont emparés de presque tout le commerce de cette place. Leur compagnie des Indes n'envoie, il est vrai, qu'un vaisseau en deux ans, pour charger du café. Mais les négociants particuliers établis aux Indes, font un commerce d'autant plus avantageux. Cette année il étoit venu à Mokha 5 vaisseaux Anglois de différens ports des Indes, sans compter 3 autres destinés en droiture pour *Dsjidda*. Depuis qu'un marchand de cette nation, résidant à Mokha, a été maltraité par la populace pendant l'absence des vaisseaux, les Anglois repartent tous avec ces vaisseaux, & laissent leurs affaires entre les mains d'un courtier Banian.

Le commerce de Mokha étant si considérable, la douane doit rapporter à l'Imam de grands revenus. Les Turcs, les Arabes & les Indiens sont obligés de transporter leurs marchandises immédiatement au bureau, de les y faire visiter, & de payer huit à dix pour cent de leur valeur, suivant la taxe assez arbitraire des commis. Les Européens ont le privilege de faire visiter leurs marchandises dans leurs magazins, & de ne payer que le trois pour cent de la valeur de ces marchandises, quel que soit le pays d'où elles viennent. Depuis que les Anglois, devenus si puissans au Bengale, apportent les marchandises des Indes, autrefois fournies par les Indiens, ils ne payent que le trois pour cent de ces marchandises : mais le gouvernement, afin de garder les traités sans rien perdre de ses anciens droits, oblige les marchands de Mokha de payer aussi cinq pour cent, des marchandises des Indes qu'ils achetent.

Outre les droits dûs à la douane, les vaisseaux payent encore un droit d'ancrage qui va à quelques centaines d'écus, & qui se regle sur le nombre des mâts, & non sur la grandeur du bâtiment. Par contre

SECTION XV.

un marchand, qui charge ici de café un gros navire Européen, reçoit du dola une prime de 400 écus.

Suivant les obfervations des Arabes, les *manfims*, ou mouffons, font régulieres dans ces parages. Le vent du nord régne pendant 6 mois, & celui du fud pendant les 6 autres. Il ne faut pas cependant s'imaginer, qu'on n'y connoiffe point d'autres vents : pendant le mois d'Août principalement ils foufflent de tous les points de l'horizon. Un des vaiffeaux Anglois deftinés pour *Dsjidda*, fut obligé de revenir à Mokha, & d'y attendre plufieurs mois le retour d'un vent favorable.

Les Arabes n'ont prefqu'aucune autre marchandife à exporter que du café, dont les Indiens ne font pas grands amateurs. Ainfi les vaiffeaux Anglois venus des Indes, auroient été obligés de s'en retourner prefque à vuide, fi les derniers partis n'euffent pas gagné beaucoup par le fret de l'argent qu'on leur avoit confié, pour le porter aux Indes. Les marchands Arabes avoient chargé un million d'écus fur un vaiffeau Anglois venant de *Dsjidda*, & celui, fur lequel nous nous embarquâmes, portoit 250000 écus en argent comptant.

Toutes ces sommes consistoient presque uniquement en ducats de Venise & en écus d'Allemagne, par conséquent en especes Européennes. On peut bien s'imaginer, que les autres vaisseaux Anglois & Indiens n'auront pas laissé d'emporter aussi des sommes considérables de *Djidda* & de *Mokha*. Les vaisseaux de *Basra* qui vont aux Indes, sont chargés de même, d'especes qui ont passé d'Europe en Turquie. Quand on compte encore la quantité d'especes, que les nations Européennes portent directement aux Indes & à la Chine, on voit que sans les trésors qui nous viennent de l'Amérique, l'Europe seroit depuis long-tems, épuisée d'or & d'argent.

Quand un vaisseau étranger arrive à la rade de Mokha, il n'ose pas saluer avec le canon ; mais il doit arborer son pavillon. Le dola envoie alors un bateau pour le reconnoître, & pour s'informer du sujet de sa venue. Si l'on fait quelques difficultés, le capitaine n'a qu'à dire qu'il ira à *Hodeïda* ou à *Loheya* : le dola qui n'aime pas perdre les présens qu'il reçoit de chaque vaisseau, se met bientôt à la raison.

Il ne seroit pas difficile d'obtenir les mêmes privileges dont les Anglois jouissent actuellement

Section XV.

à Mokha : mais une nation qui n'a point d'établiſſement aux Indes, ne pourroit pas faire avec avantage le commerce ſur les côtes de la mer rouge. Les Arabes ne font gueres uſage des productions de l'Europe. Il faudroit donc leur porter des marchandiſes des Indes, & prendre en retour du café, qu'on pourroit avoir à meilleur marché des vaiſſeaux qui chargent cette denrée uniquement pour ne pas revenir à vuide. On conſomme, il eſt vrai, en Arabie beaucoup de fer, que les Anglois achetent en grande partie des Danois. Il eſt donc probable que cette derniere nation pourroit trouver ſon compte, en établiſſant un commerce direct des marchandiſes de ſon pays & de ſes colonies, entre *Tranquebar* & *Mokha*.

Il ne ſera pas hors de propos, d'ajouter une petite obſervation ſur le caractere des courtiers des différentes nations. Un étranger ne peut pas être aſſez en garde contre les courtiers mahométans; il trouvera ſon compte, de s'adreſſer aux Banians, parmi leſquels il y a beaucoup de marchands conſidérables & pleins de probité. Dans tous les pays de l'orient, les marchands mahométans ont la baſſeſſe d'irriter les chrétiens qu'ils ont dupés, & dont ils craignent le reſſentiment; & quand, dans un accès de colere, il échappe à ces étrangers quelque terme injurieux, ces fripons font grand bruit, sous prétexte qu'on a mal parlé de la religion musulmane, & menacent les chrétiens de les dénoncer aux magistrats. Plusieurs Européens ont été obligés de payer des sommes, pour se mettre à l'abri des chicanes de ces misérables, dont ils avoient été trompés.

FIN du premier Volume.

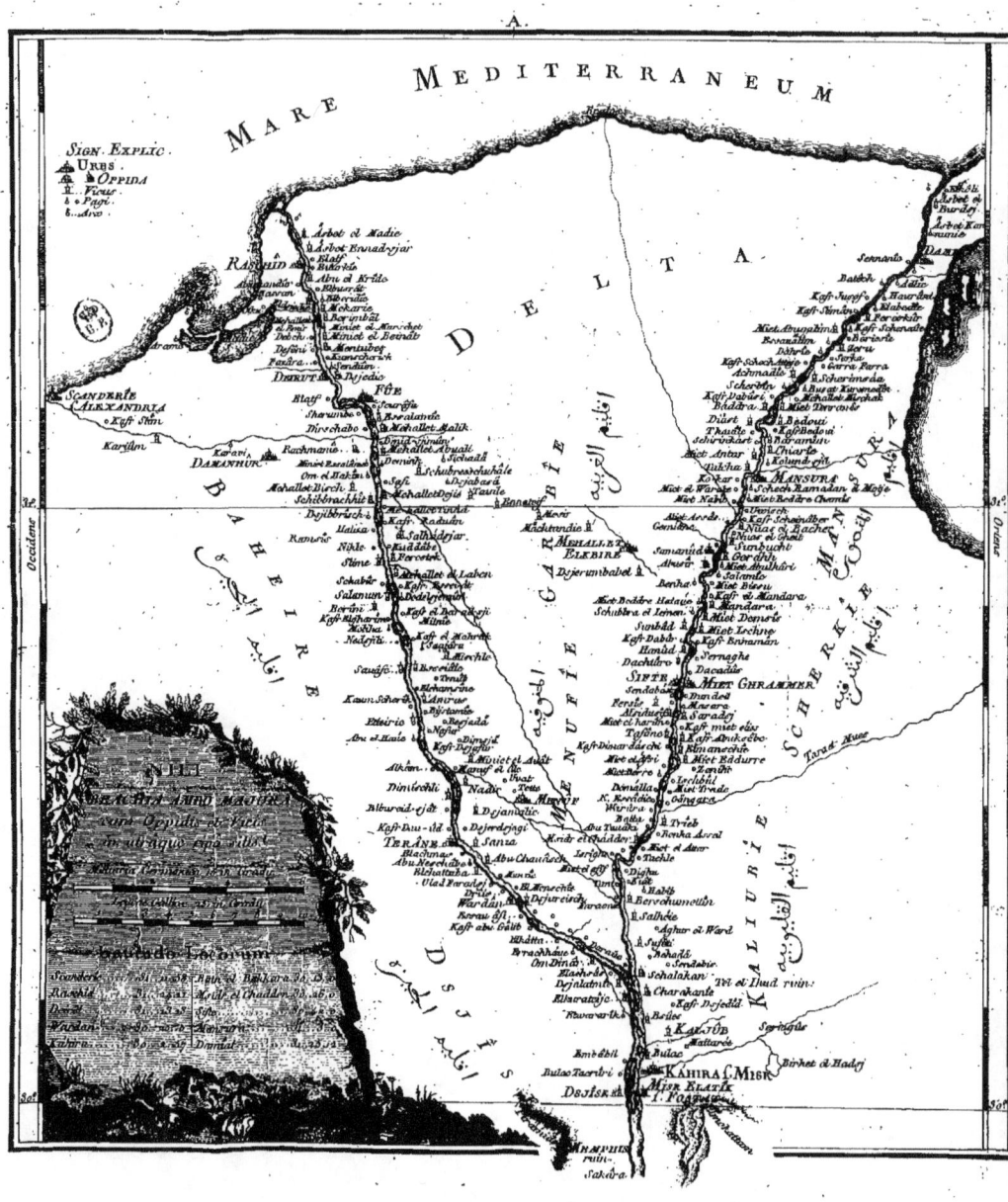

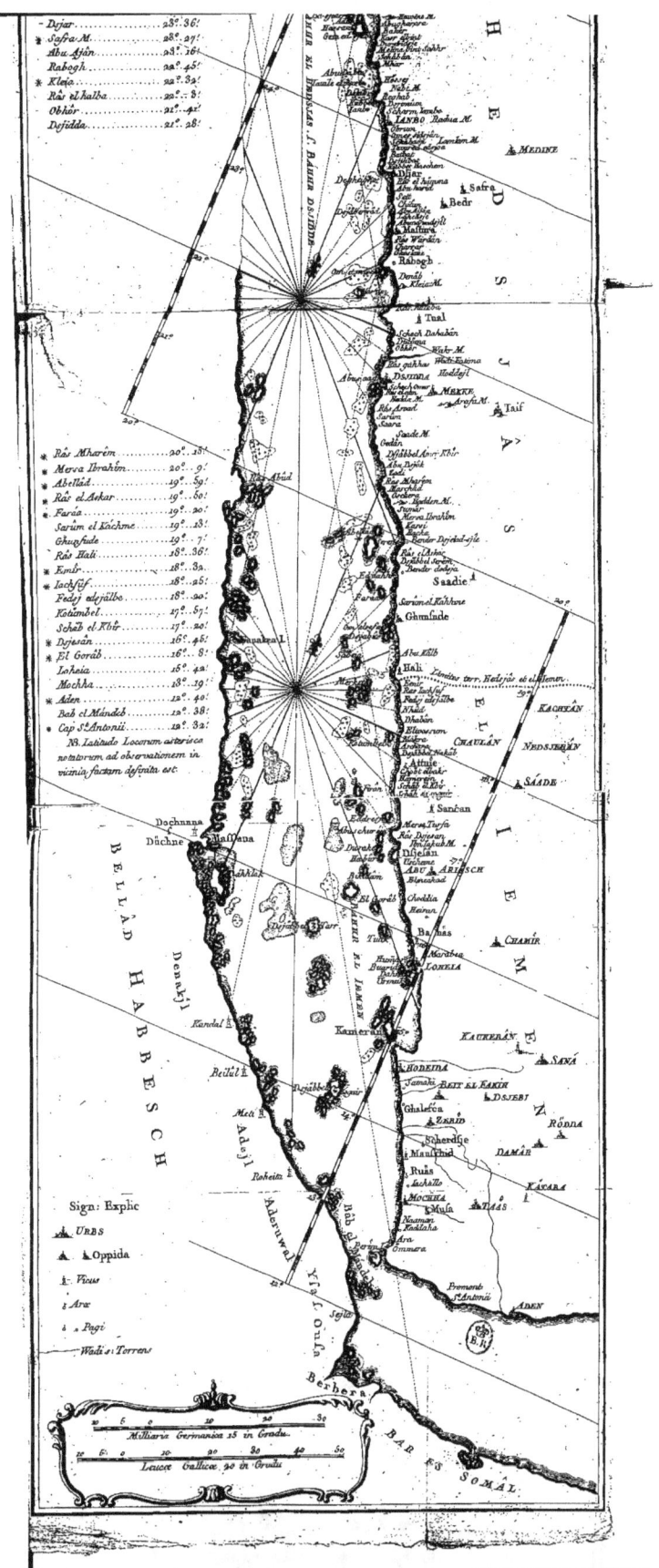

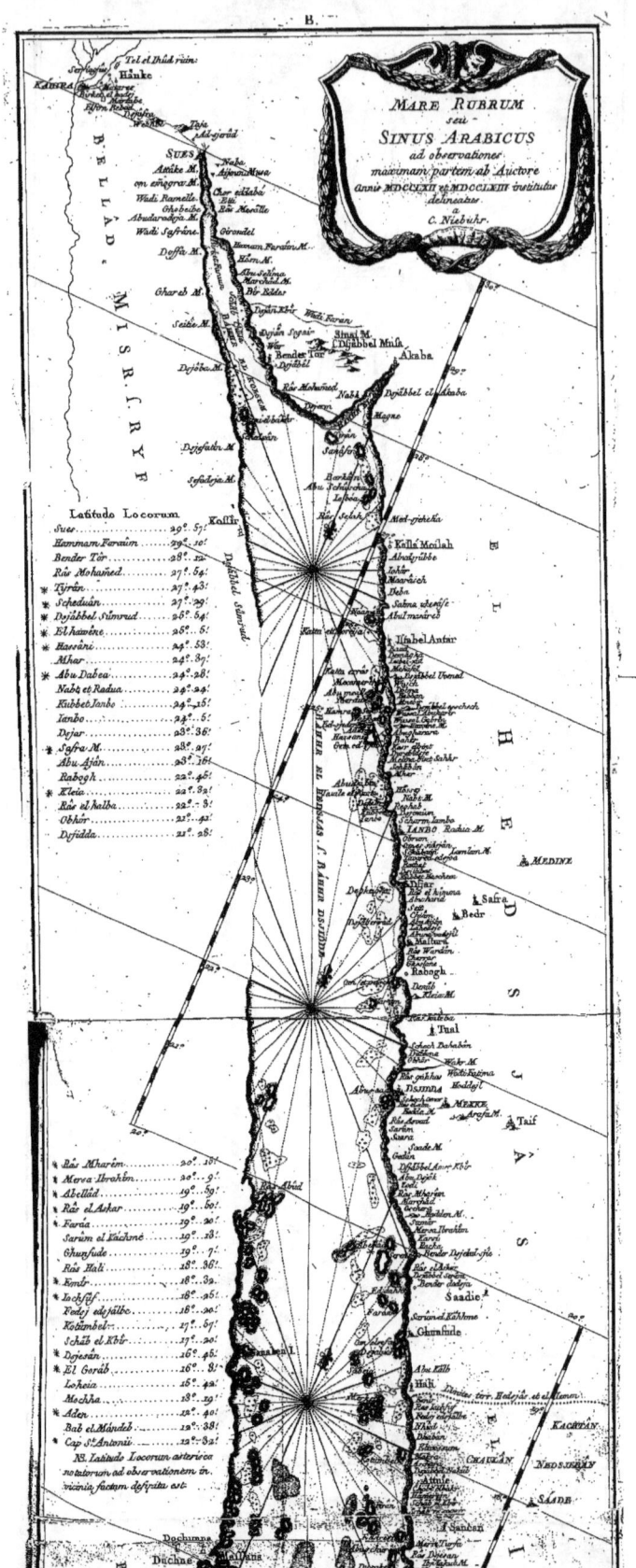

www.ingramcontent.com/pod-product-compliance
Lightning Source LLC
Chambersburg PA
CBHW070214240426
43671CB00007B/650